Die for me, my Darling
TEXT:
Majuro
Kaname
ZEICHNUNGEN:
Sousou
Sakakibara
1

INHALT

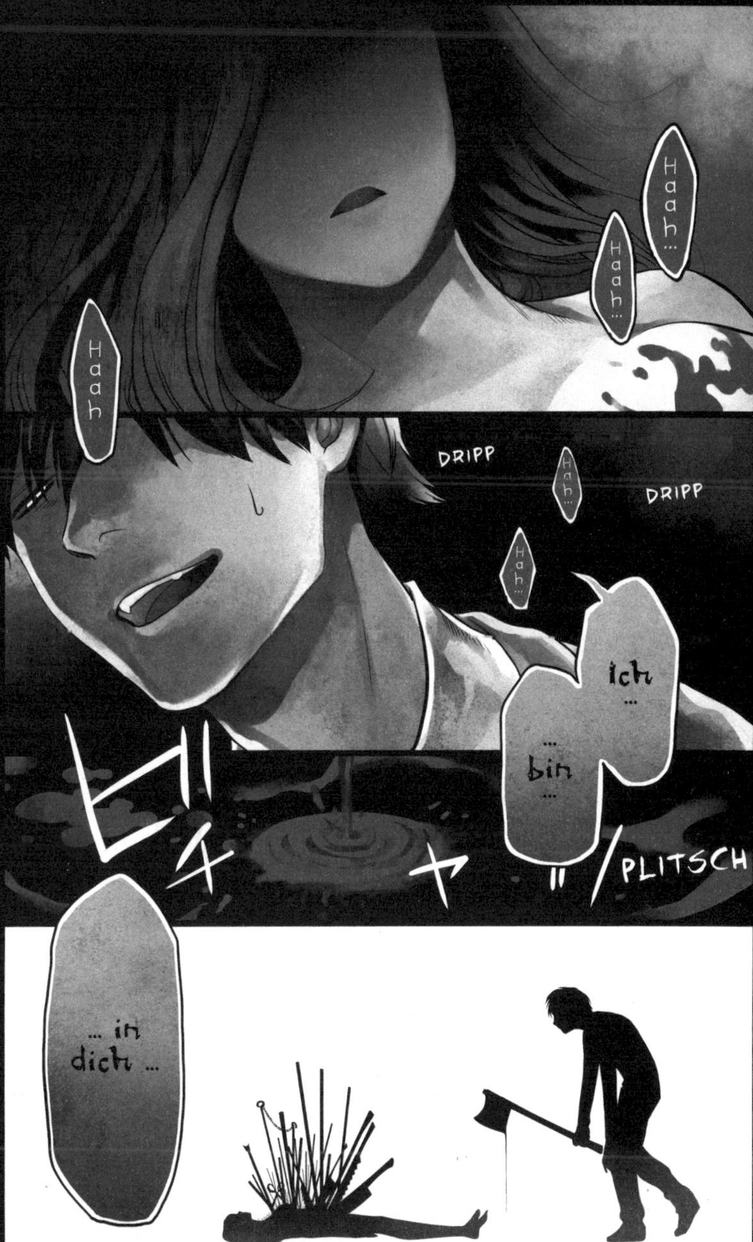
Haah...
Haah...
Haah
DRIPP
Hah...
DRIPP
Hah...
Ich ...
... bin ...
PLITSCH
... in dich ...

Kapitel 1 – Infection

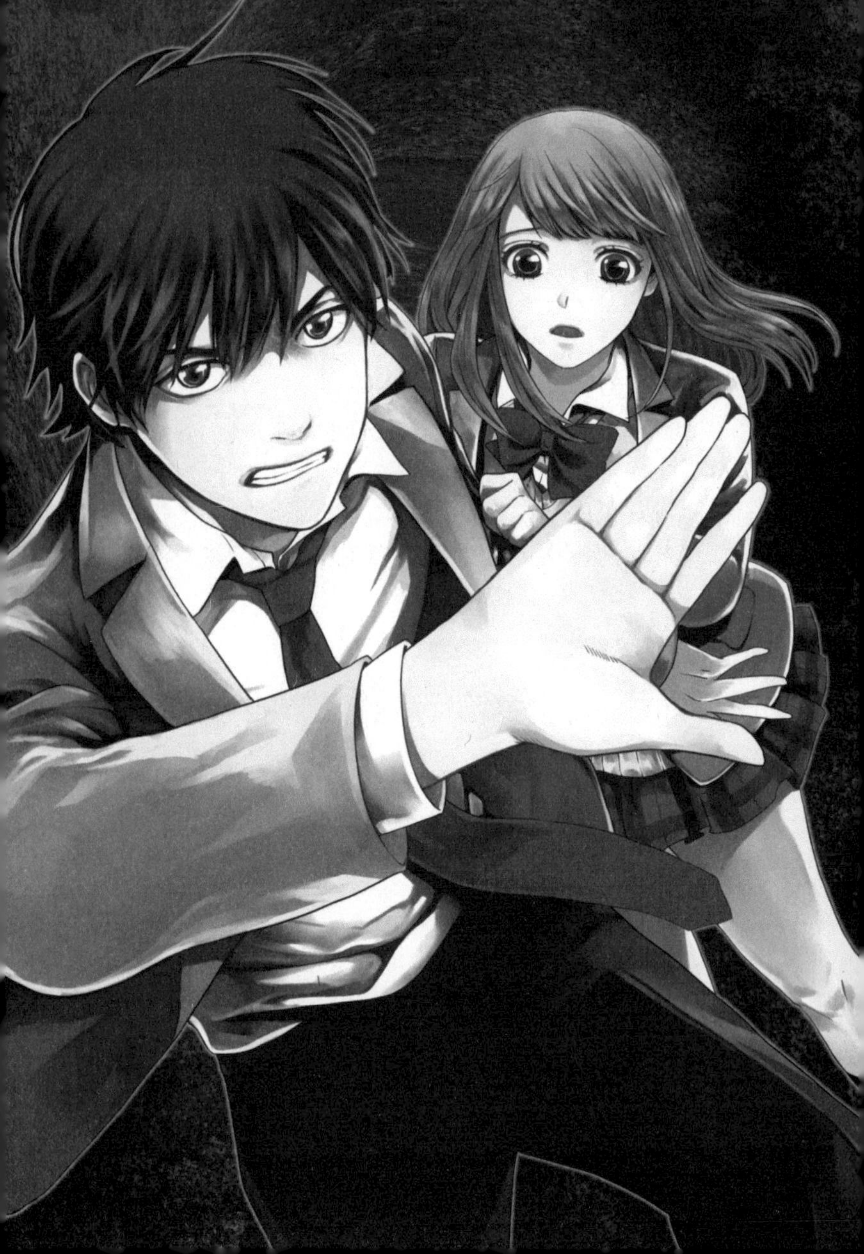

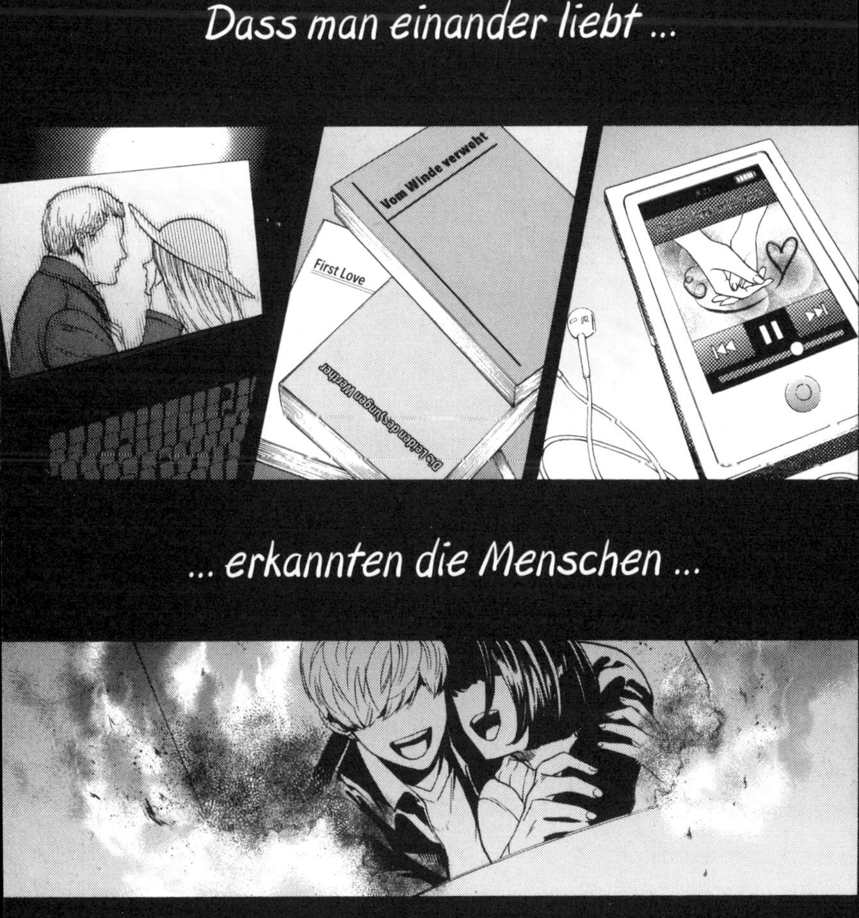
Dass man einander liebt ...
Vom Winde verweht
First Love
Die Leiden des jungen Werther
... erkannten die Menschen ...

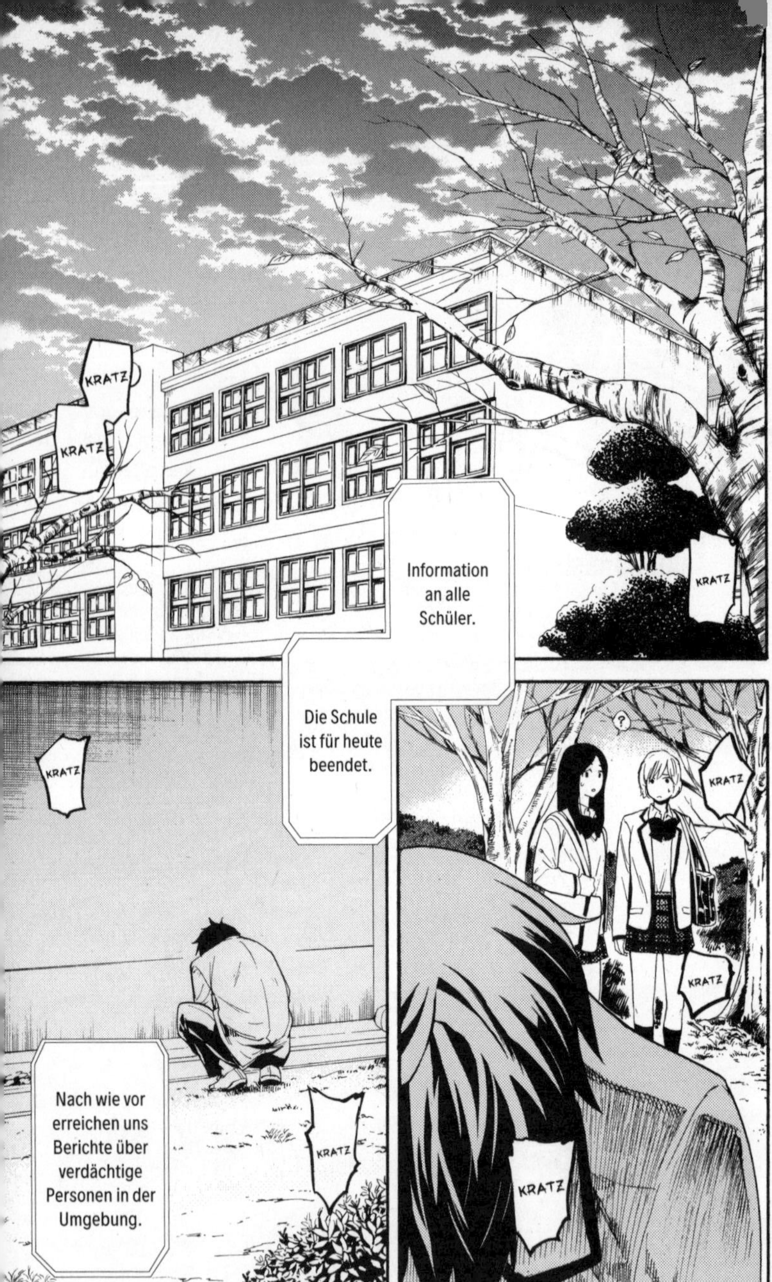
KRATZ
KRATZ
KRATZ
Information an alle Schüler.
Die Schule ist für heute beendet.
?
KRATZ
KRATZ
KRATZ
KRATZ
KRATZ
Nach wie vor erreichen uns Berichte über verdächtige Personen in der Umgebung.

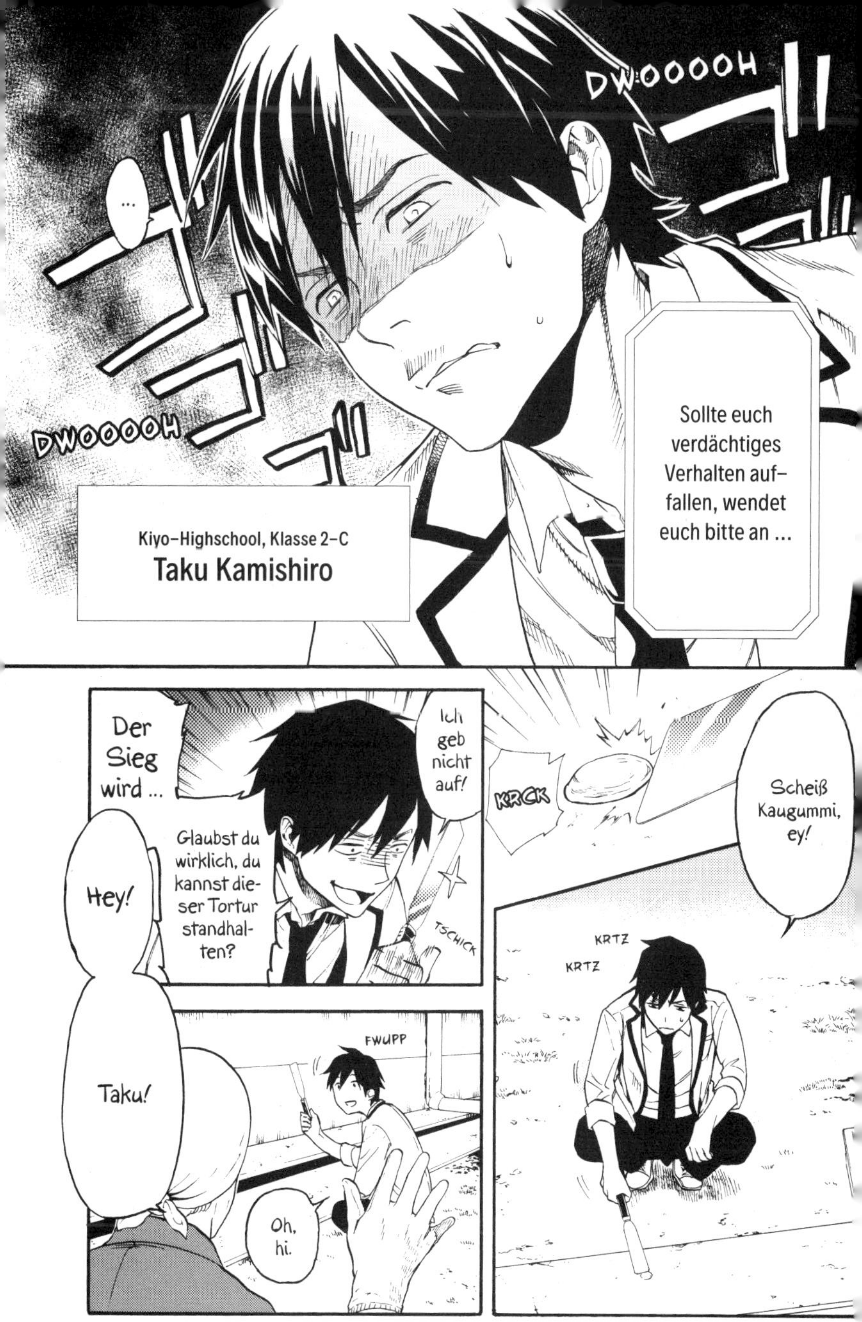
DWOOOOH
...
DWOOOOH
Sollte euch verdächtiges Verhalten auffallen, wendet euch bitte an ...
Kiyo-Highschool, Klasse 2-C
Taku Kamishiro
KRCK
Scheiß Kaugummi, ey!
Ich geb nicht auf!
Der Sieg wird ...
Glaubst du wirklich, du kannst dieser Tortur standhalten?
TSCHICK
KRTZ
KRTZ
Hey!
Taku!
FWUPP
Oh, hi.

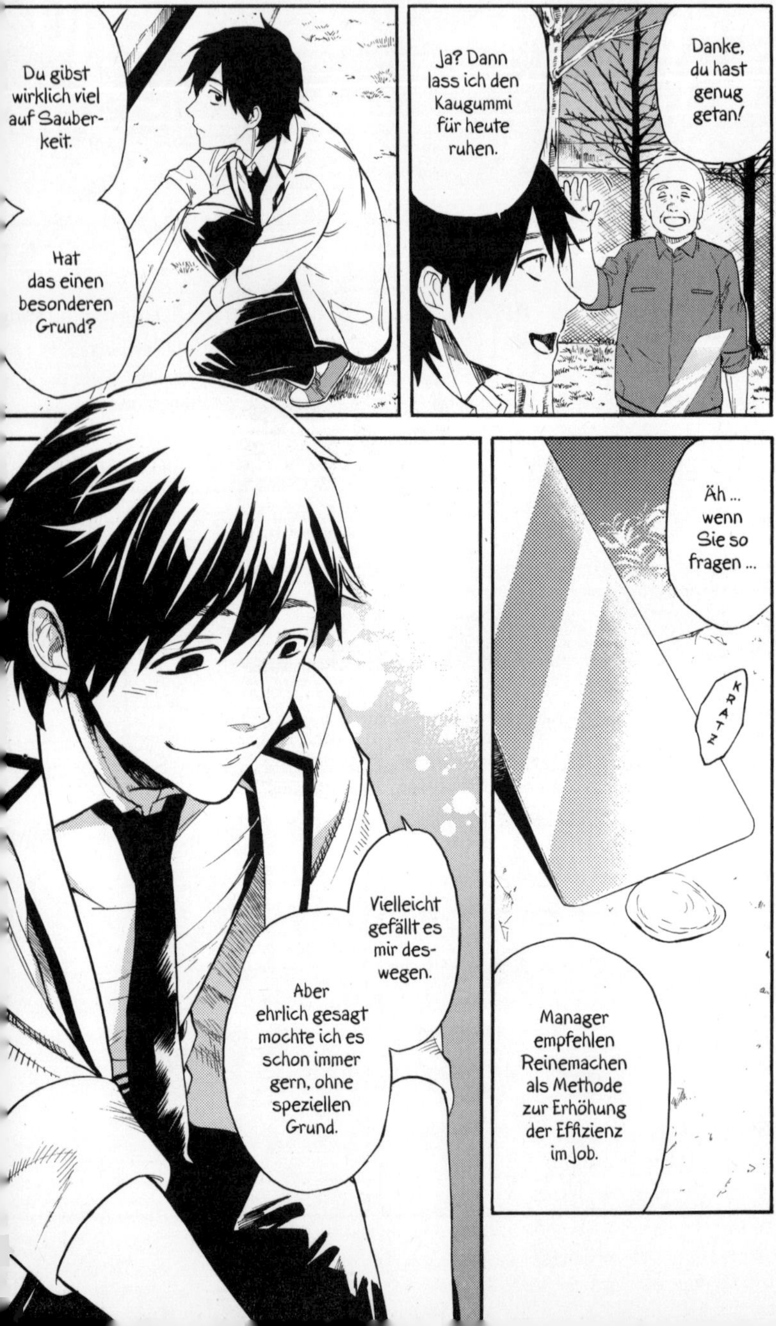
Danke, du hast genug getan!
Ja? Dann lass ich den Kaugummi für heute ruhen.
Du gibst wirklich viel auf Sauberkeit.
Hat das einen besonderen Grund?
Äh ... wenn Sie so fragen ...
KRATZ
Manager empfehlen Reinemachen als Methode zur Erhöhung der Effizienz im Job.
Vielleicht gefällt es mir deswegen.
Aber ehrlich gesagt mochte ich es schon immer gern, ohne speziellen Grund.

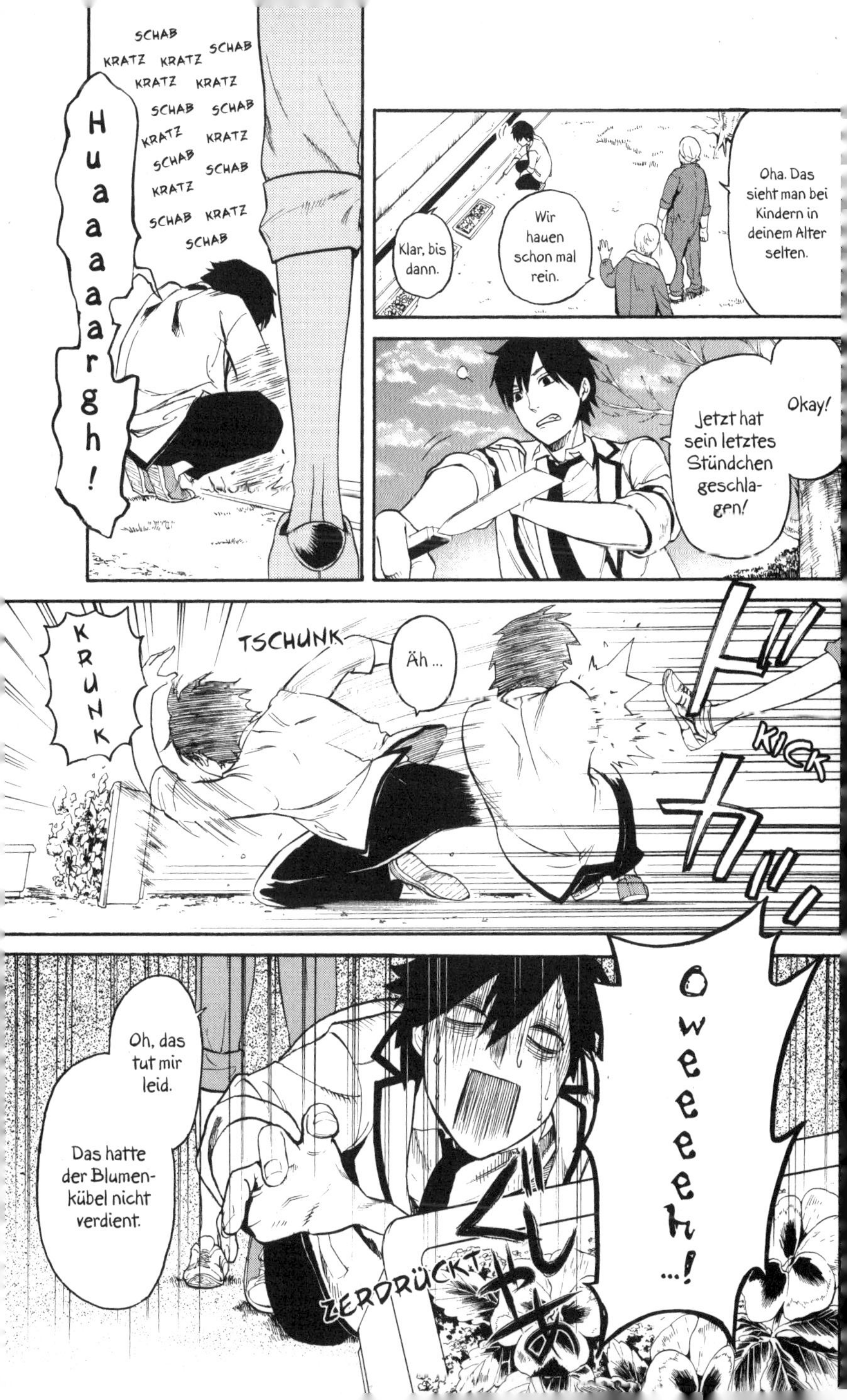
Oha. Das sieht man bei Kindern in deinem Alter selten.
Wir hauen schon mal rein.
Klar, bis dann.
SCHAB KRATZ KRATZ SCHAB KRATZ KRATZ SCHAB SCHAB KRATZ KRATZ SCHAB SCHAB KRATZ SCHAB KRATZ SCHAB
Huaaaaaargh!
Okay!
Jetzt hat sein letztes Stündchen geschlagen!
KICK
Äh ...
TSCHUNK
KRUNK
Oweeeeeh ...!
ZERDRÜCKT
Oh, das tut mir leid.
Das hatte der Blumenkübel nicht verdient.

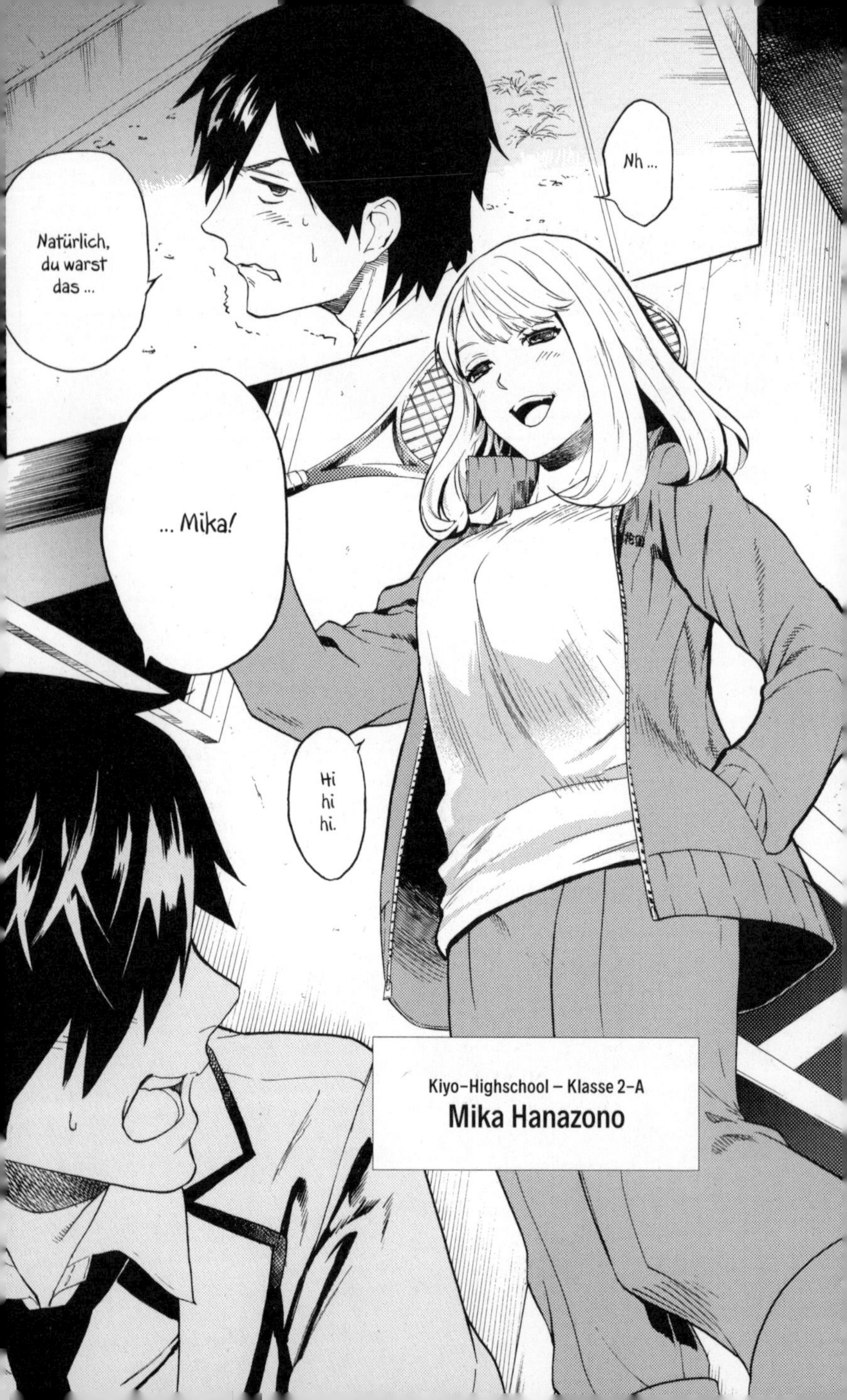
Nh ...
Natürlich, du warst das ...
... Mika!
Hi hi hi.
Kiyo-Highschool – Klasse 2-A
Mika Hanazono

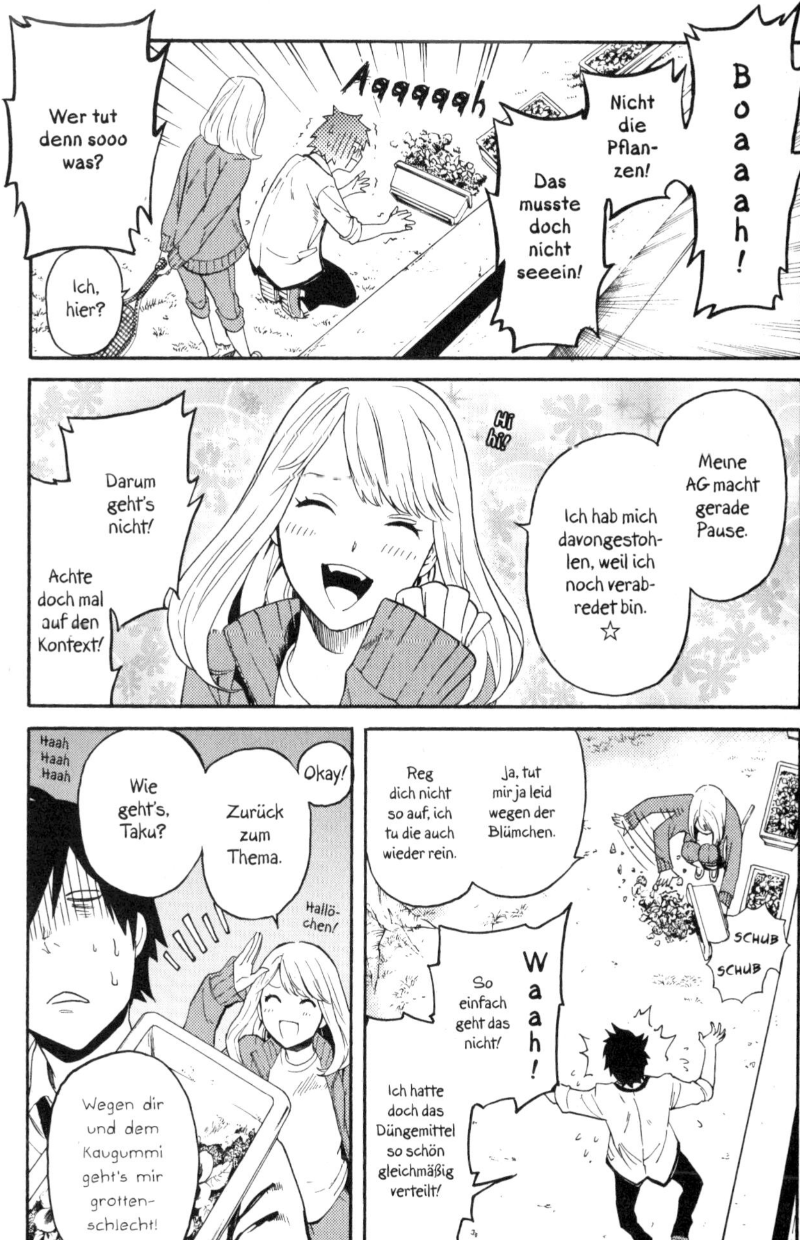
Boaaah!
Nicht die Pflanzen!
Das musste doch nicht seeein!
Aaaaaah
Wer tut denn sooo was?
Ich, hier?
Hi hi!
Meine AG macht gerade Pause.
Ich hab mich davongestohlen, weil ich noch verabredet bin. ☆
Darum geht's nicht!
Achte doch mal auf den Kontext!
Ja, tut mir ja leid wegen der Blümchen.
Reg dich nicht so auf, ich tu die auch wieder rein.
SCHUB
SCHUB
Waah!
So einfach geht das nicht!
Ich hatte doch das Düngemittel so schön gleichmäßig verteilt!
Okay!
Zurück zum Thema.
Wie geht's, Taku?
Haah Haah Haah
Hallöchen!
Wegen dir und dem Kaugummi geht's mir grotten-schlecht!

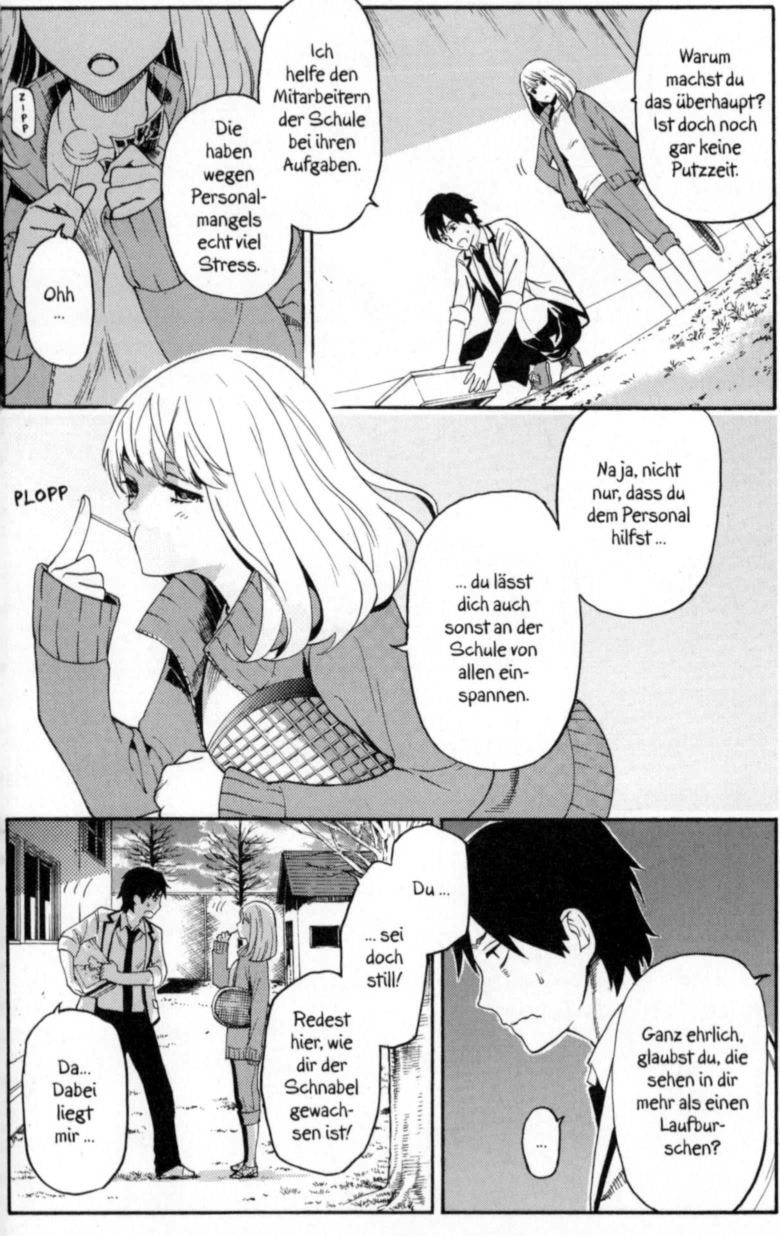
Warum machst du das überhaupt? Ist doch noch gar keine Putzzeit.
Ich helfe den Mitarbeitern der Schule bei ihren Aufgaben.
Die haben wegen Personalmangels echt viel Stress.
ZIPP
Ohh ...
Na ja, nicht nur, dass du dem Personal hilfst ...
... du lässt dich auch sonst an der Schule von allen einspannen.
PLOPP
Ganz ehrlich, glaubst du, die sehen in dir mehr als einen Laufburschen?
...
Du ...
... sei doch still!
Redest hier, wie dir der Schnabel gewachsen ist!
Da... Dabei liegt mir ...

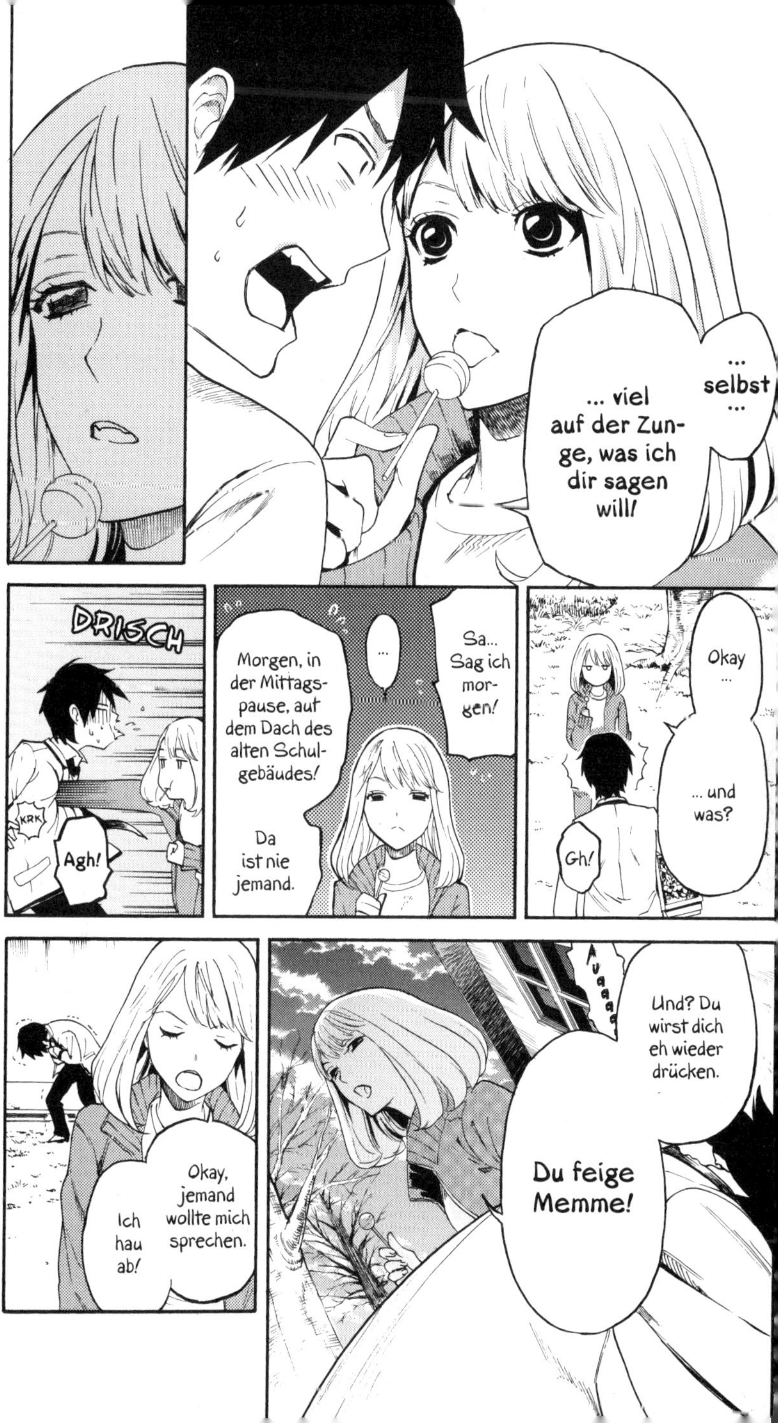
... selbst ...
... viel auf der Zunge, was ich dir sagen will!
Okay ...
... und was?
Gh!
Sa... Sag ich morgen!
...
Morgen, in der Mittagspause, auf dem Dach des alten Schulgebäudes!
Da ist nie jemand.
DRISCH
KRK
Agh!
Auaaaa
Und? Du wirst dich eh wieder drücken.
Du feige Memme!
Okay, jemand wollte mich sprechen.
Ich hau ab!

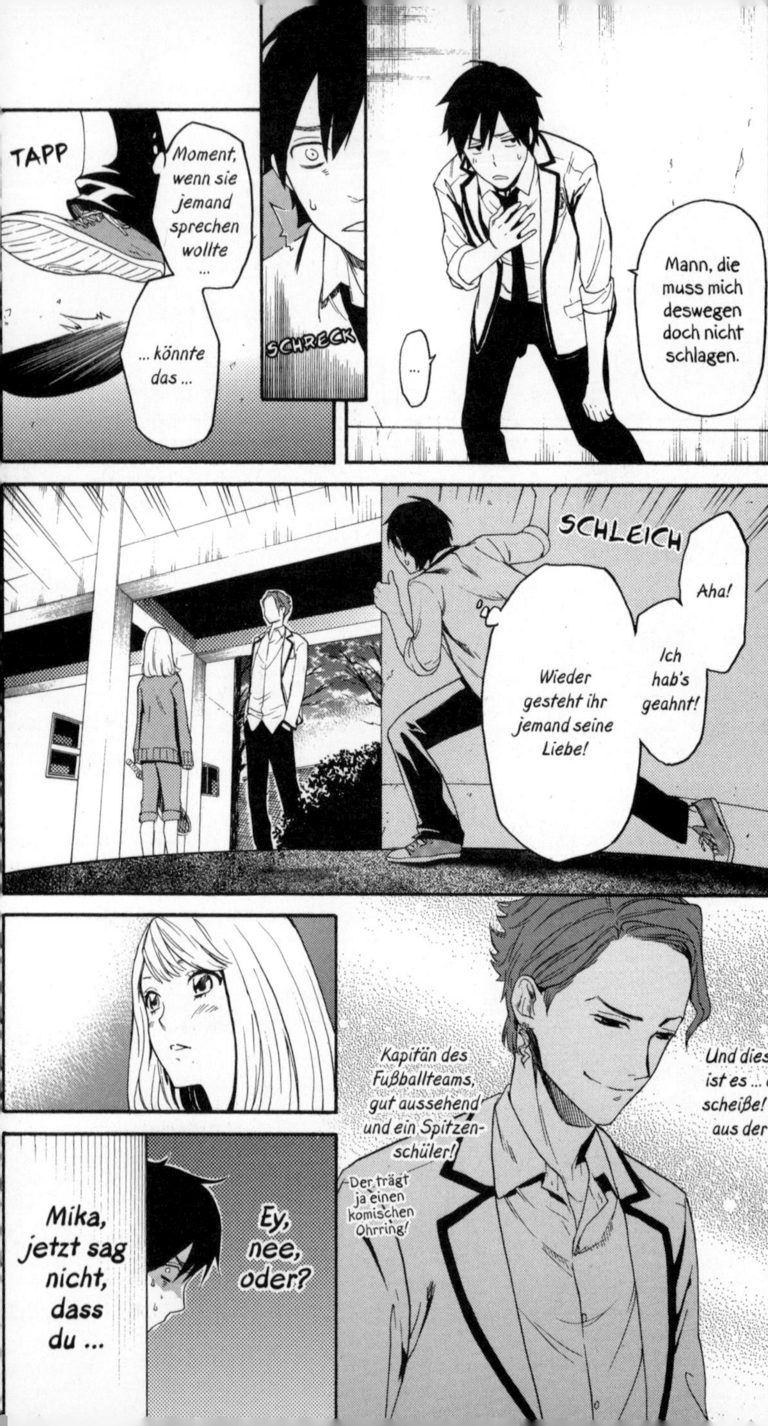
Mann, die muss mich deswegen doch nicht schlagen.
...
SCHRECK
TAPP
Moment, wenn sie jemand sprechen wollte ...
... könnte das ...
SCHLEICH
Aha!
Ich hab's geahnt!
Wieder gesteht ihr jemand seine Liebe!
Und diesmal ist es ... ach, scheiße! Koji aus der B!
Kapitän des Fußballteams, gut aussehend und ein Spitzen-schüler!
Der trägt ja einen komischen Ohrring!
Ey, nee, oder?
Mika, jetzt sag nicht, dass du ...

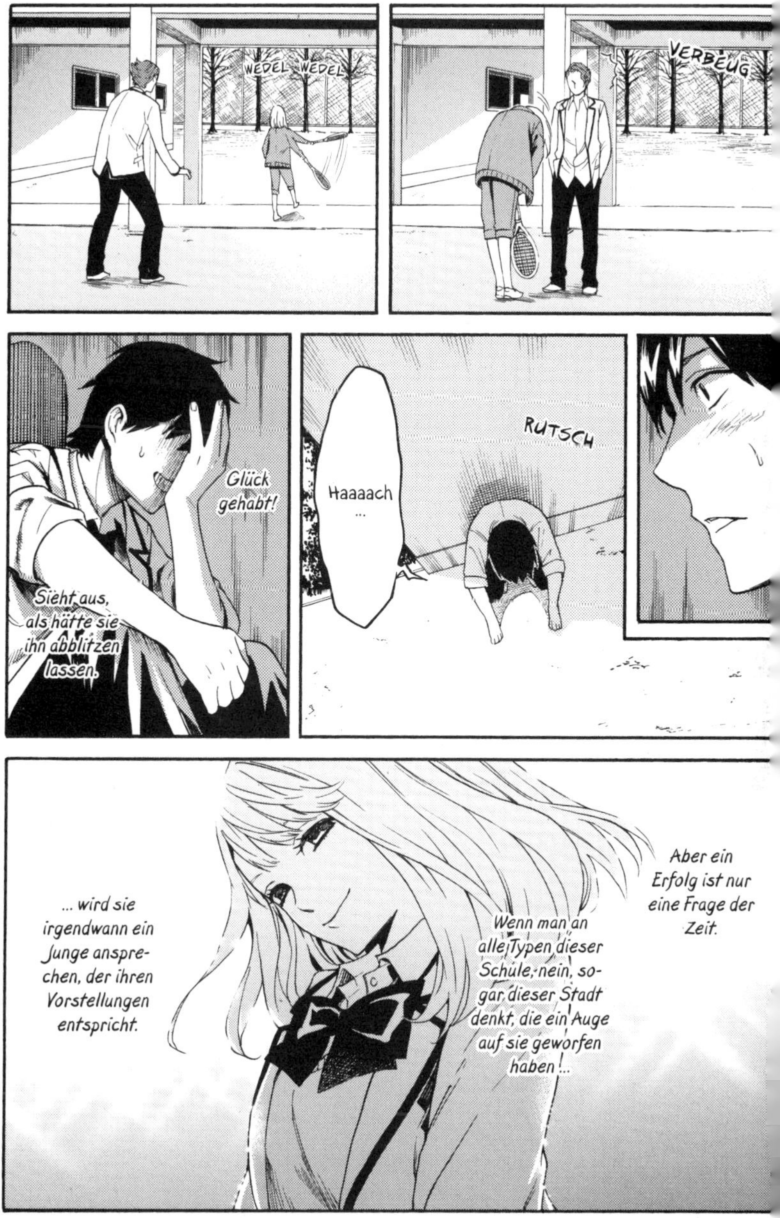
VERBEUG
WEDEL WEDEL
Haaaach ...
RUTSCH
Glück gehabt!
Sieht aus, als hätte sie ihn abblitzen lassen.
Aber ein Erfolg ist nur eine Frage der Zeit.
Wenn man an alle Typen dieser Schule, nein, sogar dieser Stadt denkt, die ein Auge auf sie geworfen haben!...
... wird sie irgendwann ein Junge ansprechen, der ihren Vorstellungen entspricht.

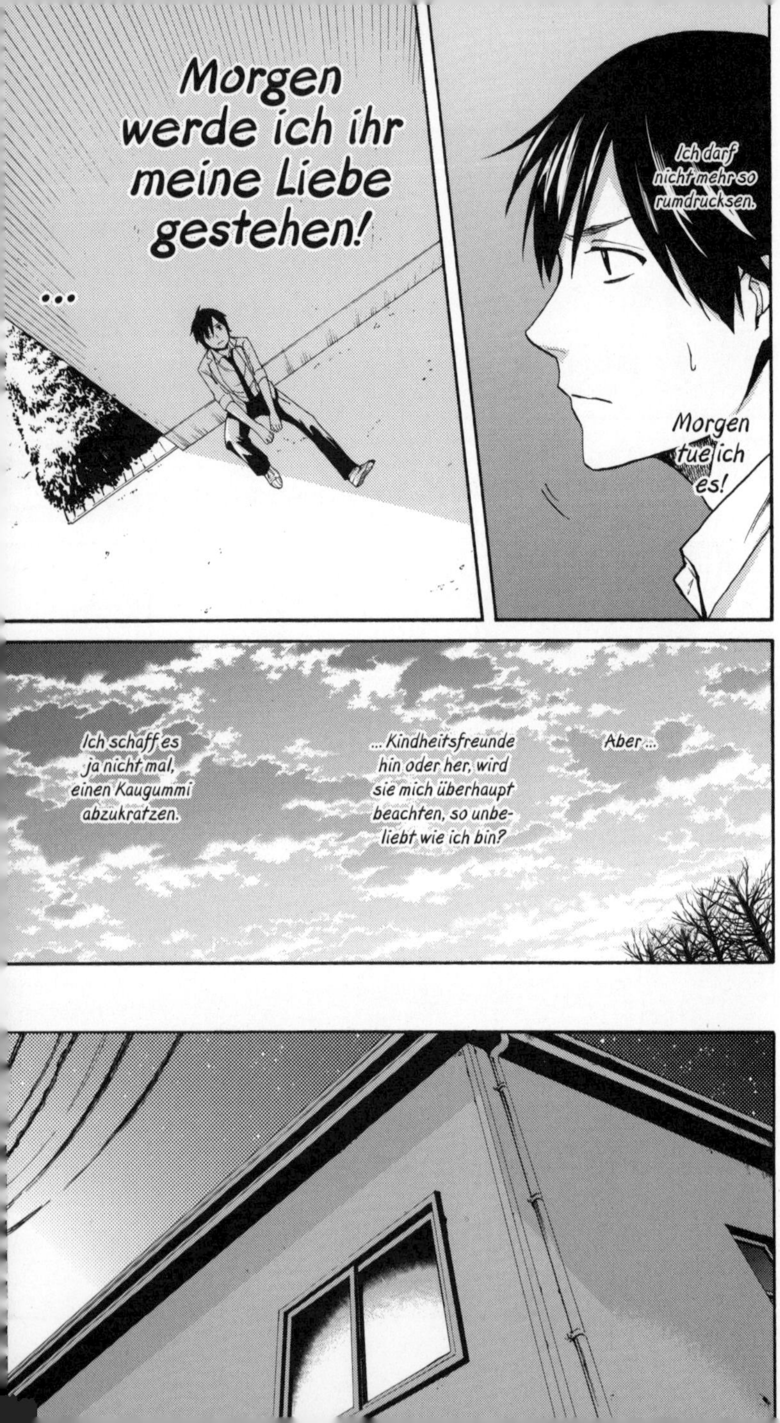
Ich darf nicht mehr so rumdrucksen.
Morgen tue ich es!
Morgen werde ich ihr meine Liebe gestehen!
...
Aber ...
... Kindheitsfreunde hin oder her, wird sie mich überhaupt beachten, so unbeliebt wie ich bin?
Ich schaff es ja nicht mal, einen Kaugummi abzukratzen.

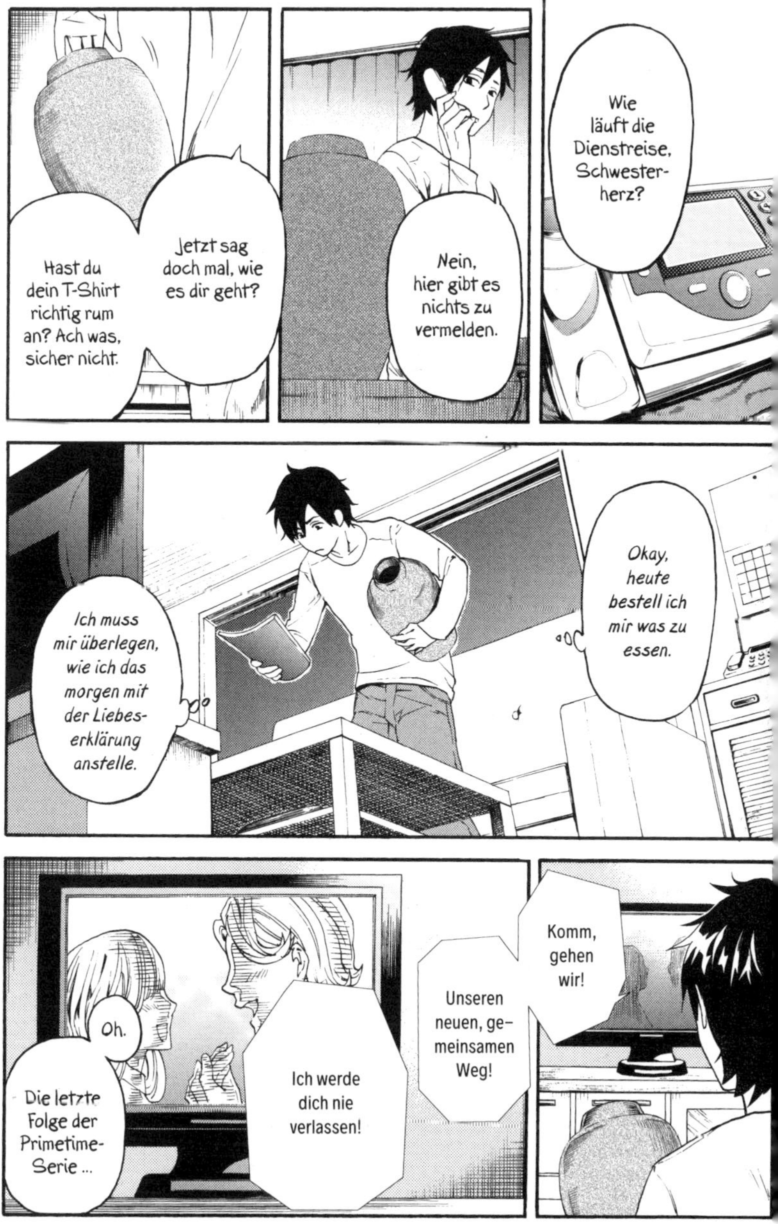
Wie läuft die Dienstreise, Schwester-herz?
Nein, hier gibt es nichts zu vermelden.
Jetzt sag doch mal, wie es dir geht?
Hast du dein T-Shirt richtig rum an? Ach was, sicher nicht.
Okay, heute bestell ich mir was zu essen.
Ich muss mir überlegen, wie ich das morgen mit der Liebes-erklärung anstelle.
Komm, gehen wir!
Unseren neuen, ge-meinsamen Weg!
Ich werde dich nie verlassen!
Oh.
Die letzte Folge der Primetime-Serie ...

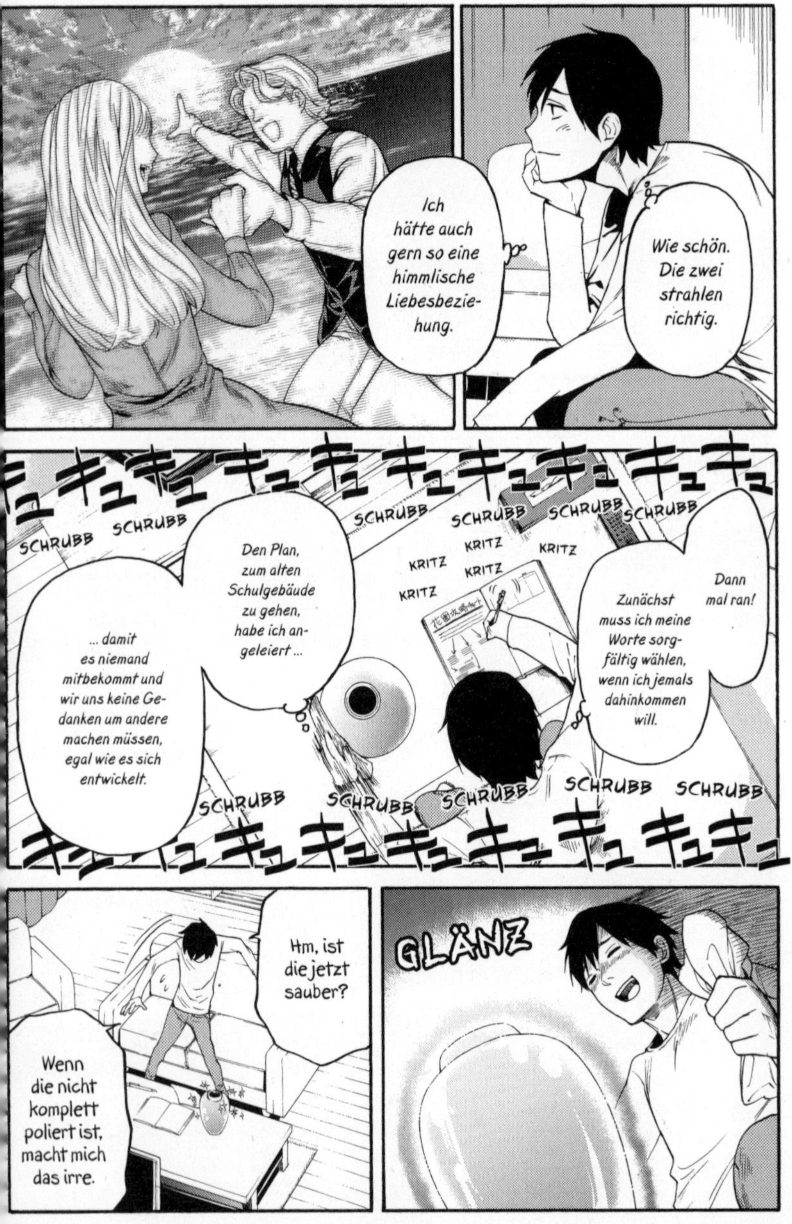
Wie schön. Die zwei strahlen richtig.
Ich hätte auch gern so eine himmlische Liebesbeziehung.
キュキュキュキュキュキュキュキュキュキュ
SCHRUBB SCHRUBB SCHRUBB SCHRUBB SCHRUBB SCHRUBB
KRITZ KRITZ KRITZ KRITZ KRITZ
Dann mal ran!
Zunächst muss ich meine Worte sorgfältig wählen, wenn ich jemals dahinkommen will.
Den Plan, zum alten Schulgebäude zu gehen, habe ich angeleiert ...
... damit es niemand mitbekommt und wir uns keine Gedanken um andere machen müssen, egal wie es sich entwickelt.
SCHRUBB SCHRUBB SCHRUBB SCHRUBB SCHRUBB
キュキュキュキュキュキュキュキュキュ
GLÄNZ
Hm, ist die jetzt sauber?
Wenn die nicht komplett poliert ist, macht mich das irre.

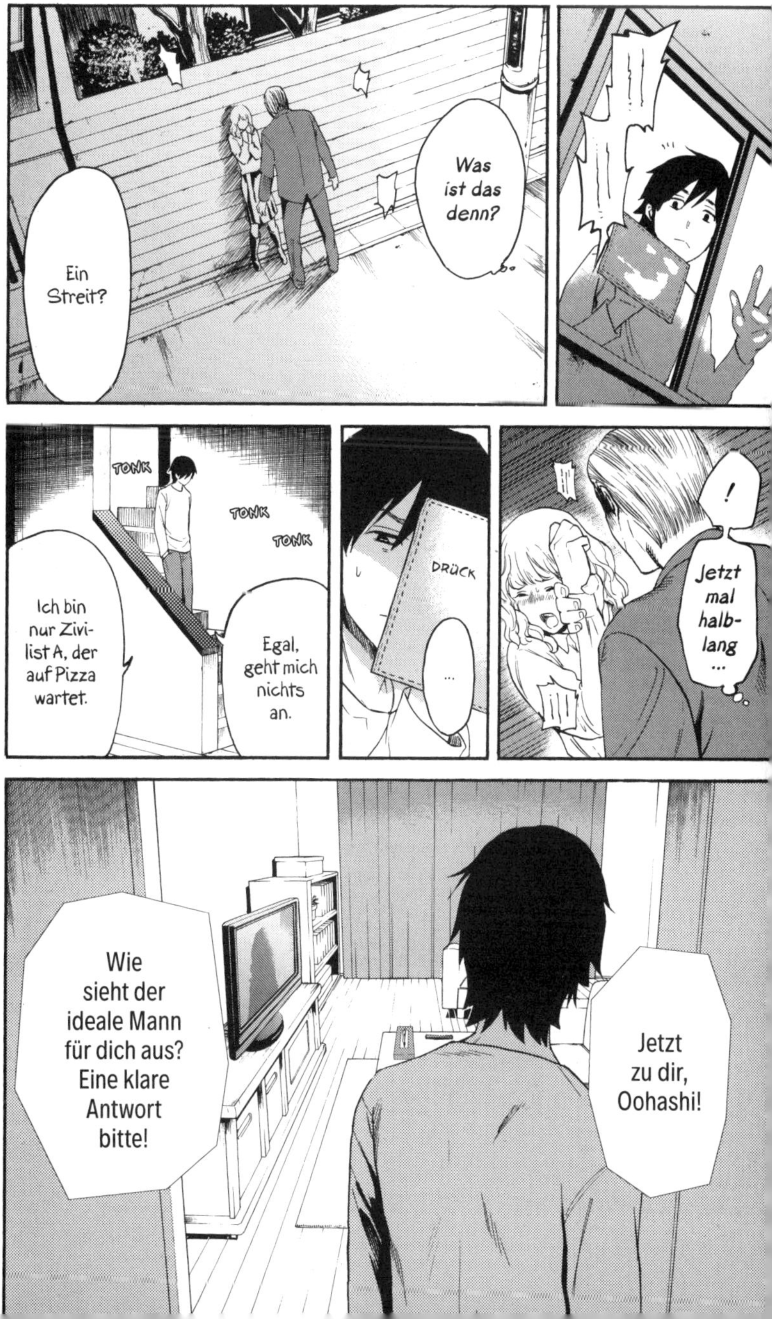

Was ist das denn?
Ein Streit?
!
Jetzt mal halb-lang ...
DRÜCK
...
TONK
TONK
TONK
Egal, geht mich nichts an.
Ich bin nur Zivilist A, der auf Pizza wartet.
Jetzt zu dir, Oohashi!
Wie sieht der ideale Mann für dich aus? Eine klare Antwort bitte!

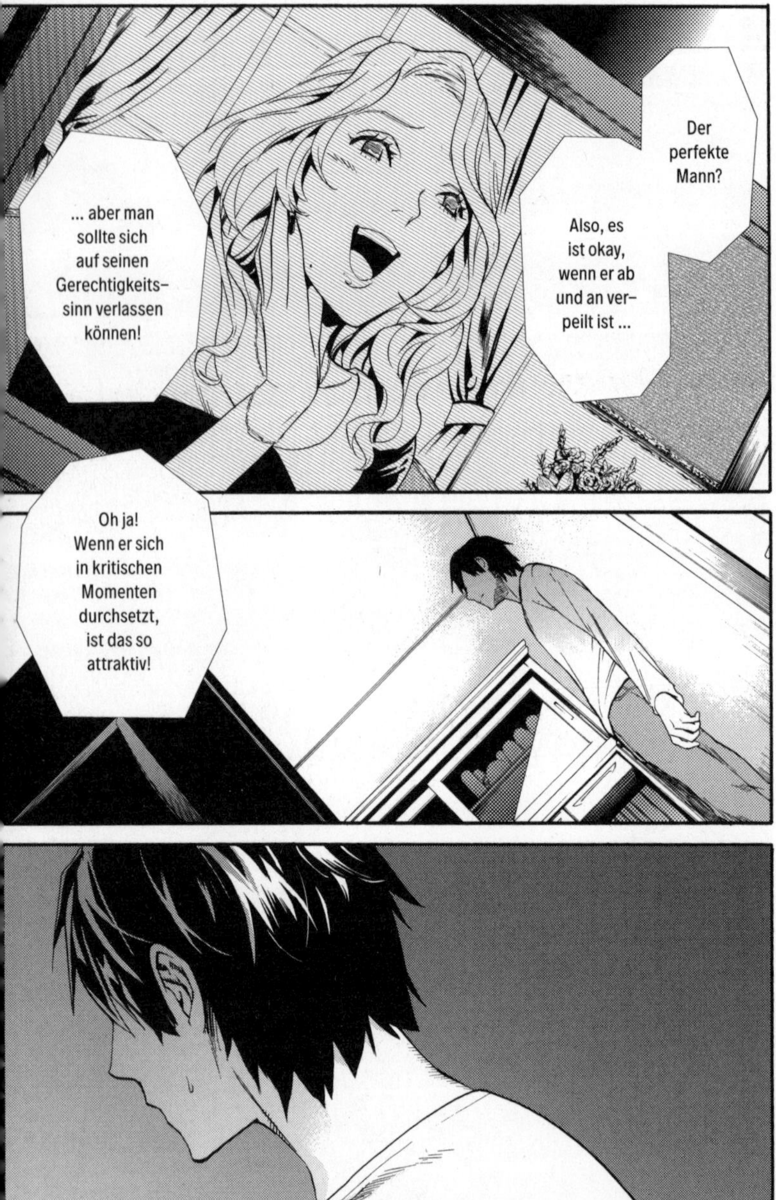
Der perfekte Mann?
Also, es ist okay, wenn er ab und an verpeilt ist ...
... aber man sollte sich auf seinen Gerechtigkeits-sinn verlassen können!
Oh ja! Wenn er sich in kritischen Momenten durchsetzt, ist das so attraktiv!

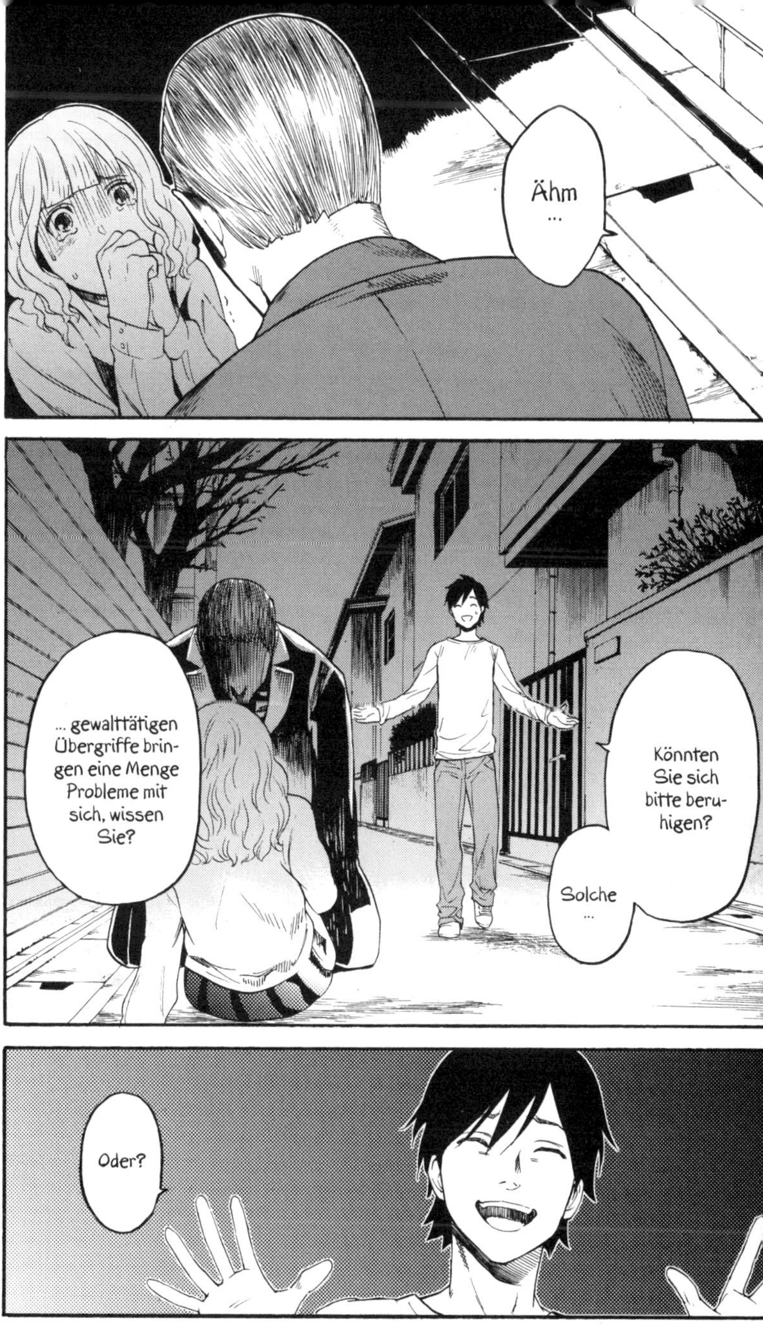

Ähm ...
Könnten Sie sich bitte beruhigen?
Solche ...
... gewalttätigen Übergriffe bringen eine Menge Probleme mit sich, wissen Sie?
Oder?

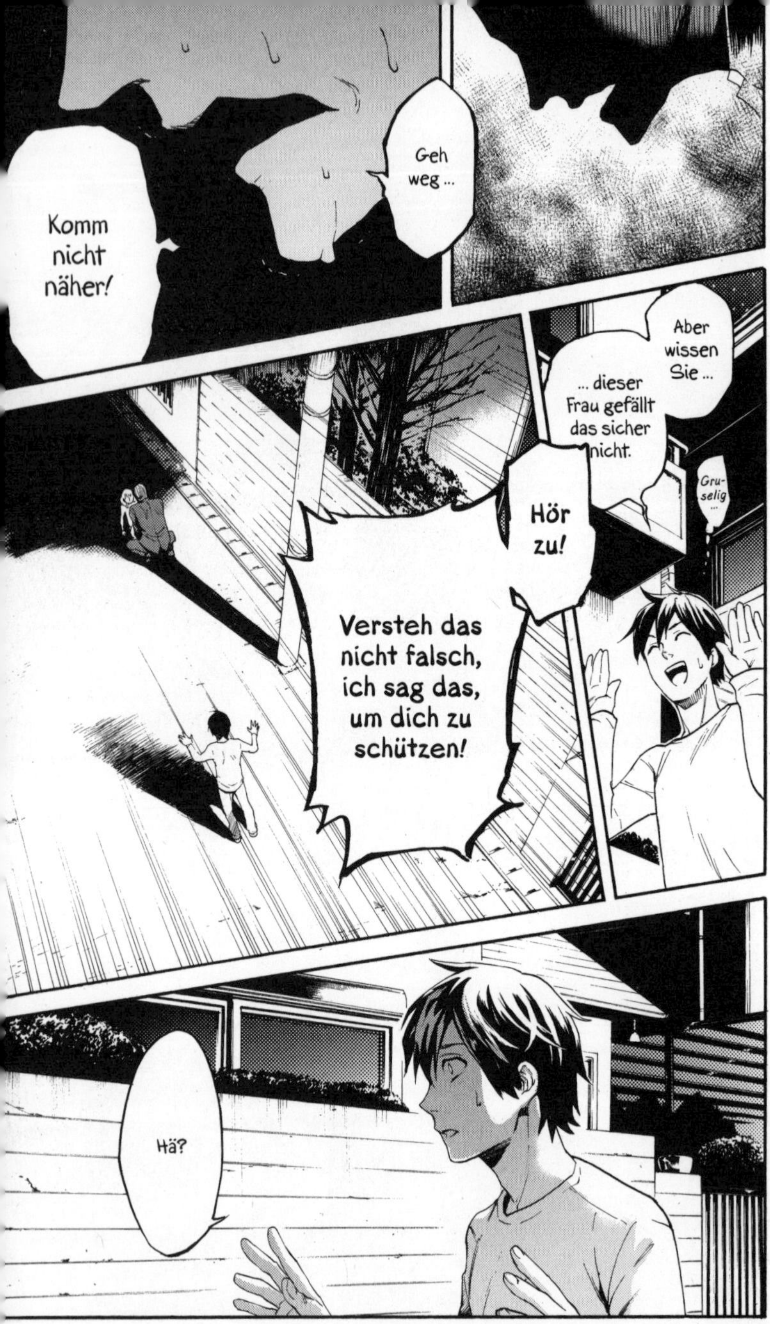
Geh weg ...
Komm nicht näher!
Aber wissen Sie ...
... dieser Frau gefällt das sicher nicht.
Gruselig ...
Hör zu!
Versteh das nicht falsch, ich sag das, um dich zu schützen!
Hä?

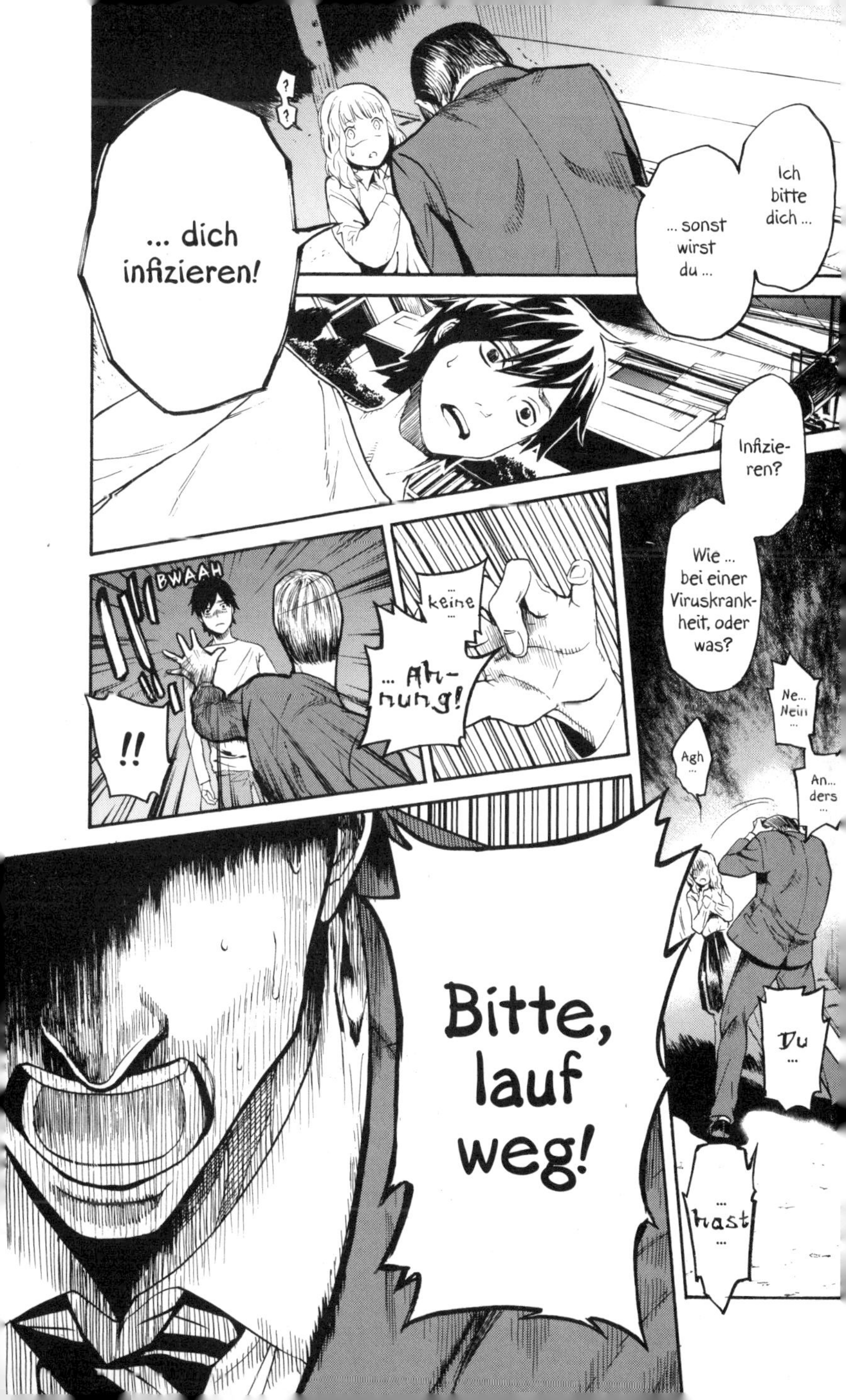
Ich bitte dich ...
... sonst wirst du ...
? ?
... dich infizieren!
Infizieren?
Wie ... bei einer Viruskrankheit, oder was?
Ne... Nein ...
An... ders ...
Agh ...
... keine ...
... Ahnung!
BWAAH
!!
Du ...
... hast ...
Bitte, lauf weg!

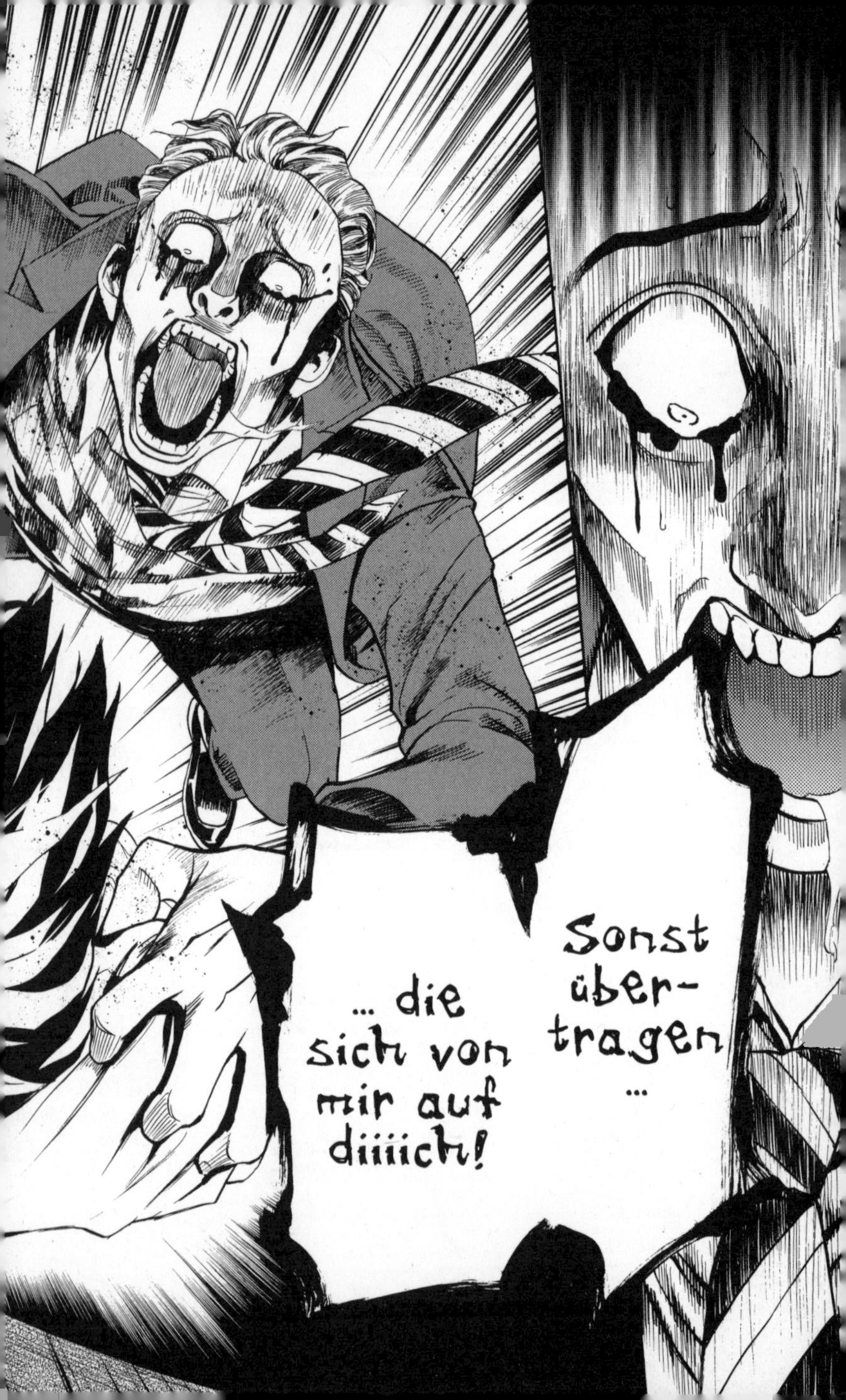
Sonst über-tragen …
… die sich von mir auf diiiich!

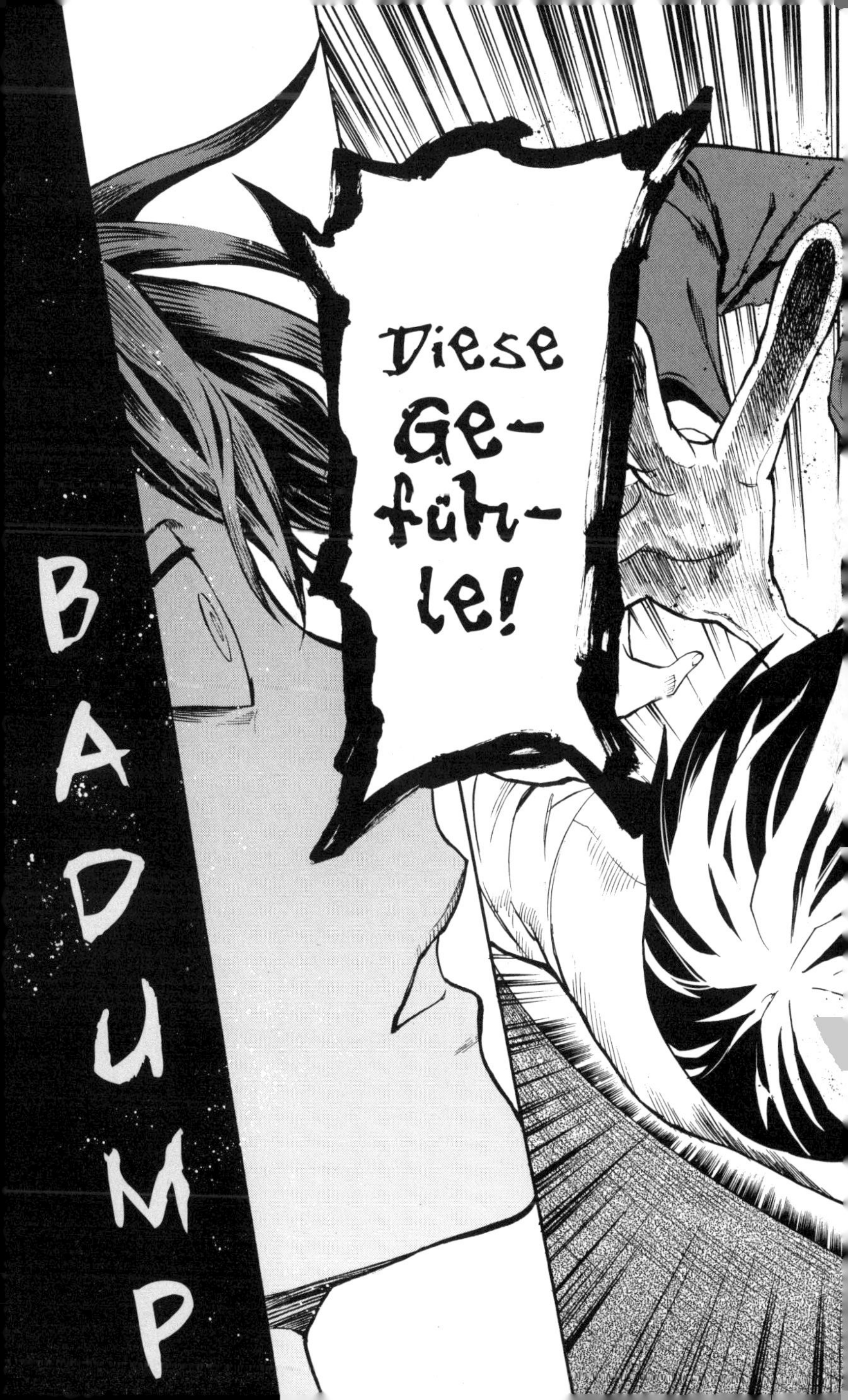
Diese Ge-füh-le!
BADUMP

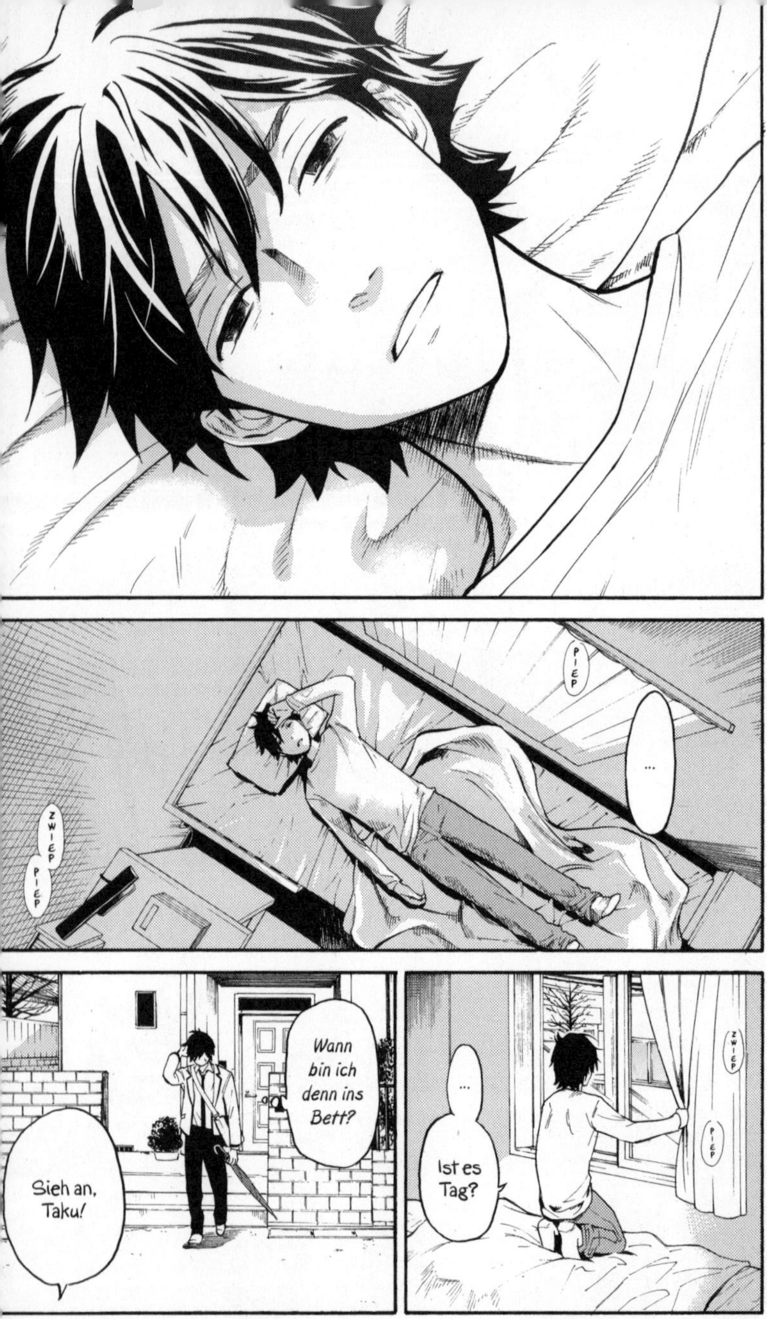
PIEP
...
ZWIEP
PIEP
ZWIEP
PIEP
...
Ist es Tag?
Wann bin ich denn ins Bett?
Sieh an, Taku!

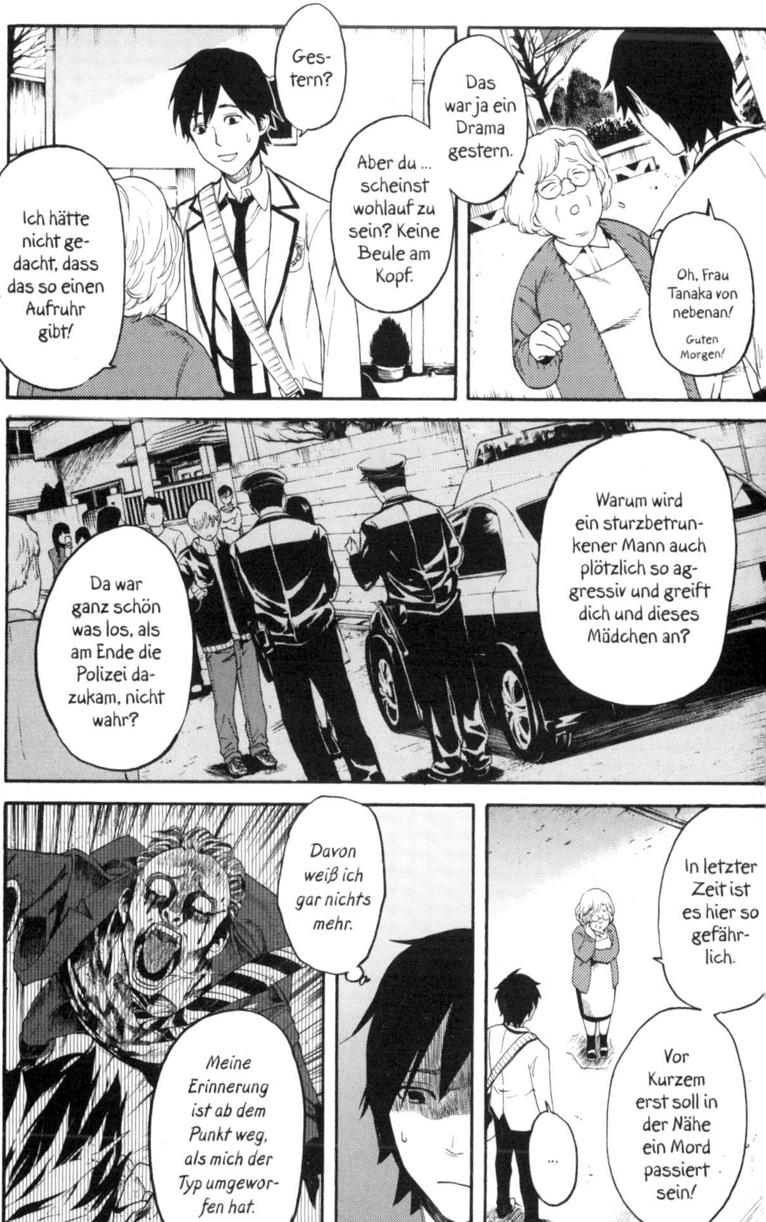
Oh, Frau Tanaka von nebenan!
Guten Morgen!
Das war ja ein Drama gestern.
Gestern?
Aber du ... scheinst wohlauf zu sein? Keine Beule am Kopf.
Ich hätte nicht gedacht, dass das so einen Aufruhr gibt!
Warum wird ein sturzbetrunkener Mann auch plötzlich so aggressiv und greift dich und dieses Mädchen an?
Da war ganz schön was los, als am Ende die Polizei dazukam, nicht wahr?
In letzter Zeit ist es hier so gefährlich.
Vor Kurzem erst soll in der Nähe ein Mord passiert sein!
...
Davon weiß ich gar nichts mehr.
Meine Erinnerung ist ab dem Punkt weg, als mich der Typ umgeworfen hat.

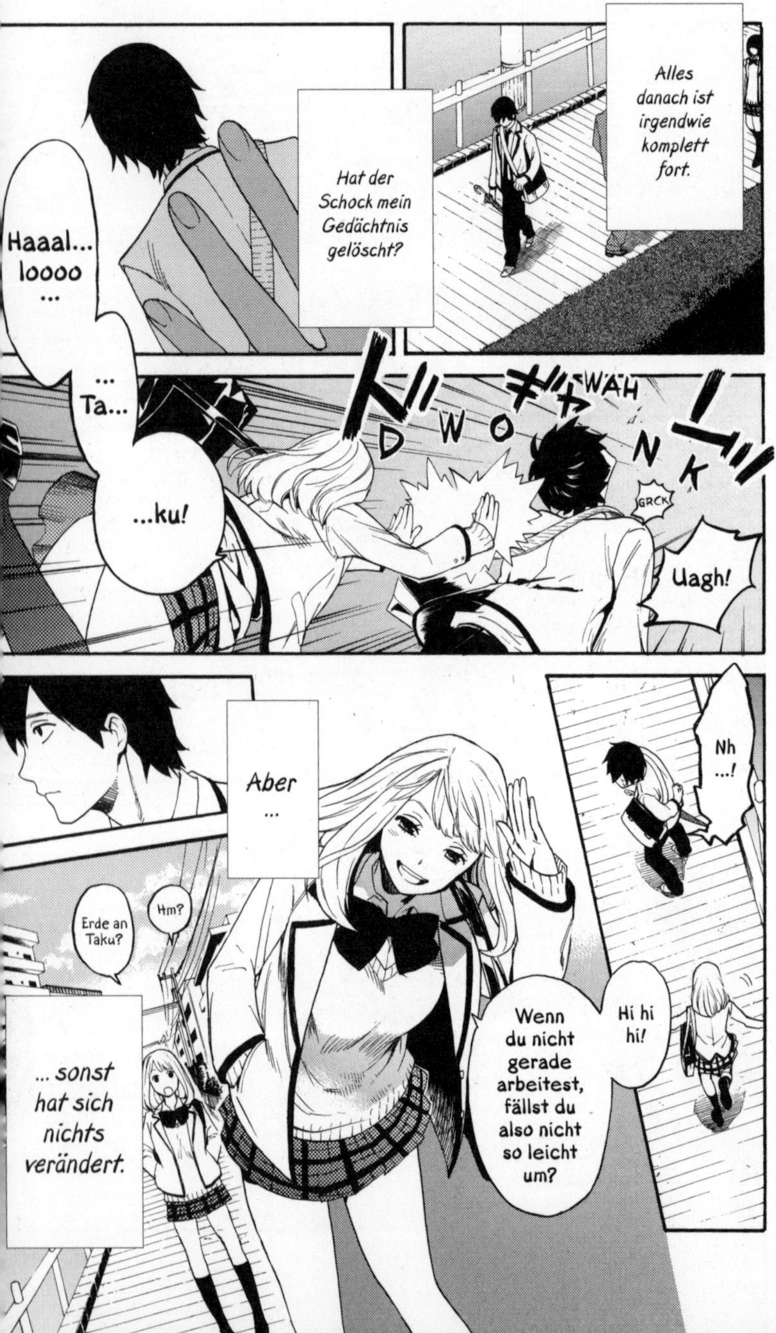
Alles danach ist irgendwie komplett fort.
Hat der Schock mein Gedächtnis gelöscht?
Haaal... loooo ...
... Ta...
...ku!
WÄH
DWONK
GRCK
Uagh!
Nh ...!
Aber ...
Hi hi hi!
Wenn du nicht gerade arbeitest, fällst du also nicht so leicht um?
Hm?
Erde an Taku?
... sonst hat sich nichts verändert.

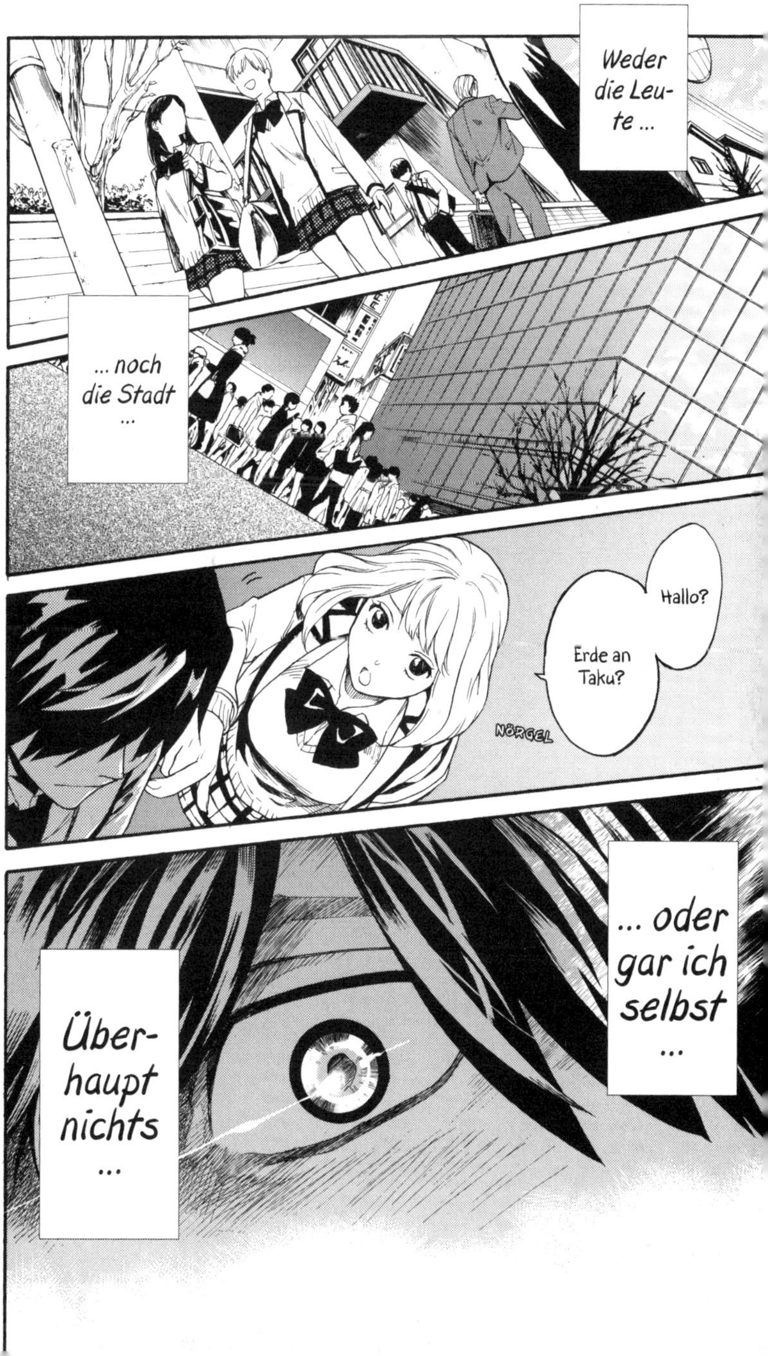
Weder die Leute ...
... noch die Stadt ...
Hallo?
Erde an Taku?
NÖRGEL
... oder gar ich selbst ...
Überhaupt nichts ...

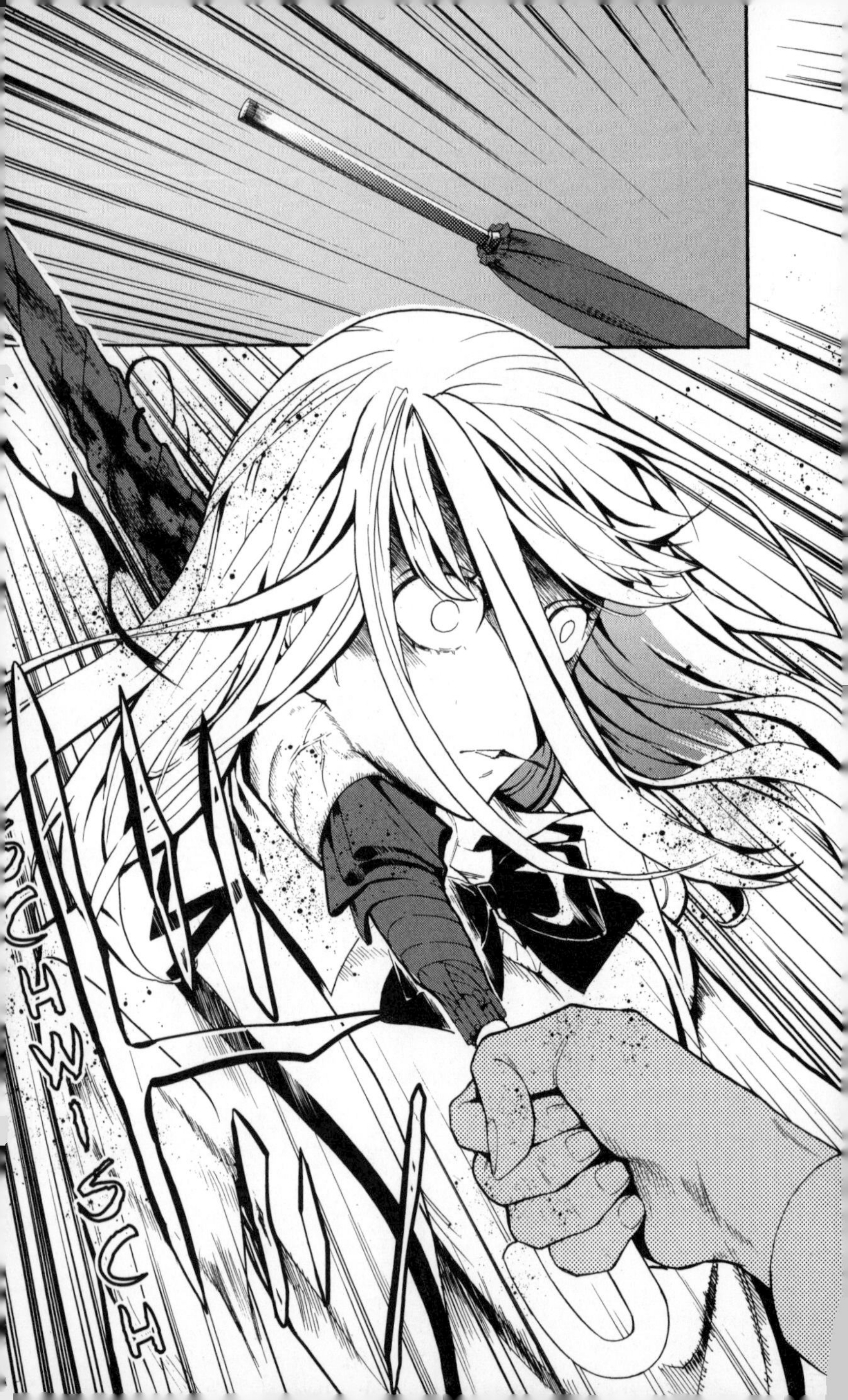
SCHW–SCH

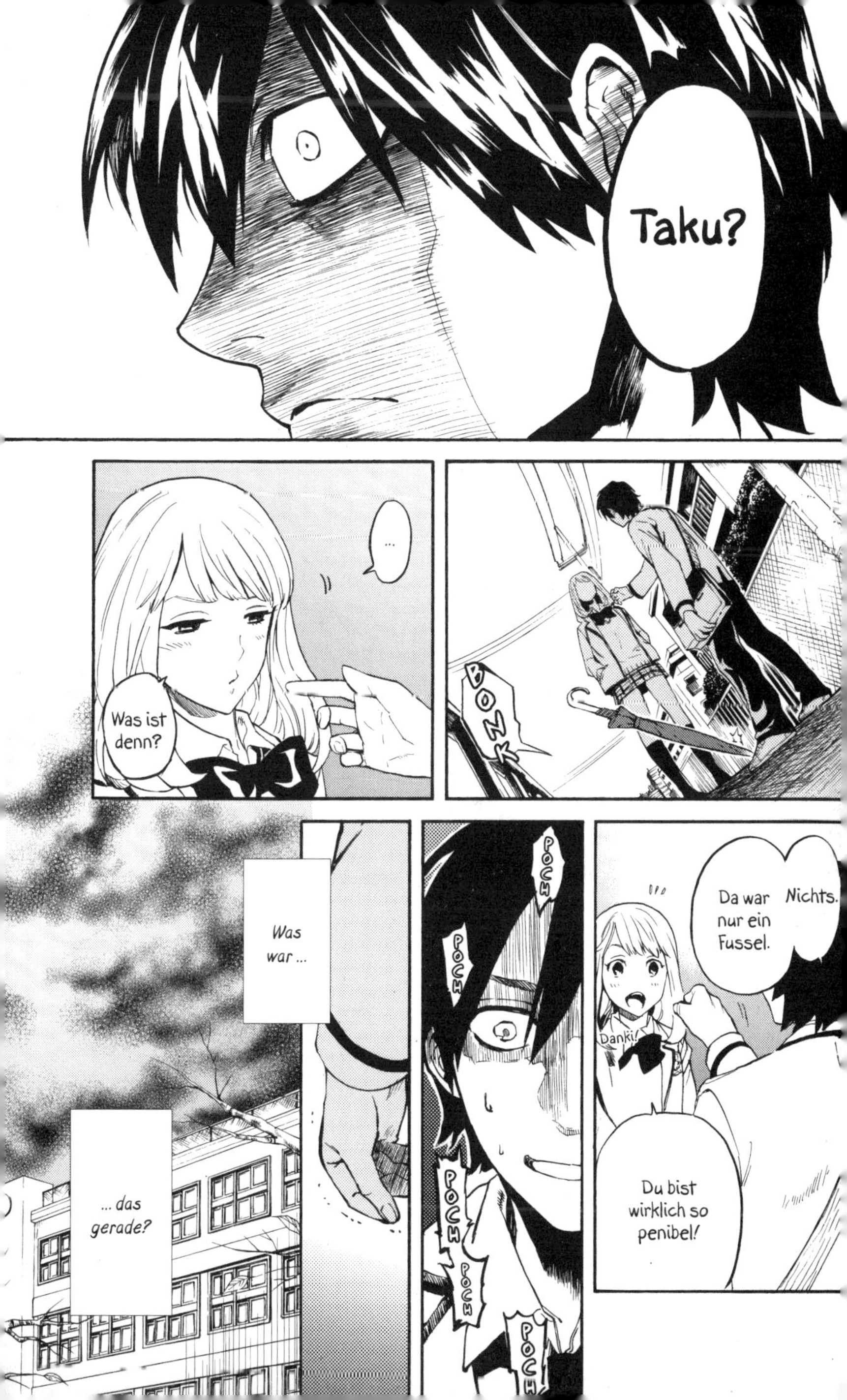
Taku?
...
BONK
Was ist denn?
Da war nur ein Fussel.
Nichts.
Danki!
Du bist wirklich so penibel!
POCH
POCH
POCH
POCH
POCH
Was war ...
... das gerade?

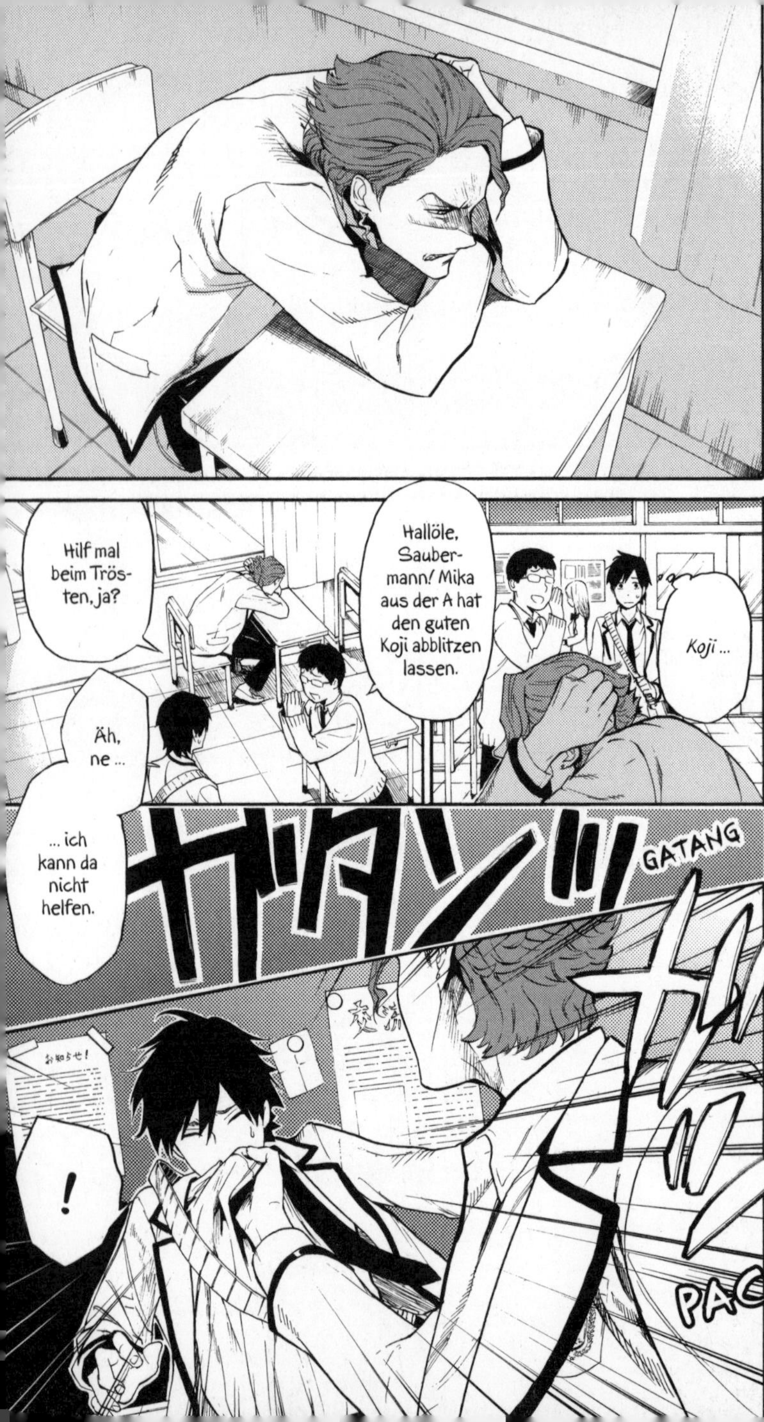
Koji ...
Hallöle, Saubermann! Mika aus der A hat den guten Koji abblitzen lassen.
Hilf mal beim Trösten, ja?
Äh, ne ...
... ich kann da nicht helfen.
GATANG
PACK
!

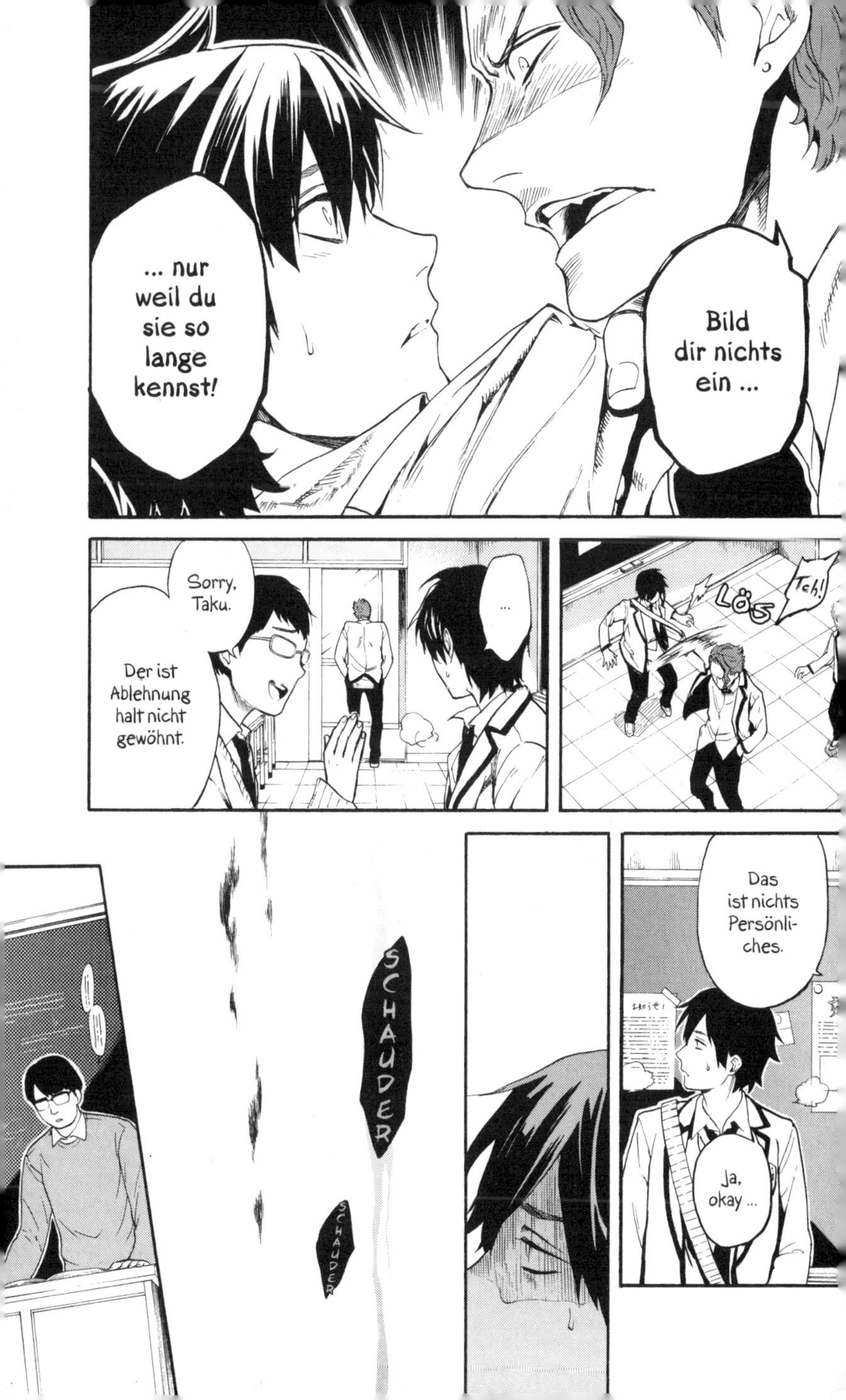
Bild dir nichts ein ...
... nur weil du sie so lange kennst!
Tch!
LÖS
...
Sorry, Taku.
Der ist Ablehnung halt nicht gewöhnt.
Das ist nichts Persönliches.
Ja, okay ...
SCHAUDER
SCHAUDER

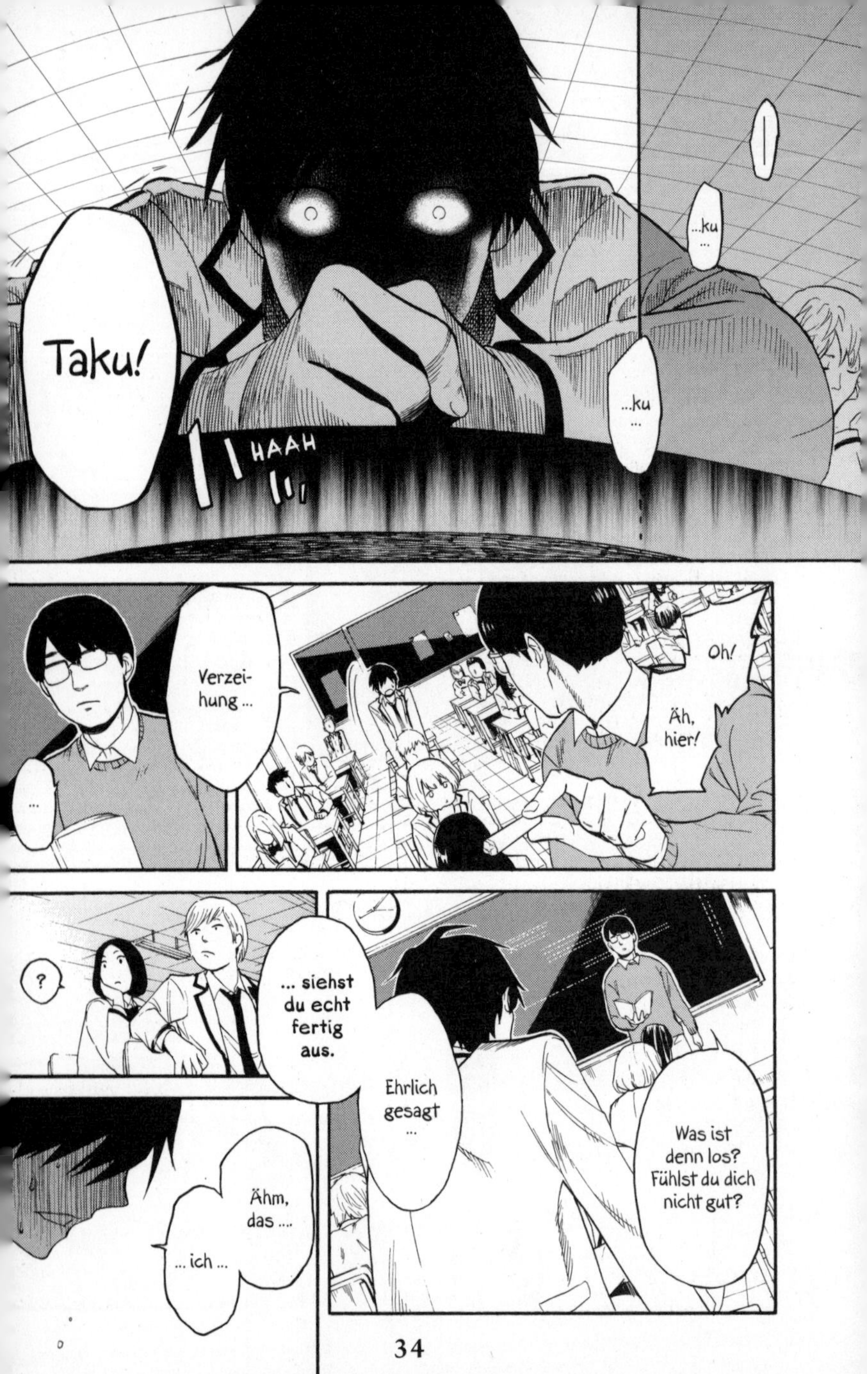
!
...ku ...
...ku ...
Taku!
HAAH
Oh!
Äh, hier!
Verzei- hung ...
...
?
... siehst du echt fertig aus.
Was ist denn los? Fühlst du dich nicht gut?
Ehrlich gesagt ...
Ähm, das ....
... ich ...

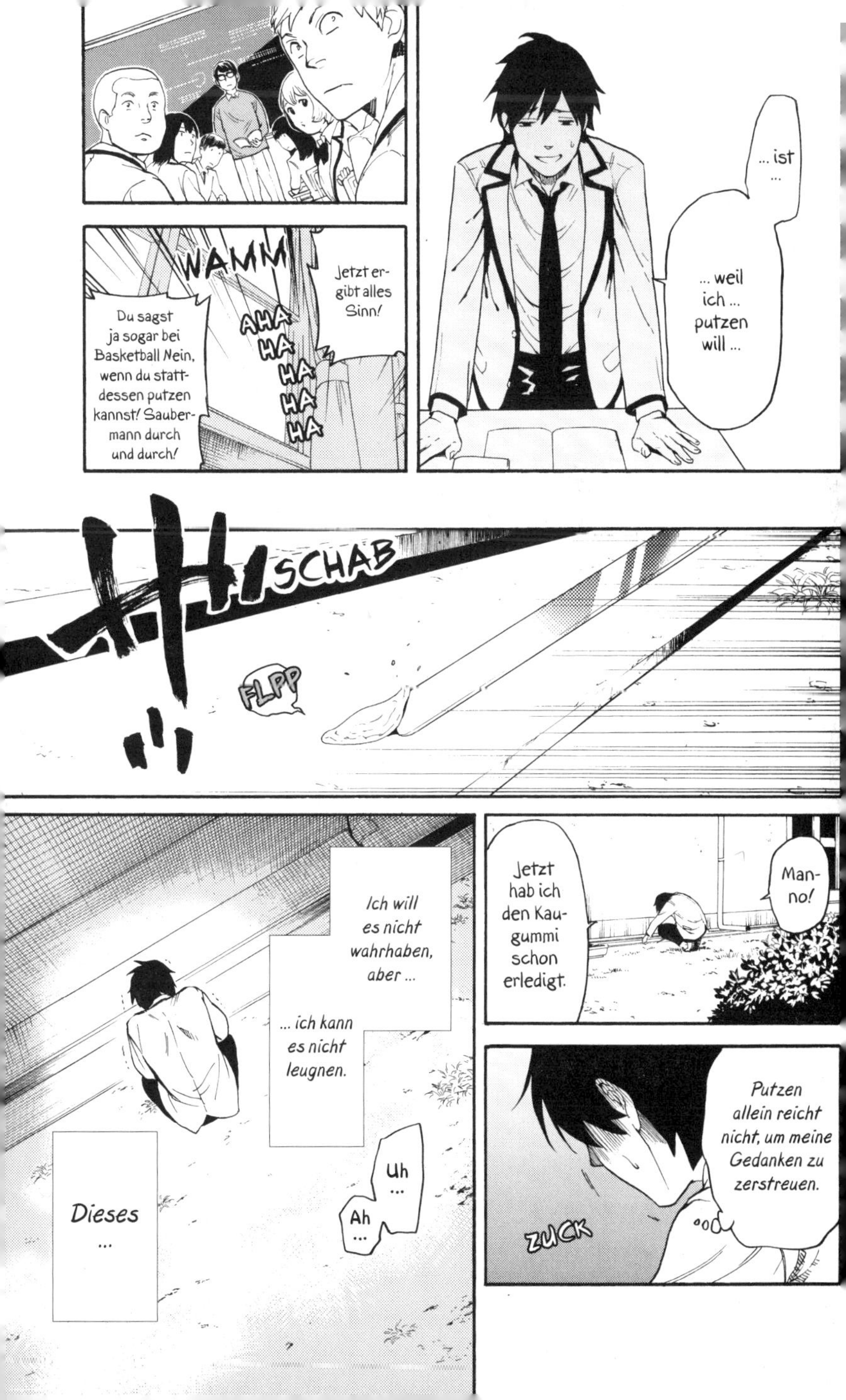
... ist ...
... weil ich ... putzen will ...
Jetzt ergibt alles Sinn!
WAMM
AHA HA HA HA HA
Du sagst ja sogar bei Basketball Nein, wenn du stattdessen putzen kannst! Saubermann durch und durch!
SCHAB
FLPP
Man-no!
Jetzt hab ich den Kaugummi schon erledigt.
Ich will es nicht wahrhaben, aber ...
... ich kann es nicht leugnen.
Putzen allein reicht nicht, um meine Gedanken zu zerstreuen.
ZUCK
Uh ...
Ah ...
Dieses ...

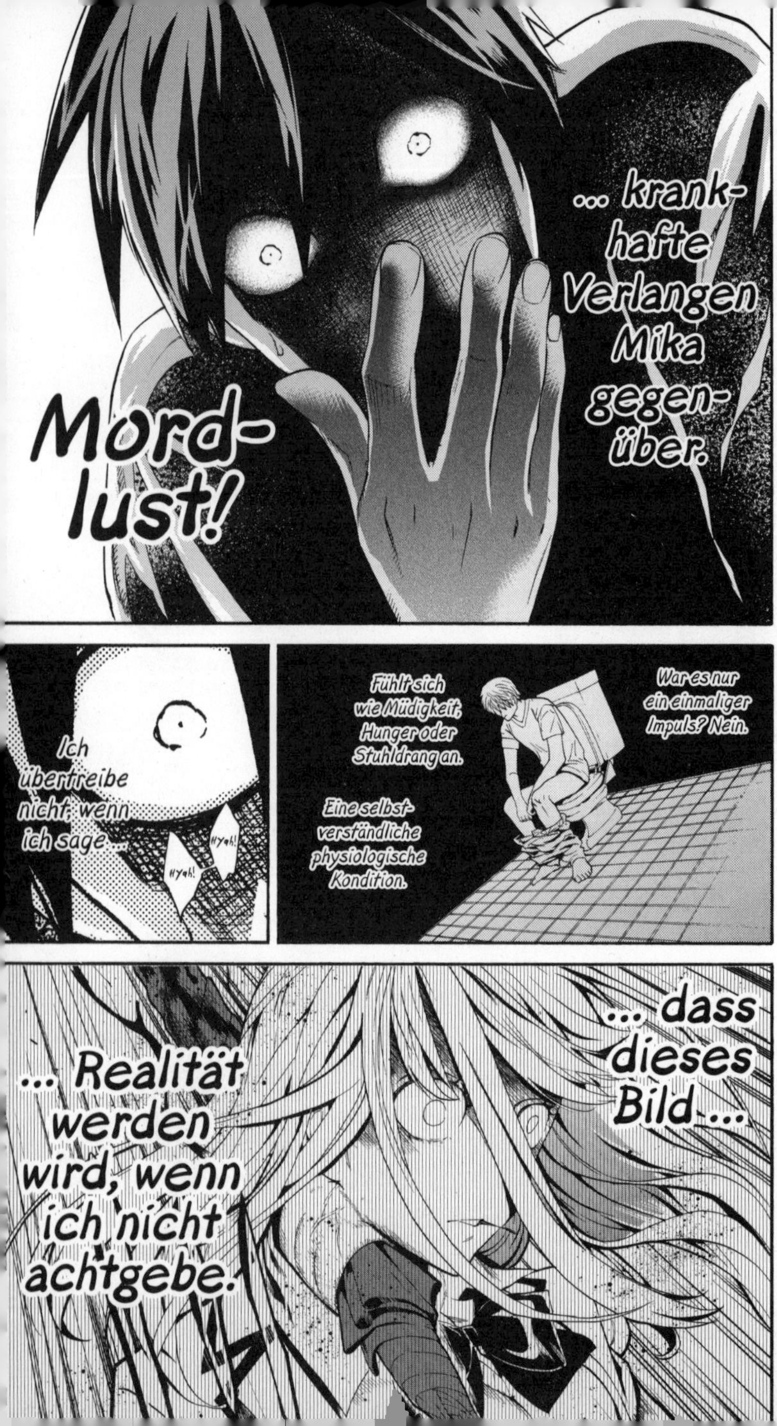
... krankhafte Verlangen Mika gegenüber.
Mordlust!
War es nur ein einmaliger Impuls? Nein.
Fühlt sich wie Müdigkeit, Hunger oder Stuhldrang an.
Eine selbstverständliche physiologische Kondition.
Ich übertreibe nicht, wenn ich sage ...
Hyah!
Hyah!
... dass dieses Bild ...
... Realität werden wird, wenn ich nicht achtgebe.

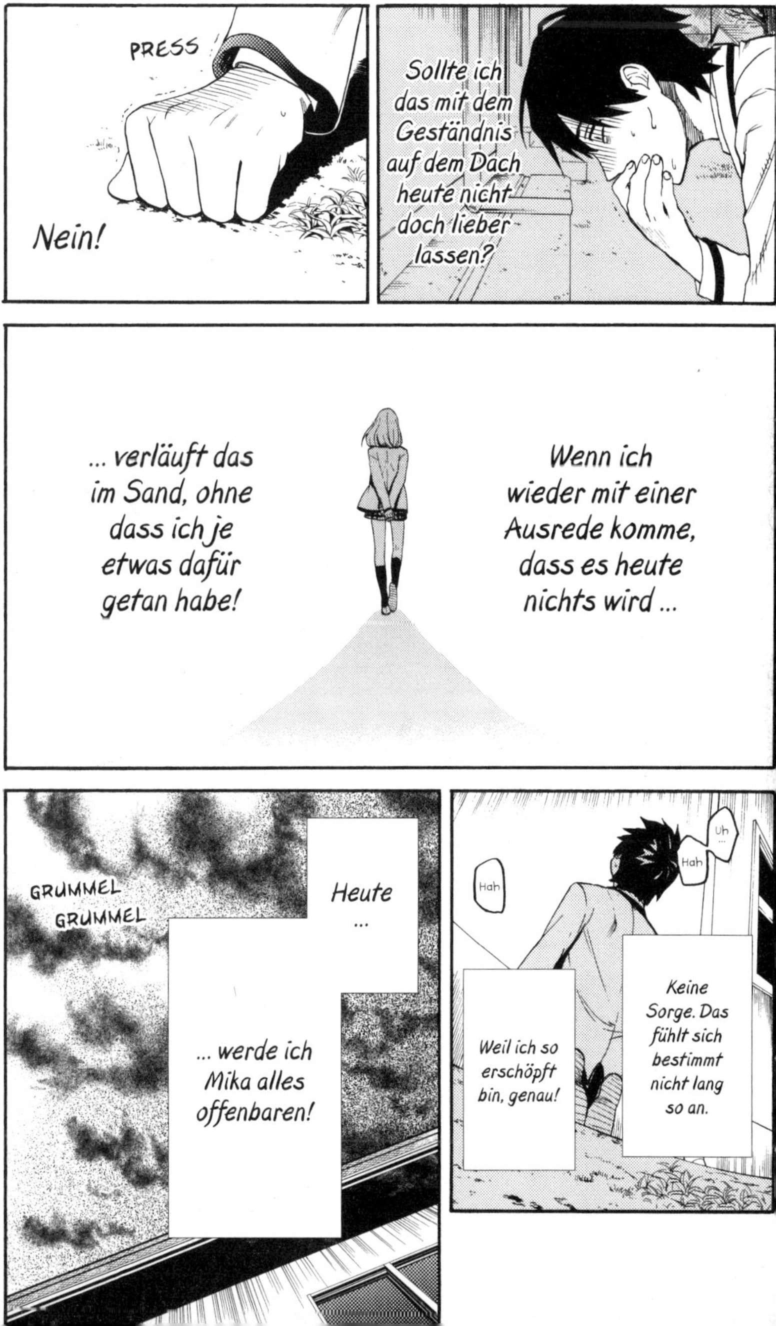
Sollte ich das mit dem Geständnis auf dem Dach heute nicht doch lieber lassen?
PRESS
Nein!
Wenn ich wieder mit einer Ausrede komme, dass es heute nichts wird ...
... verläuft das im Sand, ohne dass ich je etwas dafür getan habe!
Uh ...
Hah
Hah
Keine Sorge. Das fühlt sich bestimmt nicht lang so an.
Weil ich so erschöpft bin, genau!
Heute ...
... werde ich Mika alles offenbaren!
GRUMMEL GRUMMEL

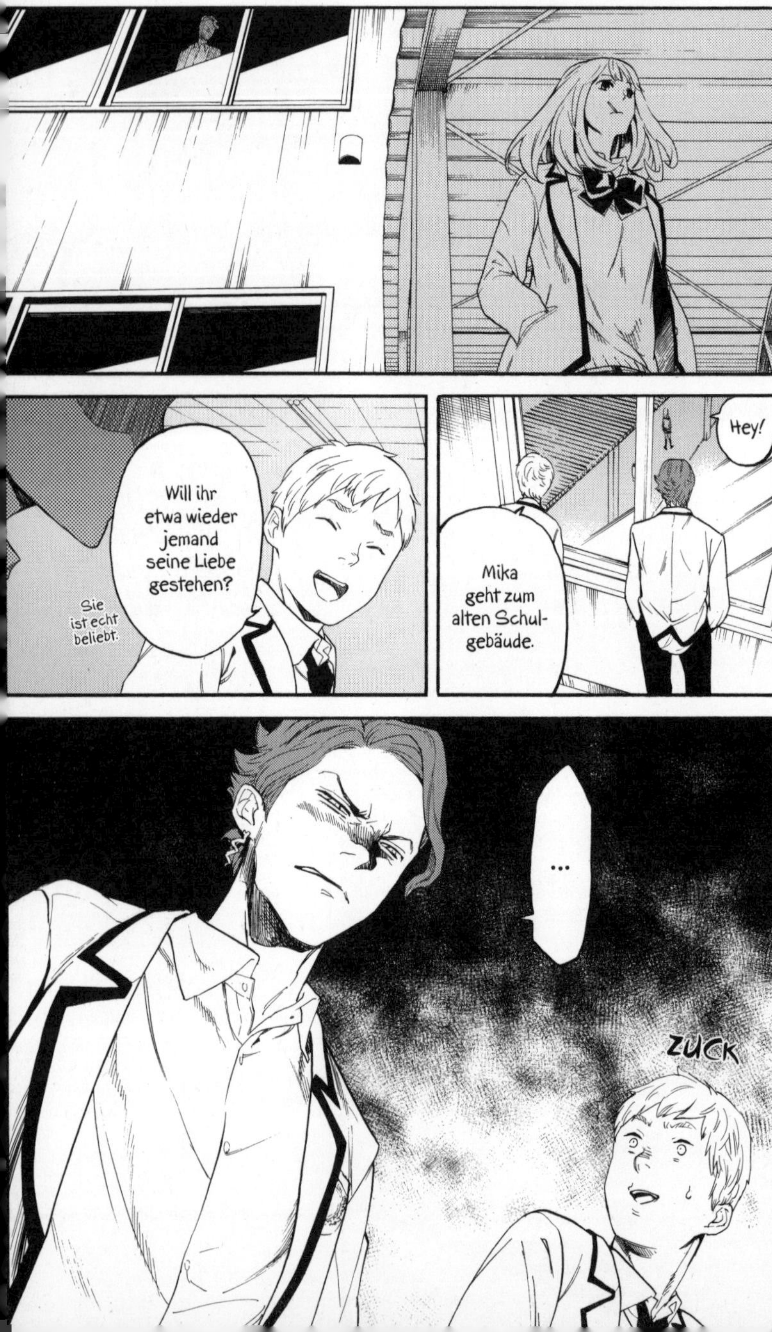
Hey!
Mika geht zum alten Schulgebäude.
Will ihr etwa wieder jemand seine Liebe gestehen?
Sie ist echt beliebt.
...
ZUCK

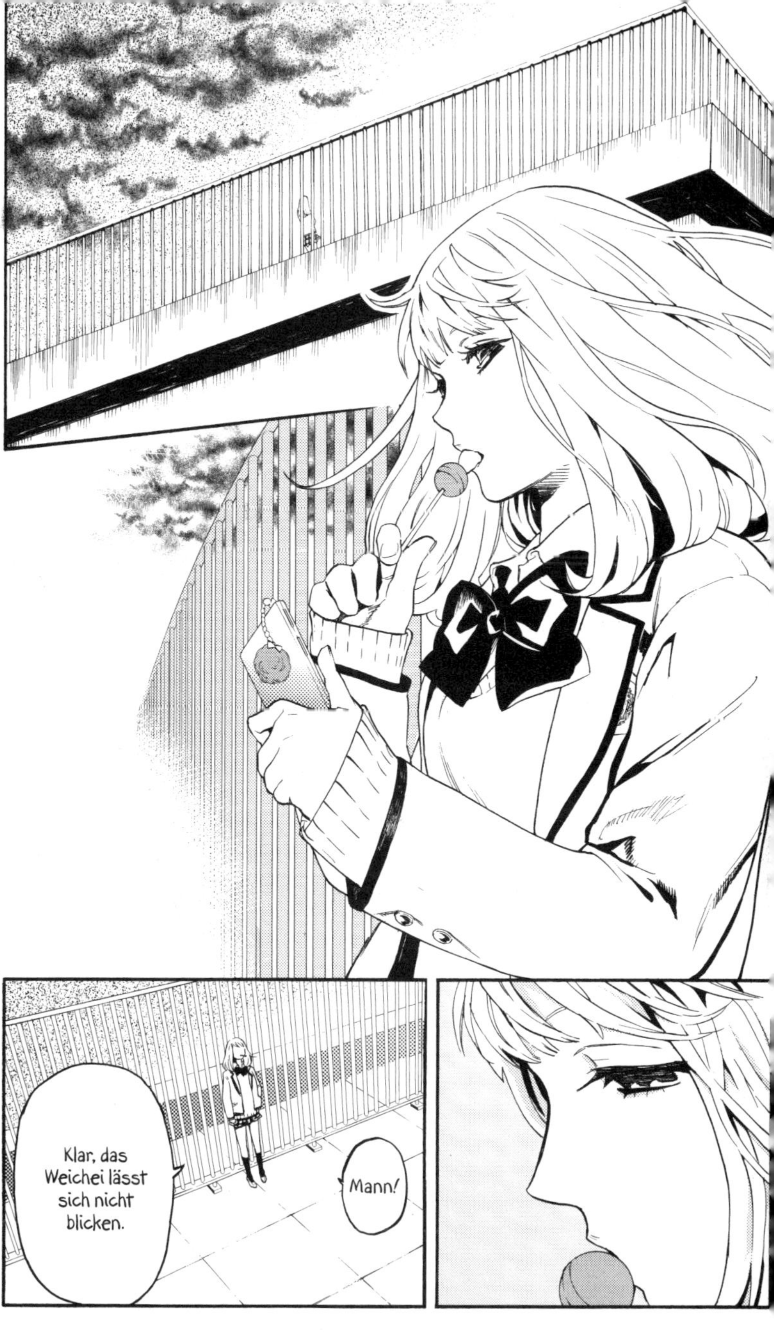
Mann!
Klar, das Weichei lässt sich nicht blicken.

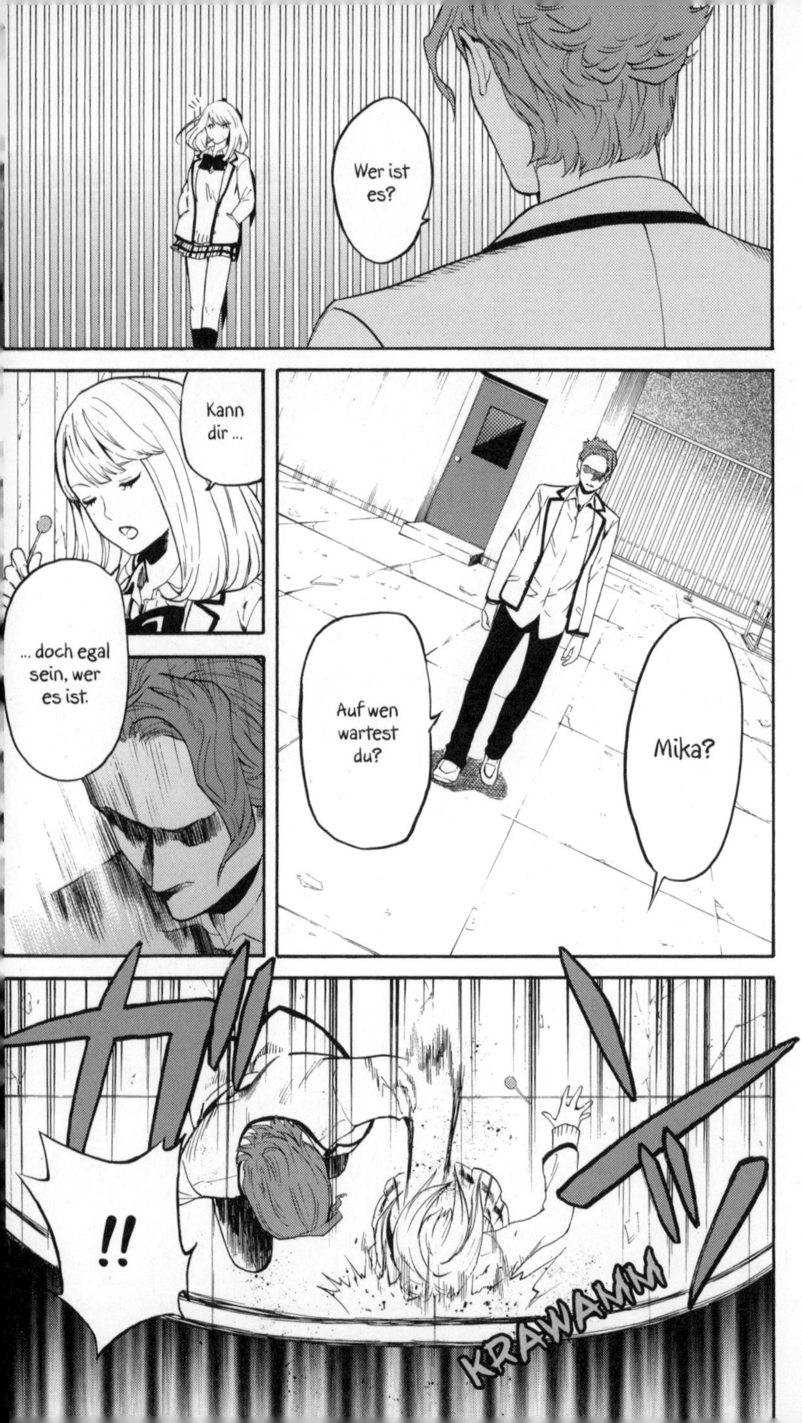

Wer ist es?
Mika?
Auf wen wartest du?
Kann dir ...
... doch egal sein, wer es ist.
!!
KRAWAMM

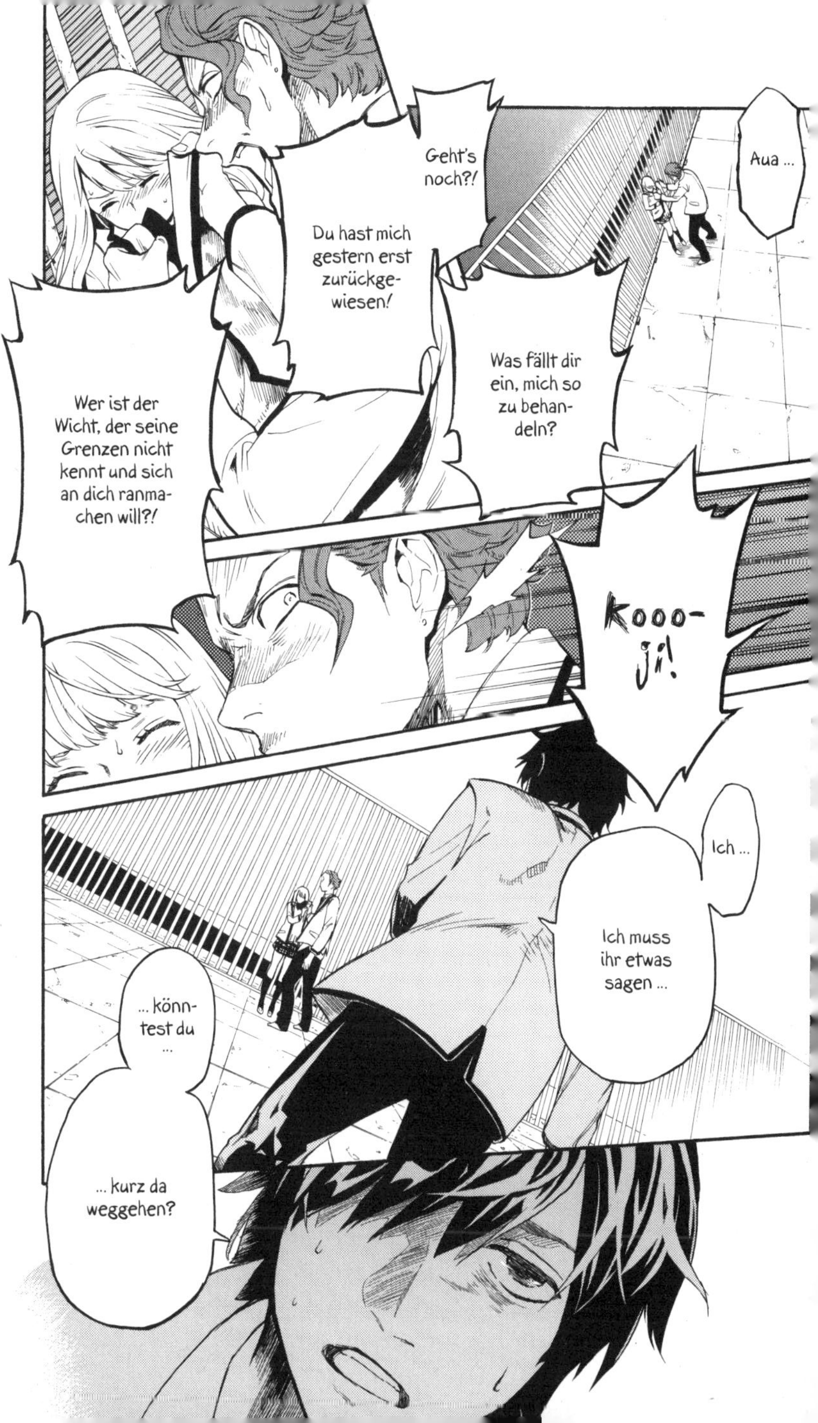
Aua ...
Geht's noch?!
Du hast mich gestern erst zurückgewiesen!
Was fällt dir ein, mich so zu behandeln?
Wer ist der Wicht, der seine Grenzen nicht kennt und sich an dich ranmachen will?!
Kooo-ji!
Ich ...
Ich muss ihr etwas sagen ...
... könntest du ...
... kurz da weggehen?

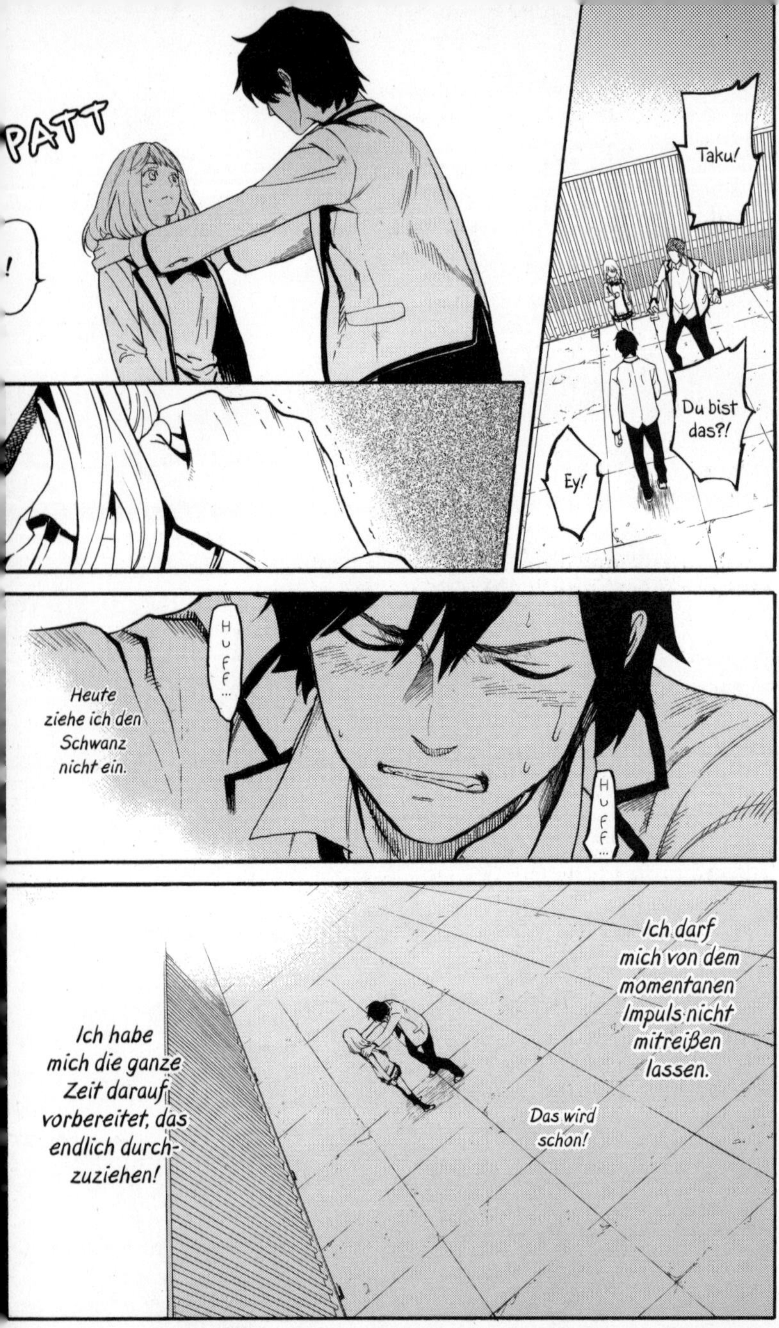
Taku!
Du bist das?!
Ey!
PATT
!
Huff...
Heute ziehe ich den Schwanz nicht ein.
Huff...
Ich darf mich von dem momentanen Impuls nicht mitreißen lassen.
Das wird schon!
Ich habe mich die ganze Zeit darauf vorbereitet, das endlich durch-zuziehen!

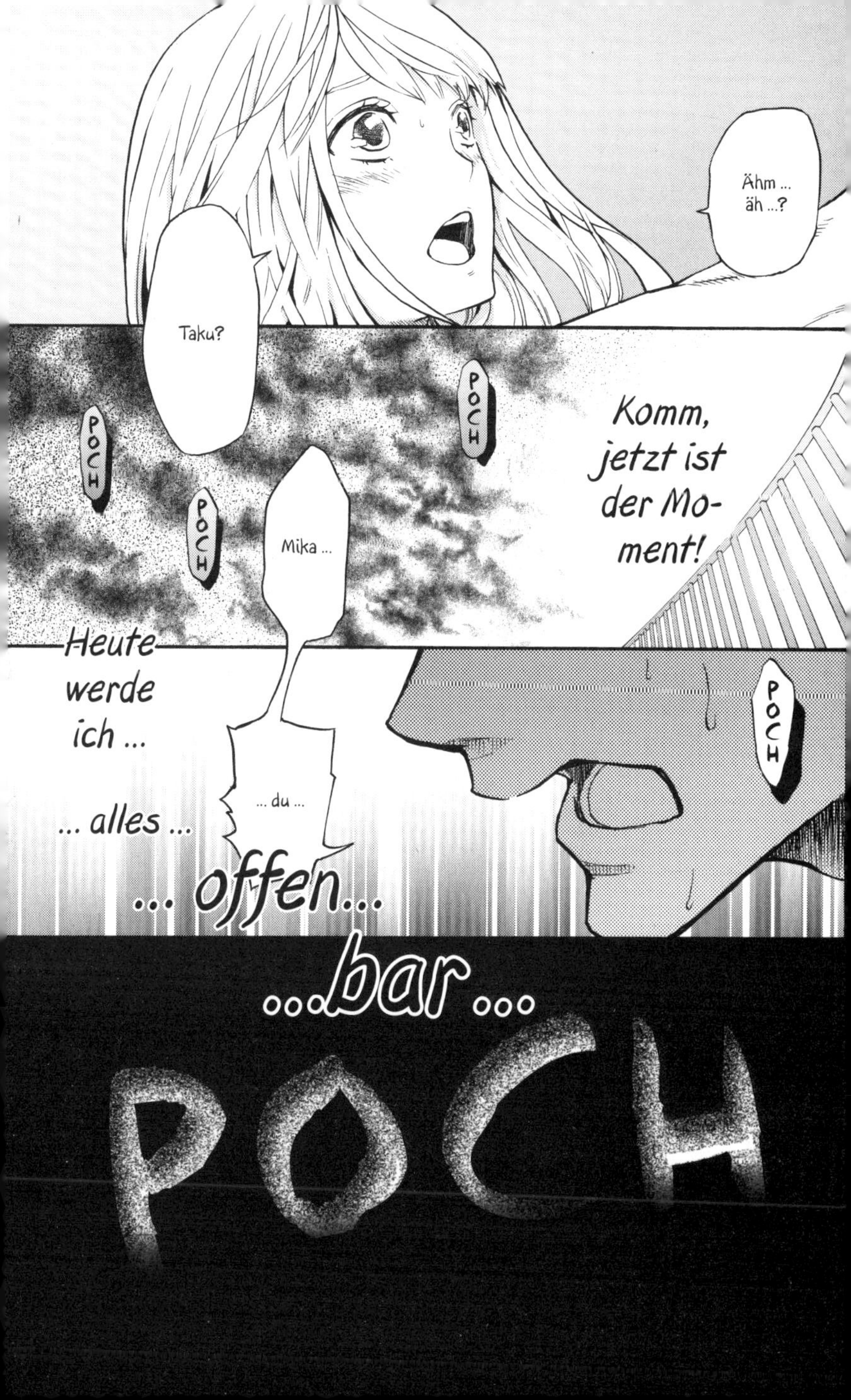
Ähm ...
äh ...?
Taku?
POCH
POCH
POCH
Komm, jetzt ist der Moment!
Mika ...
Heute werde ich ...
POCH
... du ...
... alles ...
... offen...
...bar ...
POCH

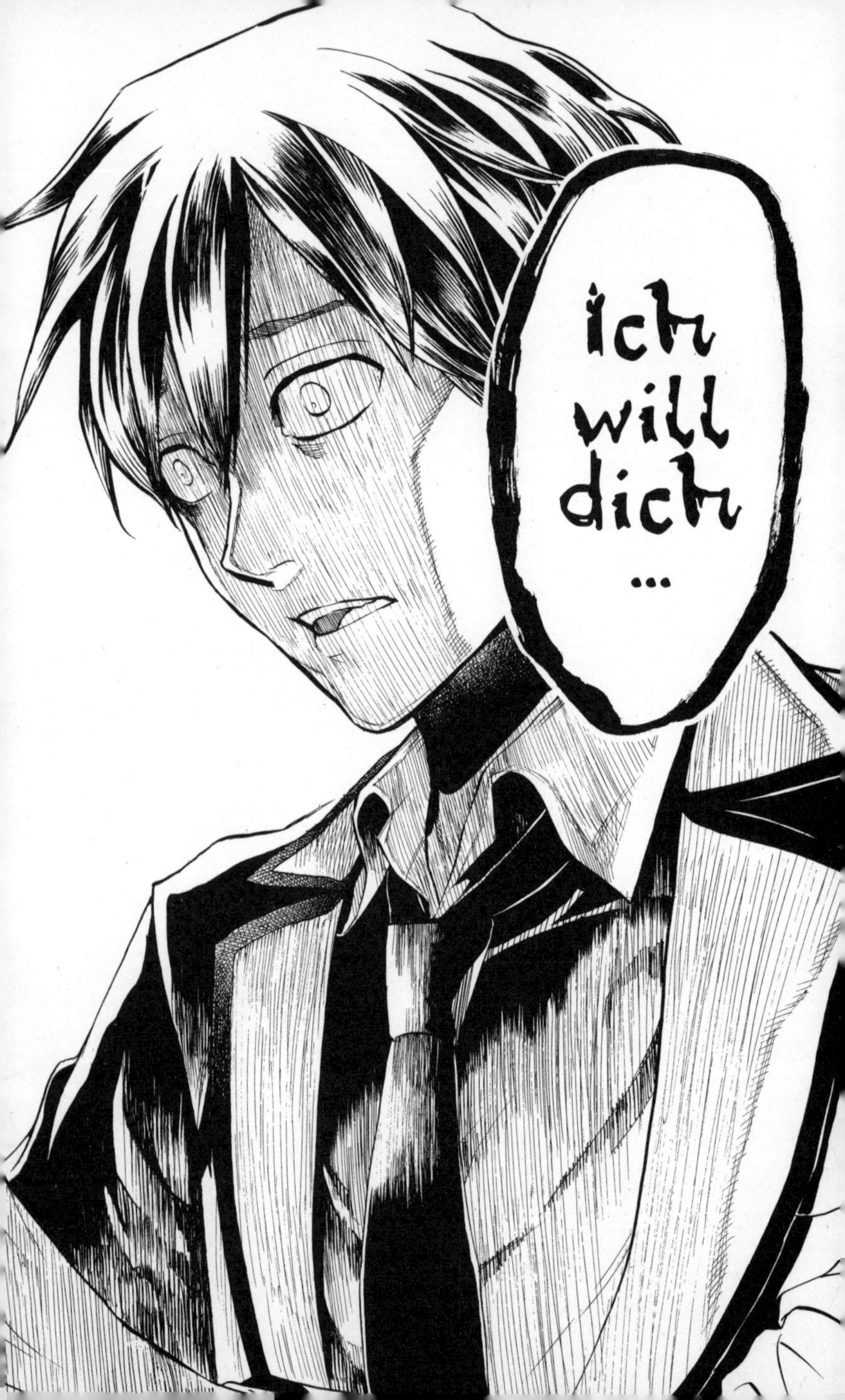
Ich will dich …

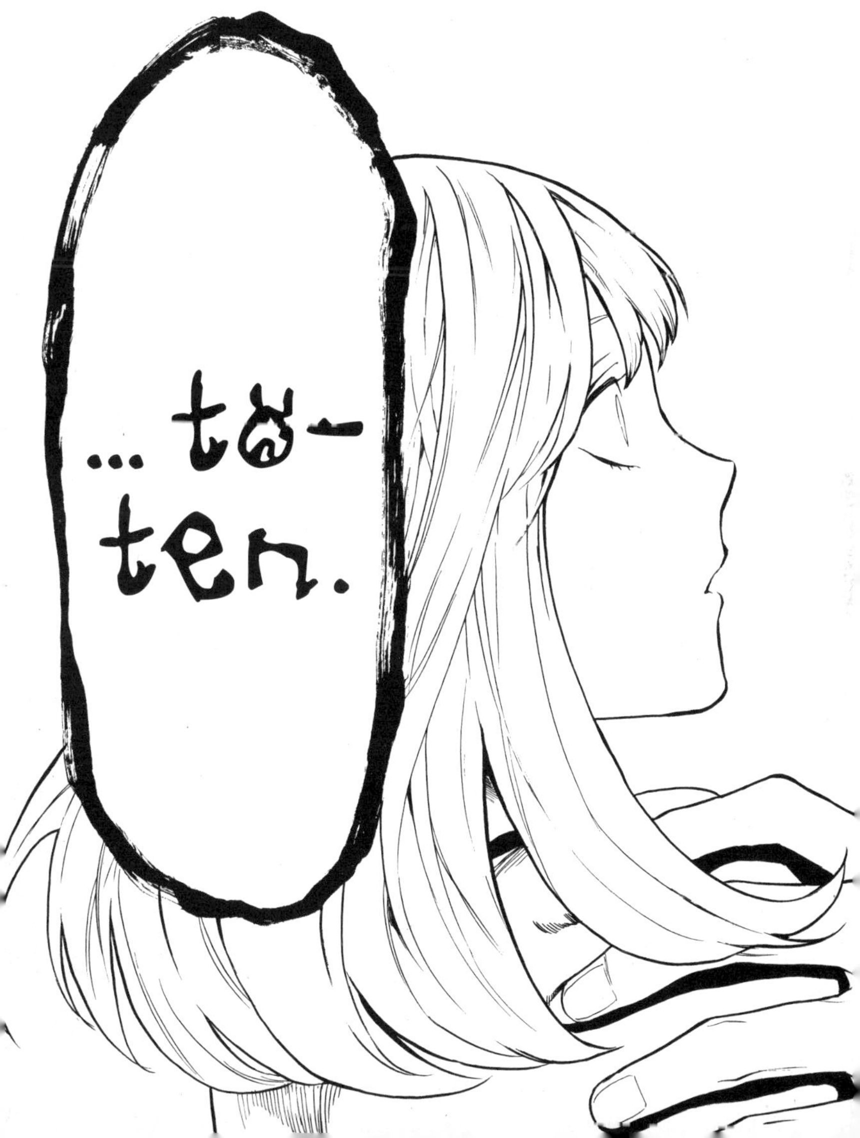
... ta-ten.

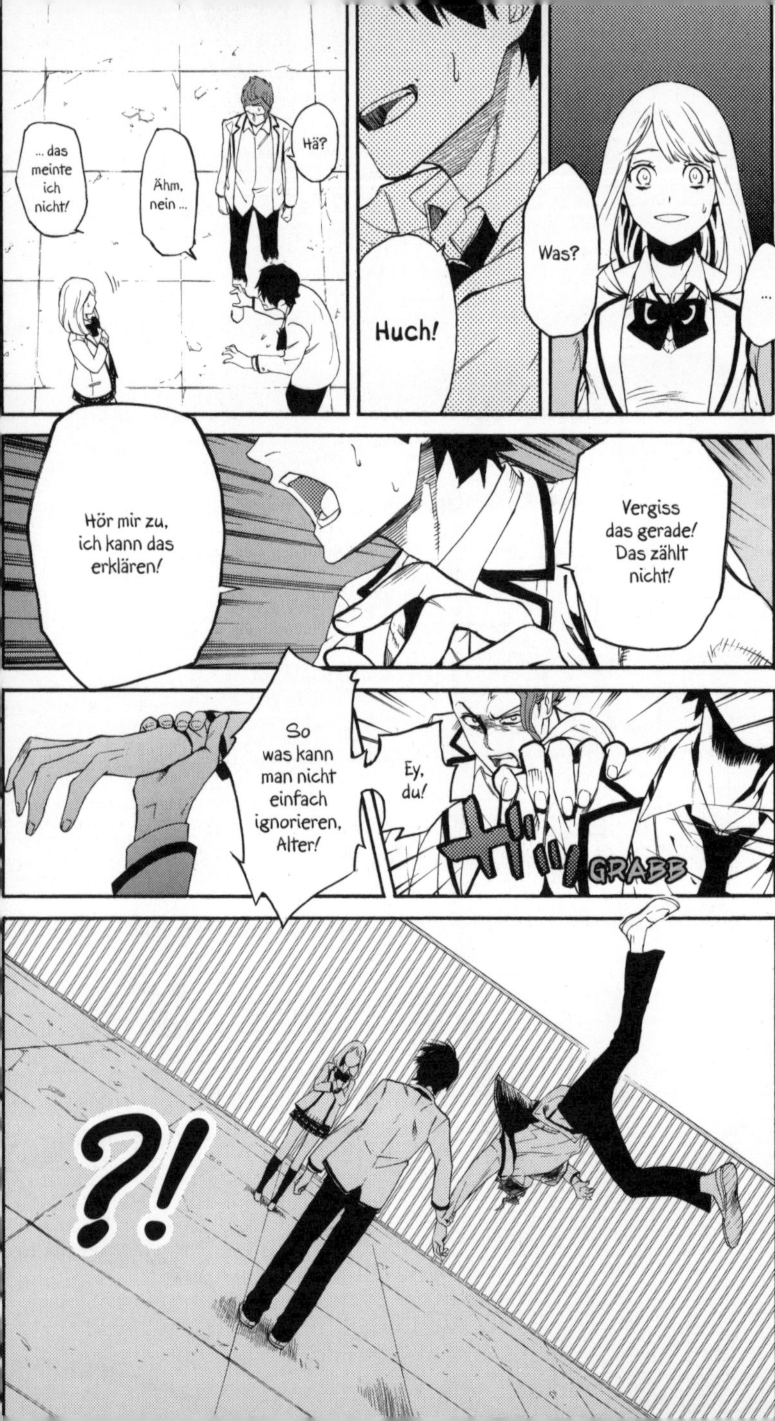
...
Was?
Huch!
Hä?
Ähm, nein ...
... das meinte ich nicht!
Vergiss das gerade! Das zählt nicht!
Hör mir zu, ich kann das erklären!
GRABB
Ey, du!
So was kann man nicht einfach ignorieren, Alter!
?!

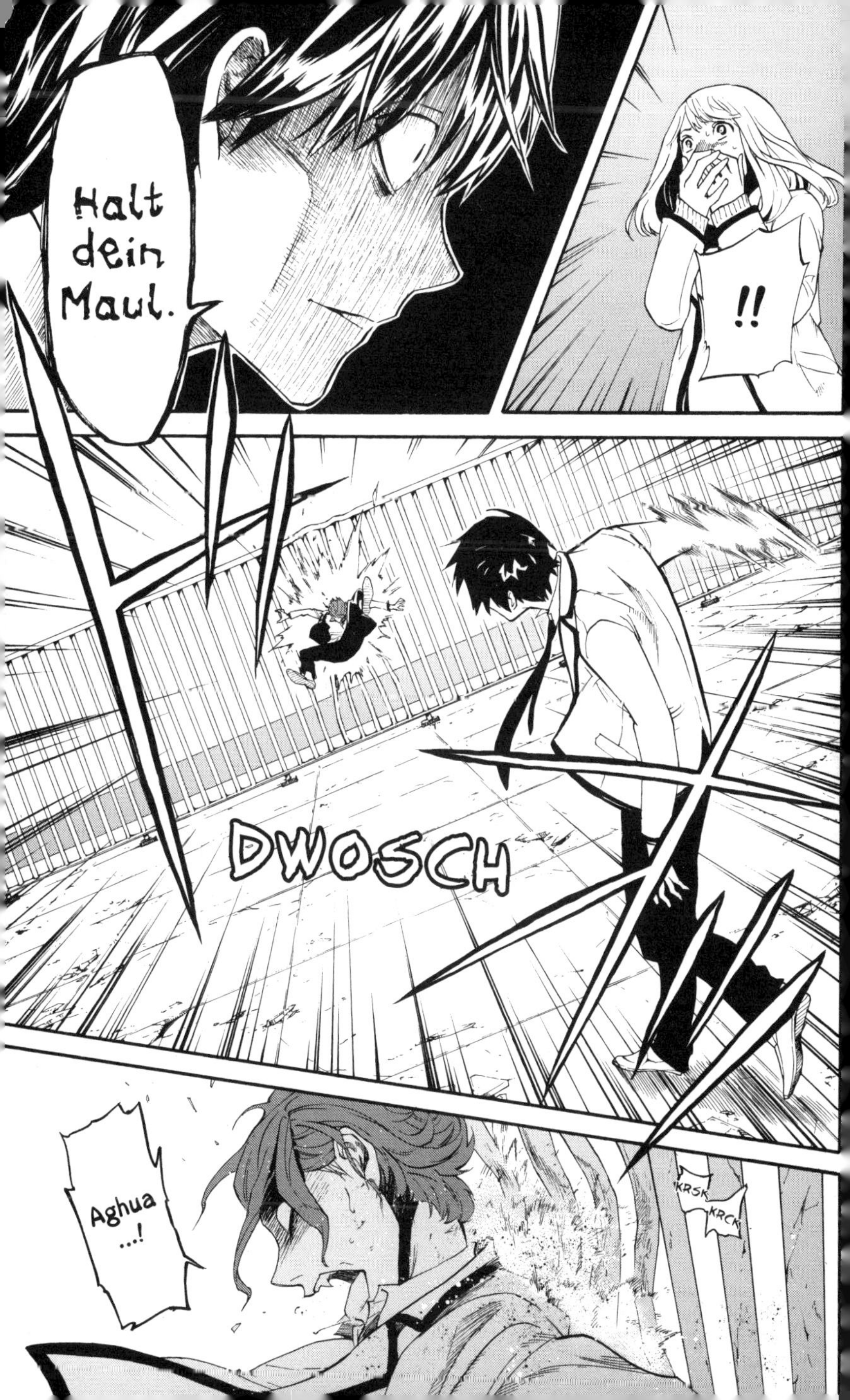
!!
Halt dein Maul.
DWOSCH
KRSK
KRCK
Aghua ...!

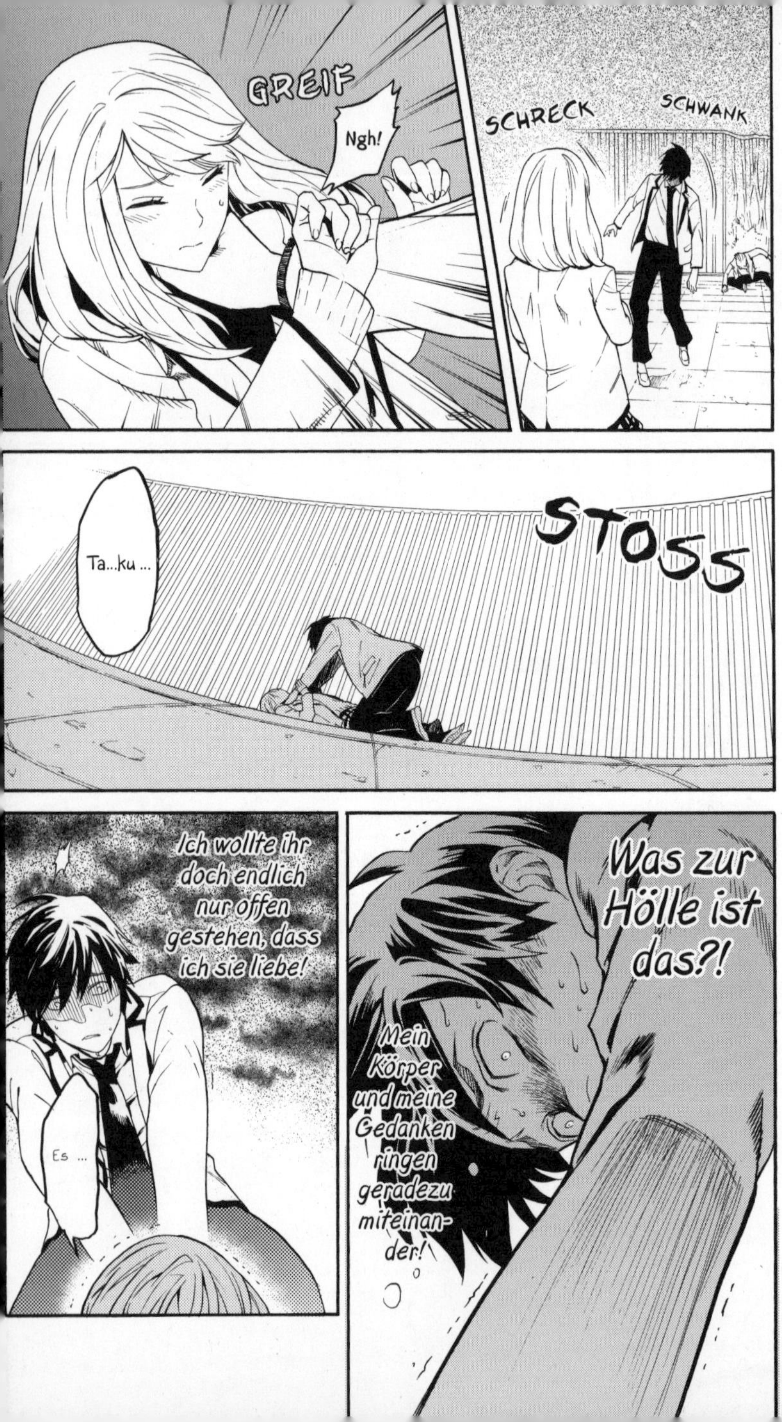
SCHRECK
SCHWANK
GREIF
Ngh!
STOSS
Ta...ku ...
Was zur Hölle ist das?!
Mein Körper und meine Gedanken ringen geradezu miteinander!
Ich wollte ihr doch endlich nur offen gestehen, dass ich sie liebe!
Es ...

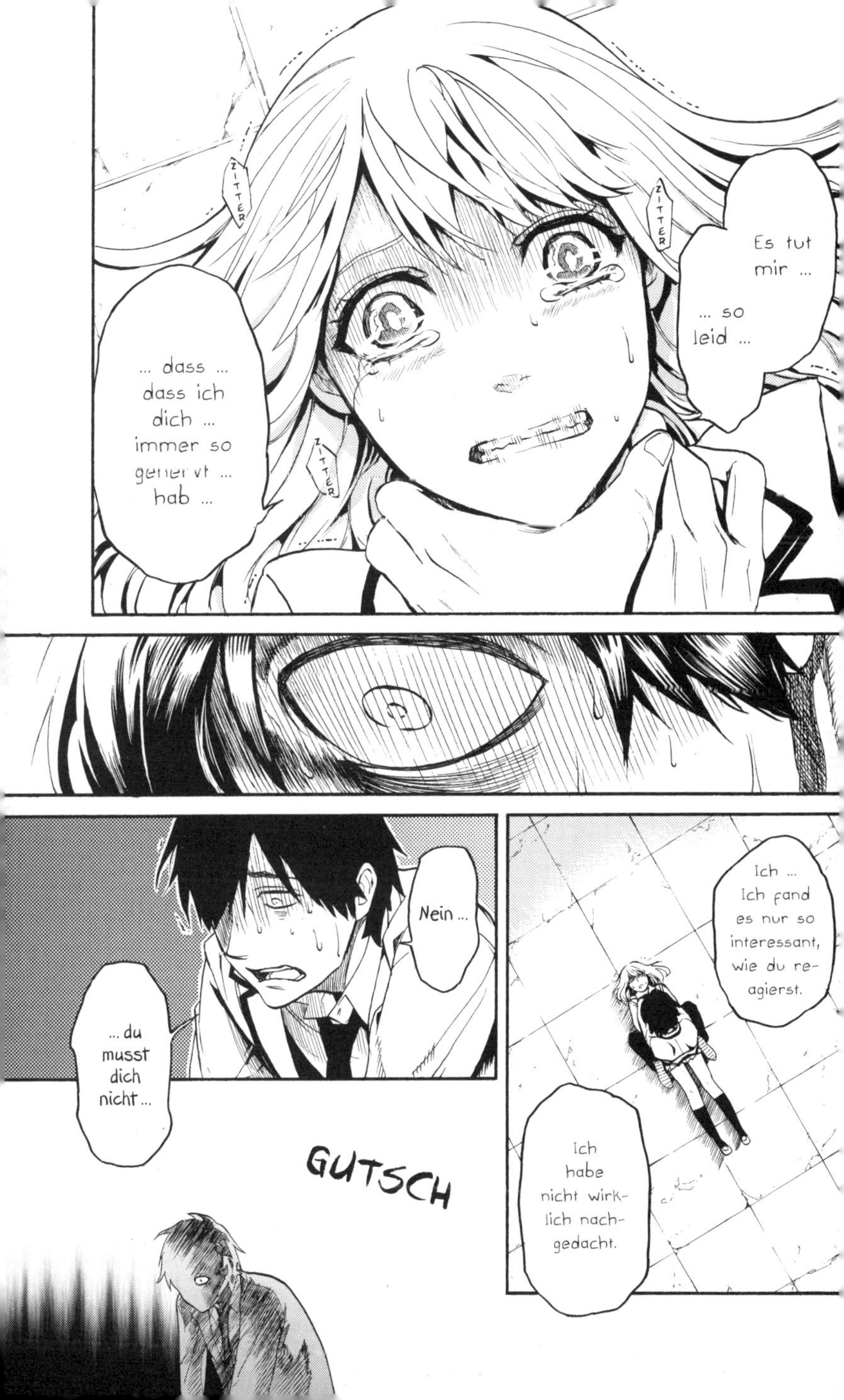
ZITTER
ZITTER
Es tut mir ... ... so leid ...
... dass ... dass ich dich ... immer so genervt ... hab ...
ZITTER
Ich ... Ich fand es nur so interessant, wie du re-agierst.
Ich habe nicht wirk-lich nach-gedacht.
Nein ...
... du musst dich nicht ...
GUTSCH

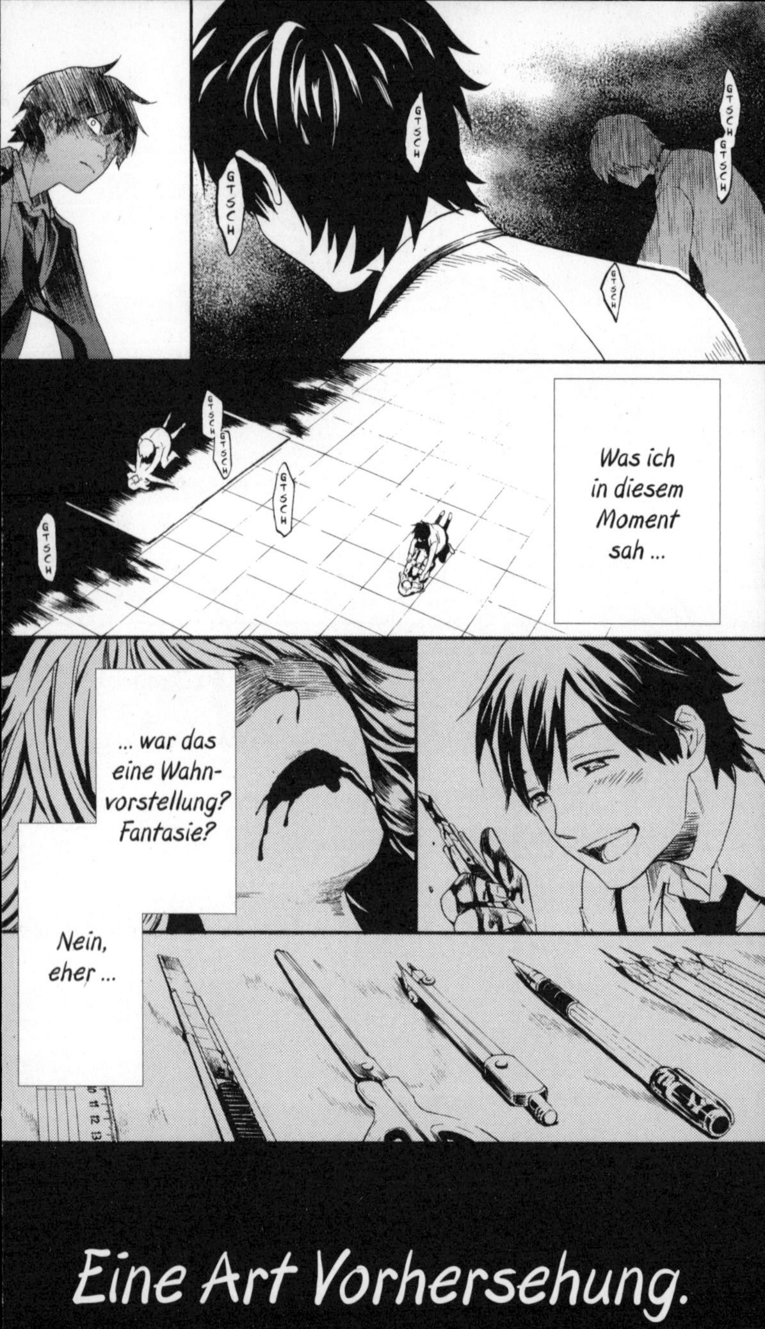
GTSCH
GTSCH
GTSCH
GTSCH
GTSCH
Was ich in diesem Moment sah ...
GTSCH
GTSCH
GTSCH
GTSCH
... war das eine Wahnvorstellung? Fantasie?
Nein, eher ...
Eine Art Vorhersehung.

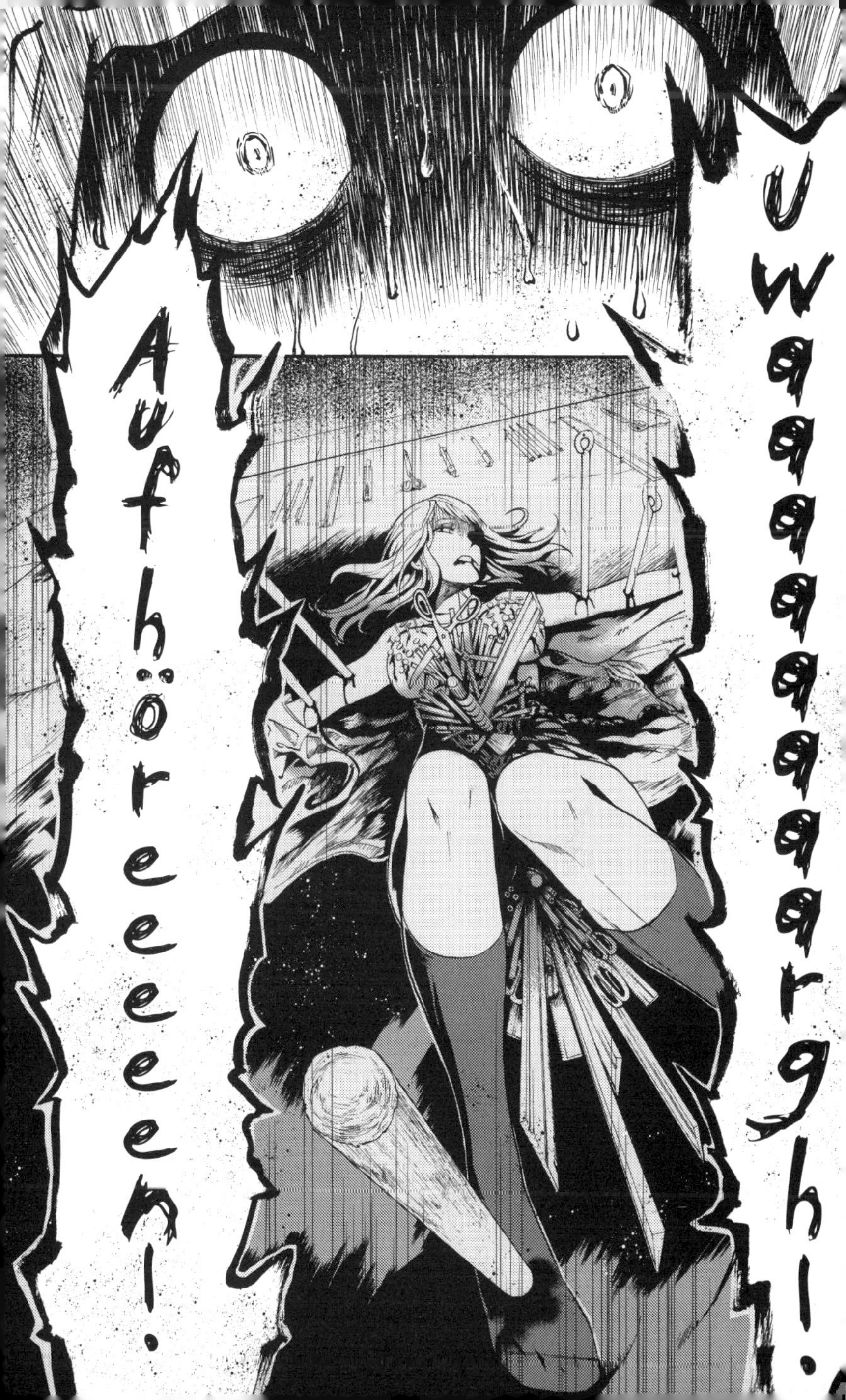
Uwaaaaaaaargh!
Aufhöreeeeen!

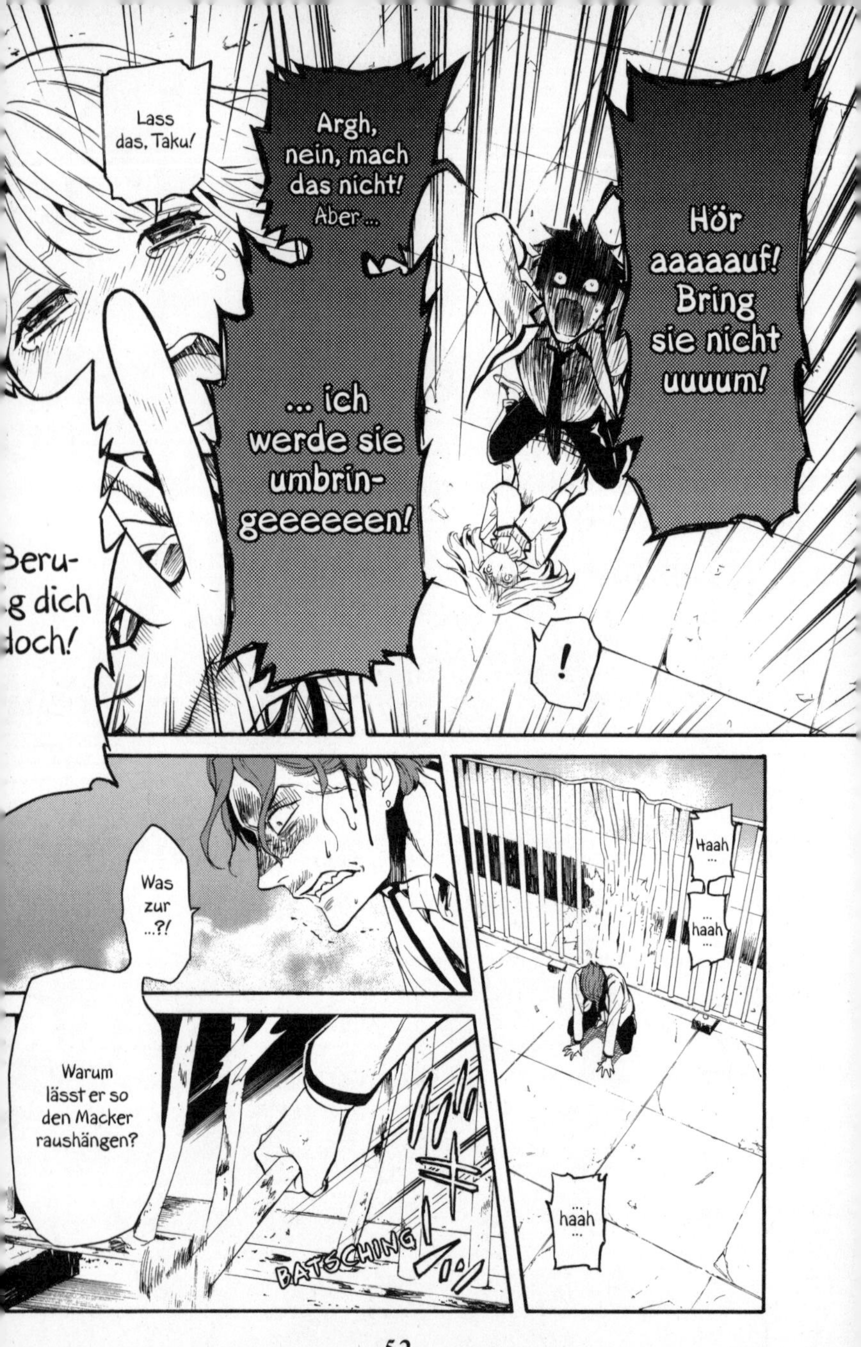
Hör aaaaauf! Bring sie nicht uuuum!
Argh, nein, mach das nicht! Aber ...
... ich werde sie umbrin-geeeeeen!
Lass das, Taku!
!
Beru-
g dich
doch!
Haah ...
... haah ...
... haah ...
Was zur ...?!
BATSCHING
Warum lässt er so den Macker raushängen?

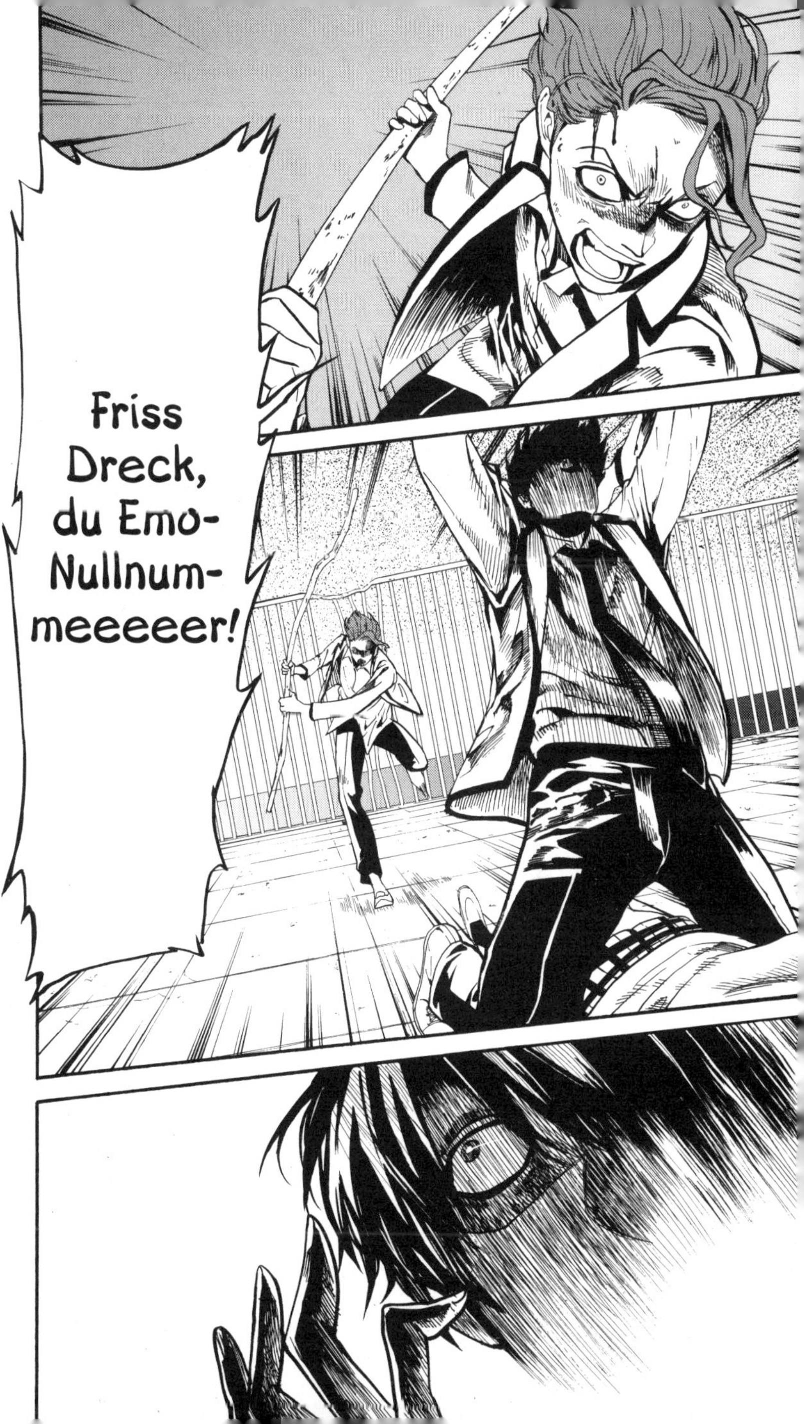
Friss Dreck, du Emo-Nullnum-meeeeer!

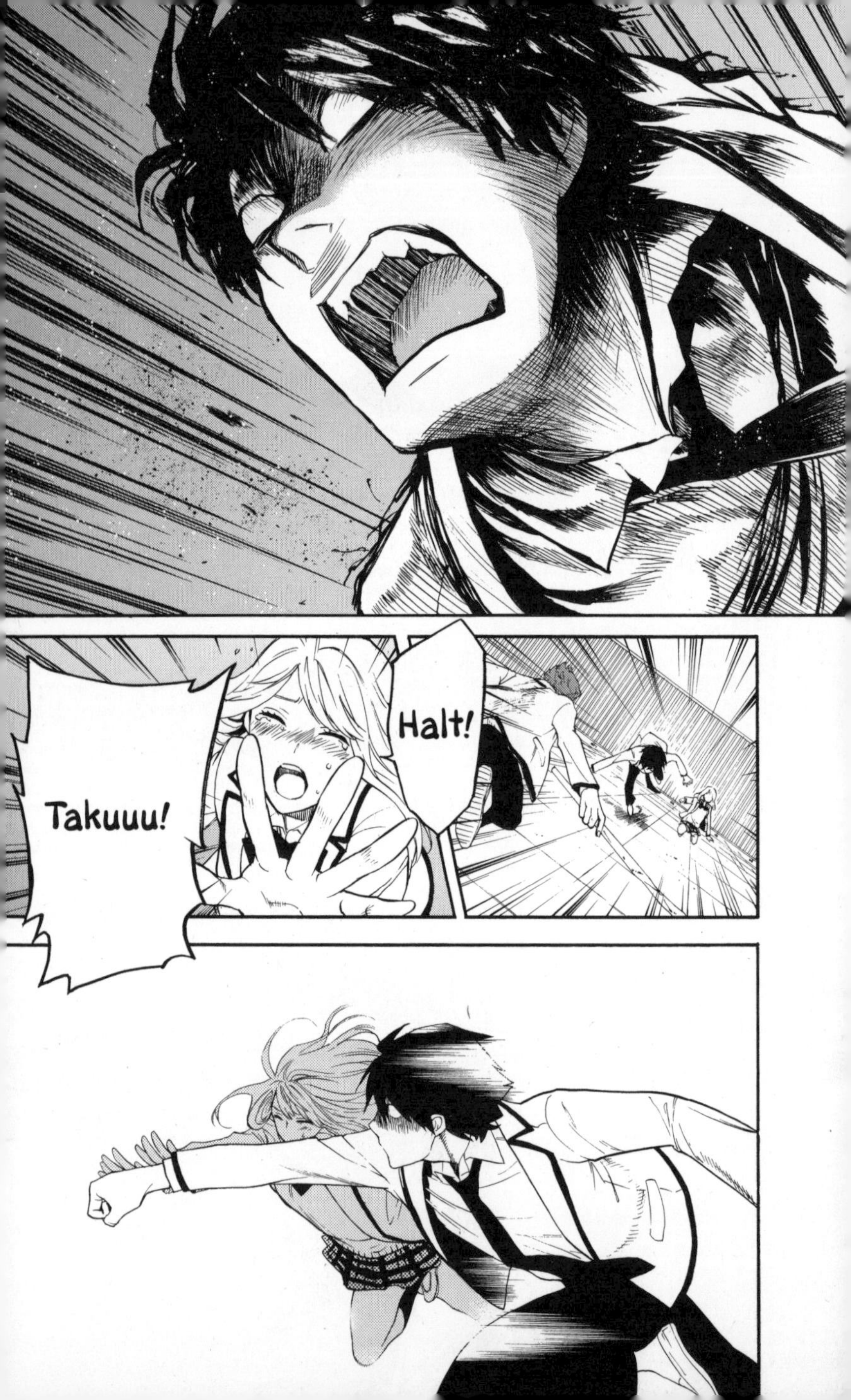
Halt!
Takuuu!

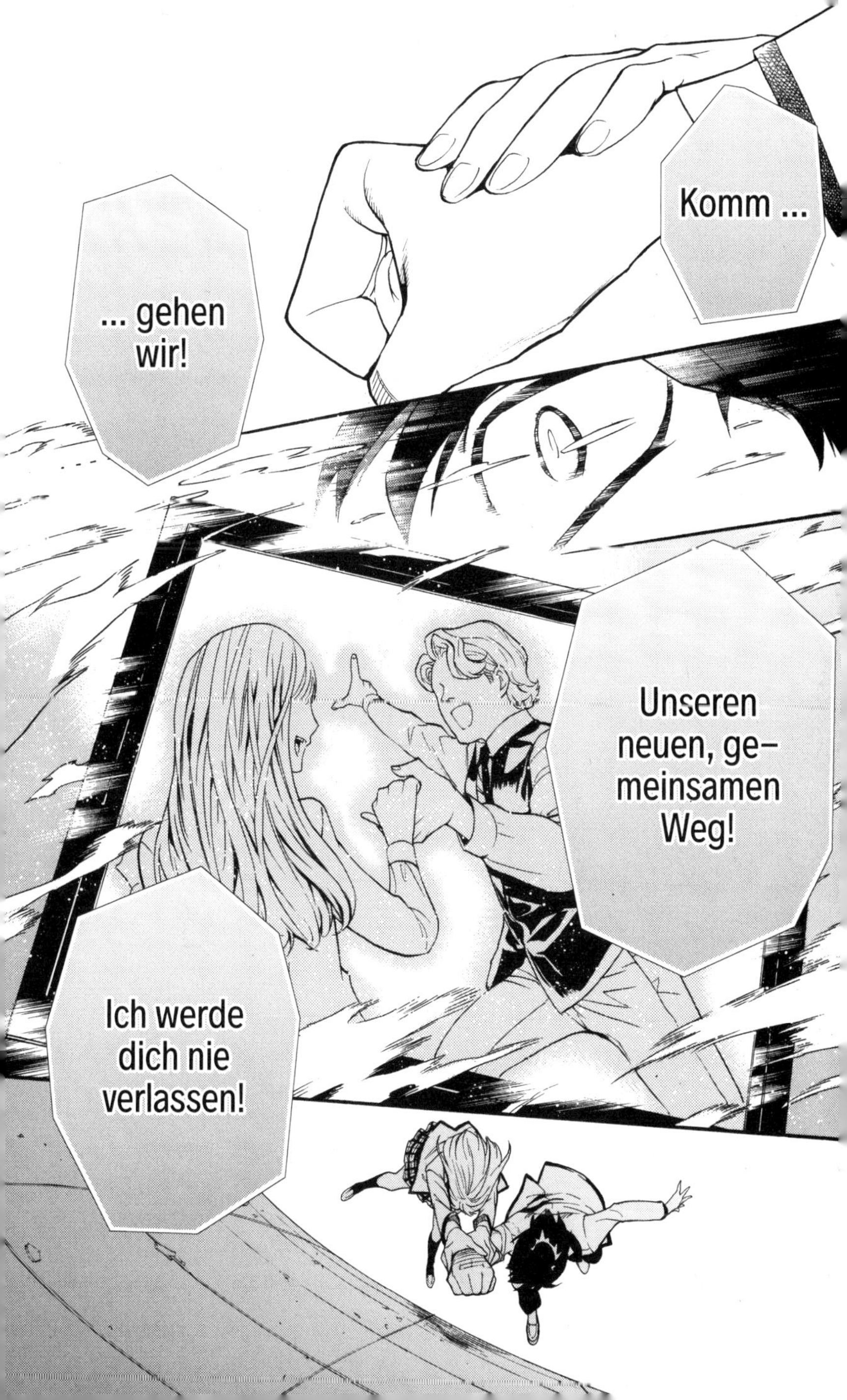
Komm ...
... gehen wir!
Unseren neuen, ge–meinsamen Weg!
Ich werde dich nie verlassen!

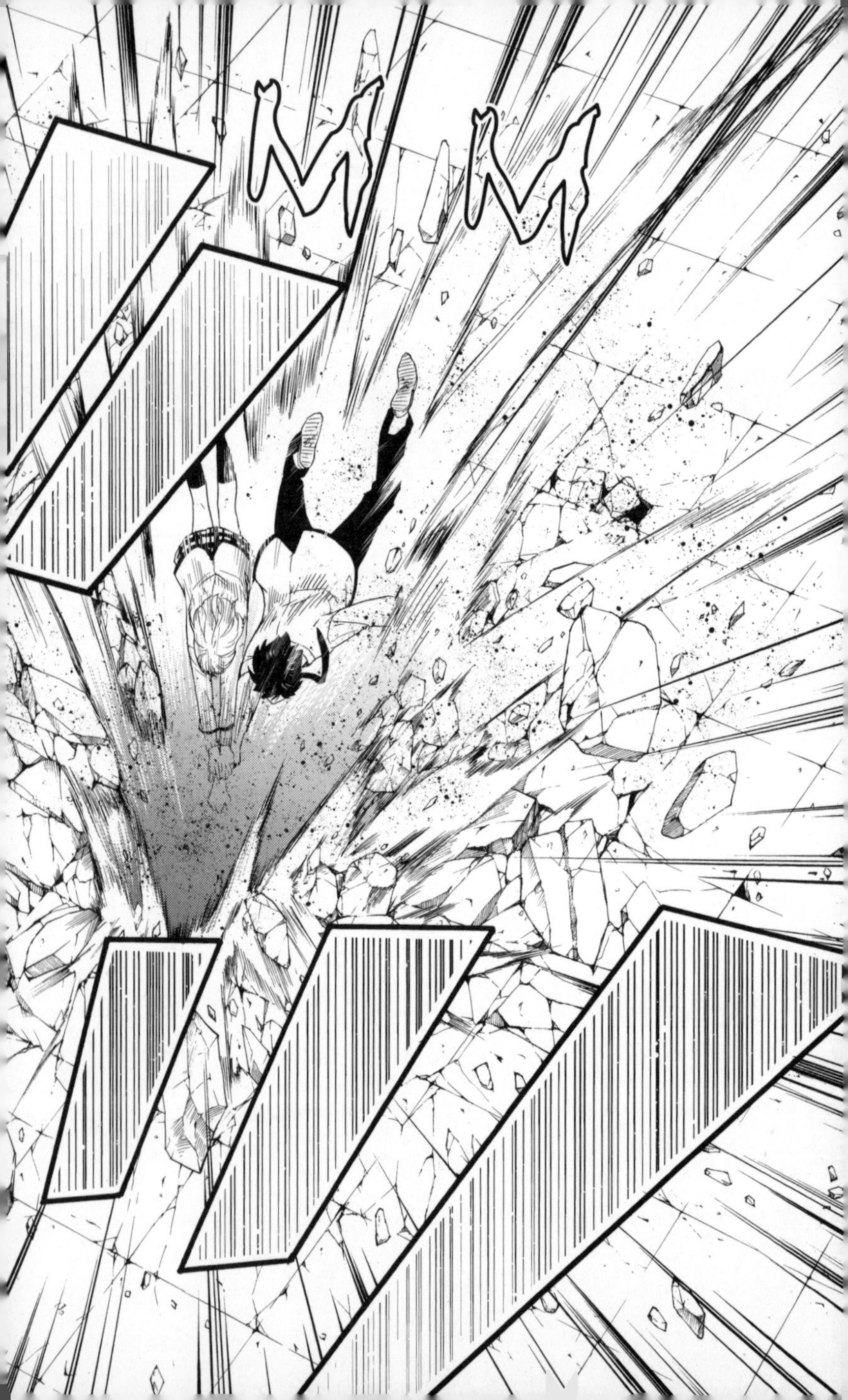
MM

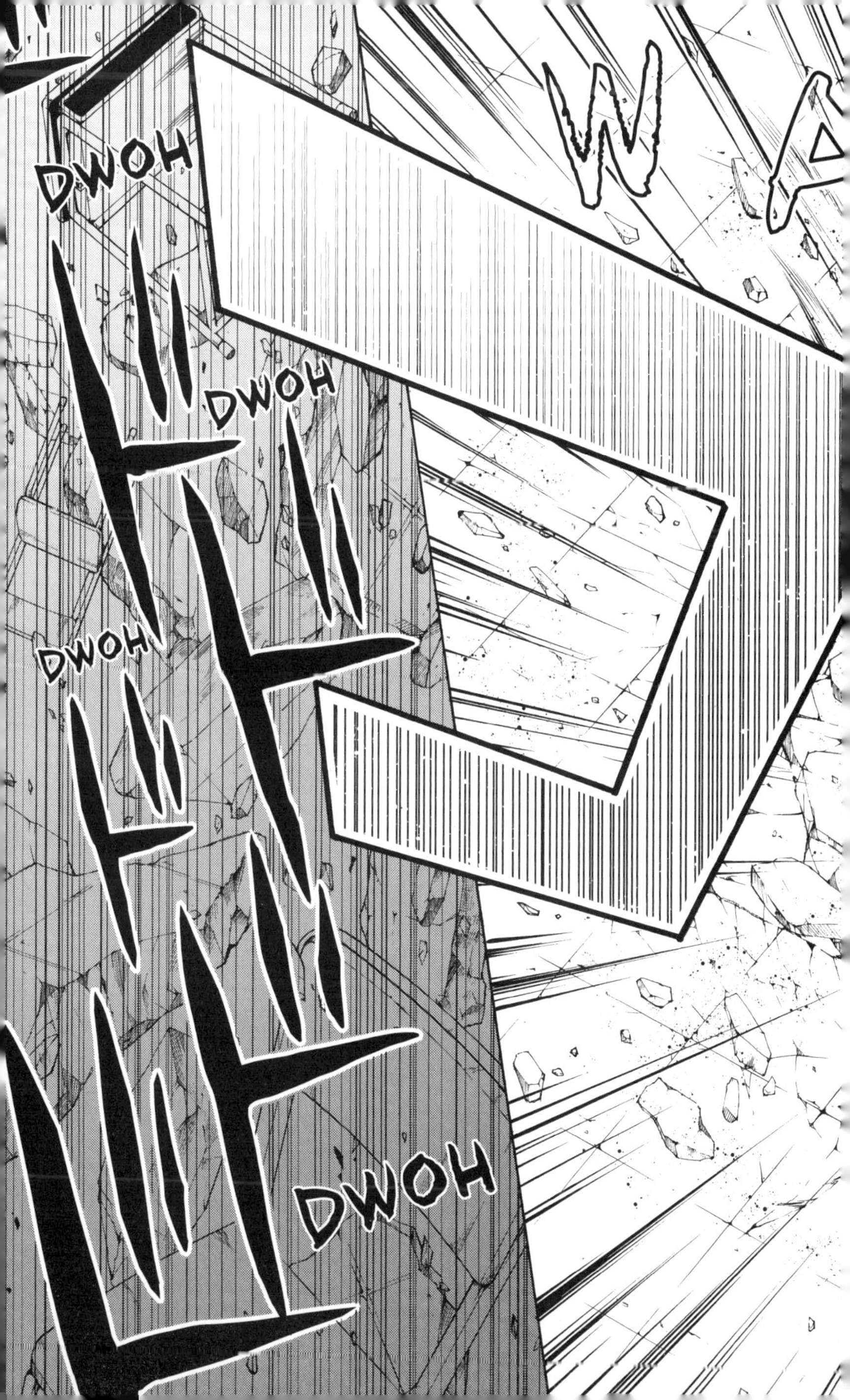
DWOH
DWOH
DWOH
DWOH

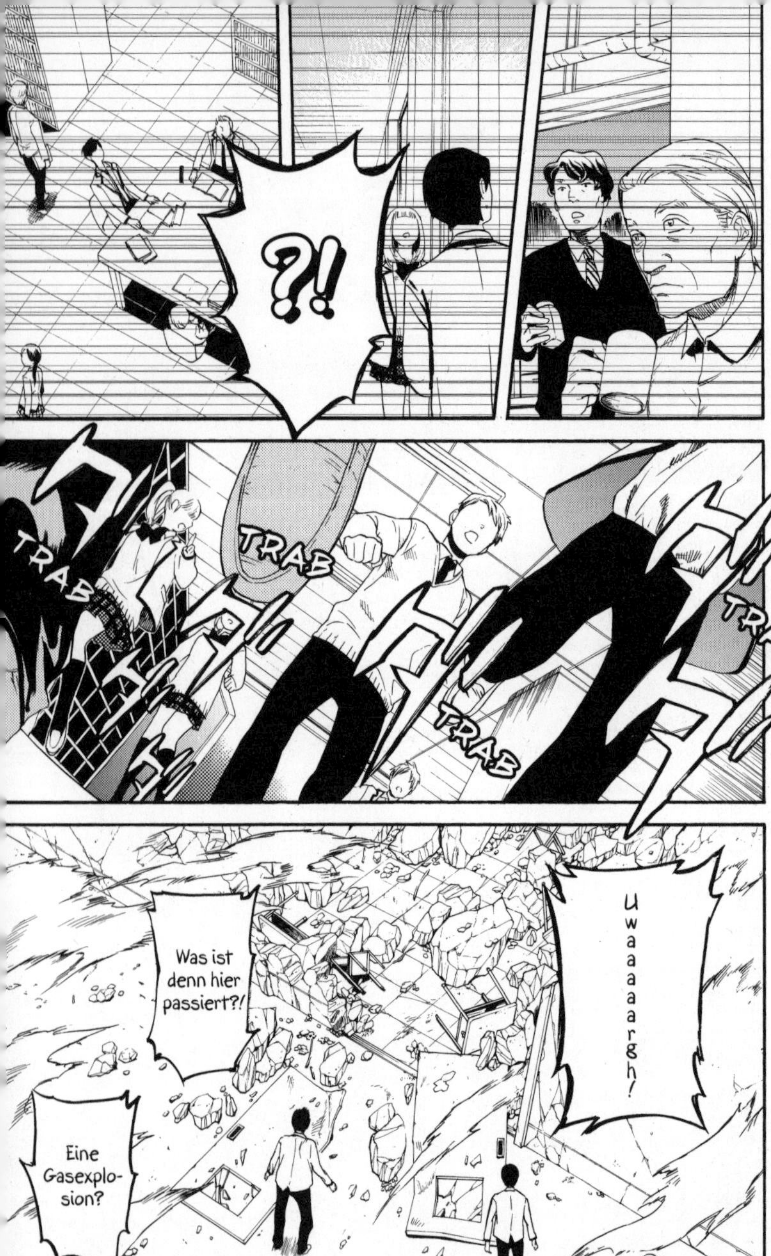
?!
TRAB
TRAB
TRAB
TRAB
Uwaaaaaaargh!
Was ist denn hier passiert?!
Eine Gasexplosion?

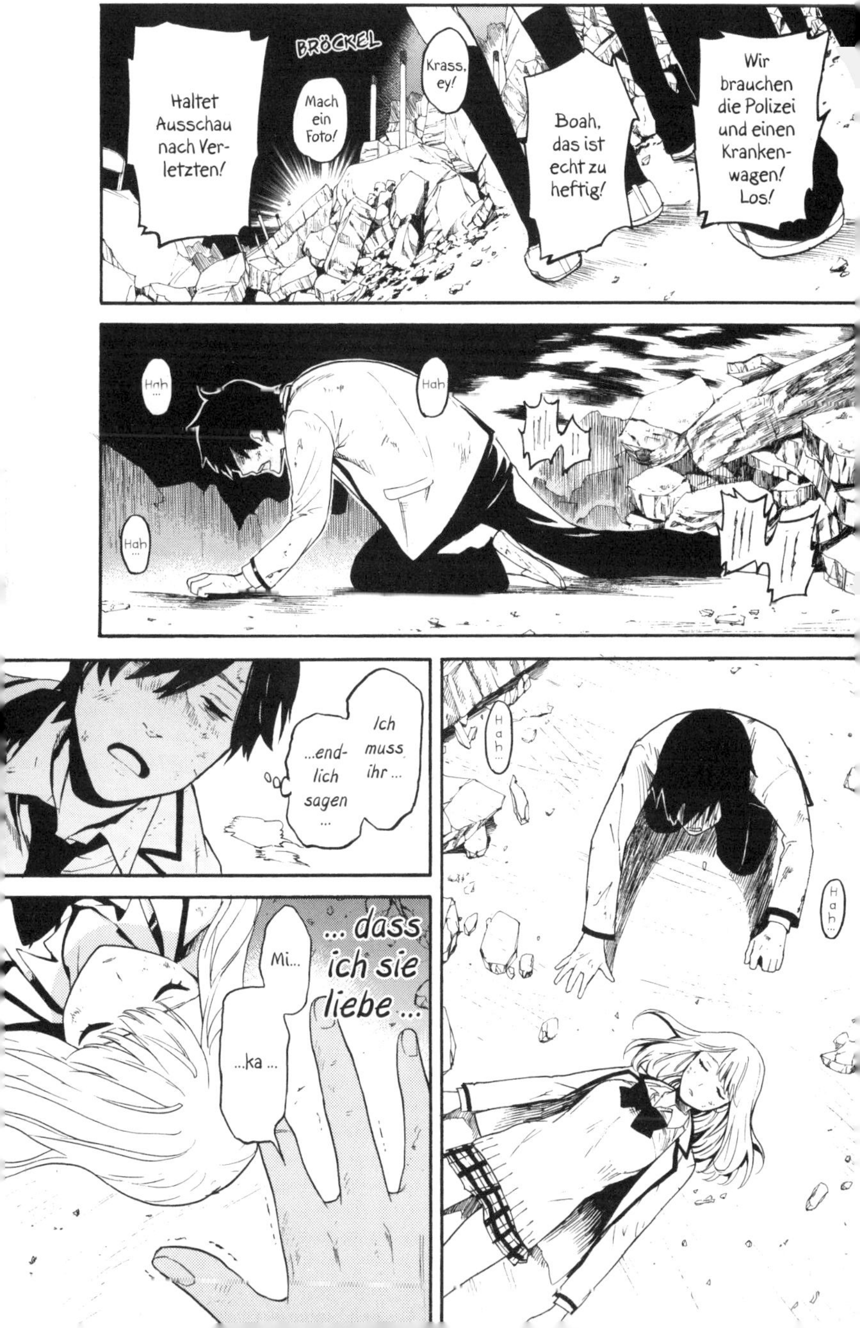

Haltet Ausschau nach Verletzten!
BRÖCKEL
Mach ein Foto!
Krass, ey!
Boah, das ist echt zu heftig!
Wir brauchen die Polizei und einen Krankenwagen! Los!
Hah ...
Hah
Hah ...
Ich muss ihr ...
...endlich sagen ...
Hah ...
Hah ...
Mi...
...ka ...
... dass ich sie liebe ...

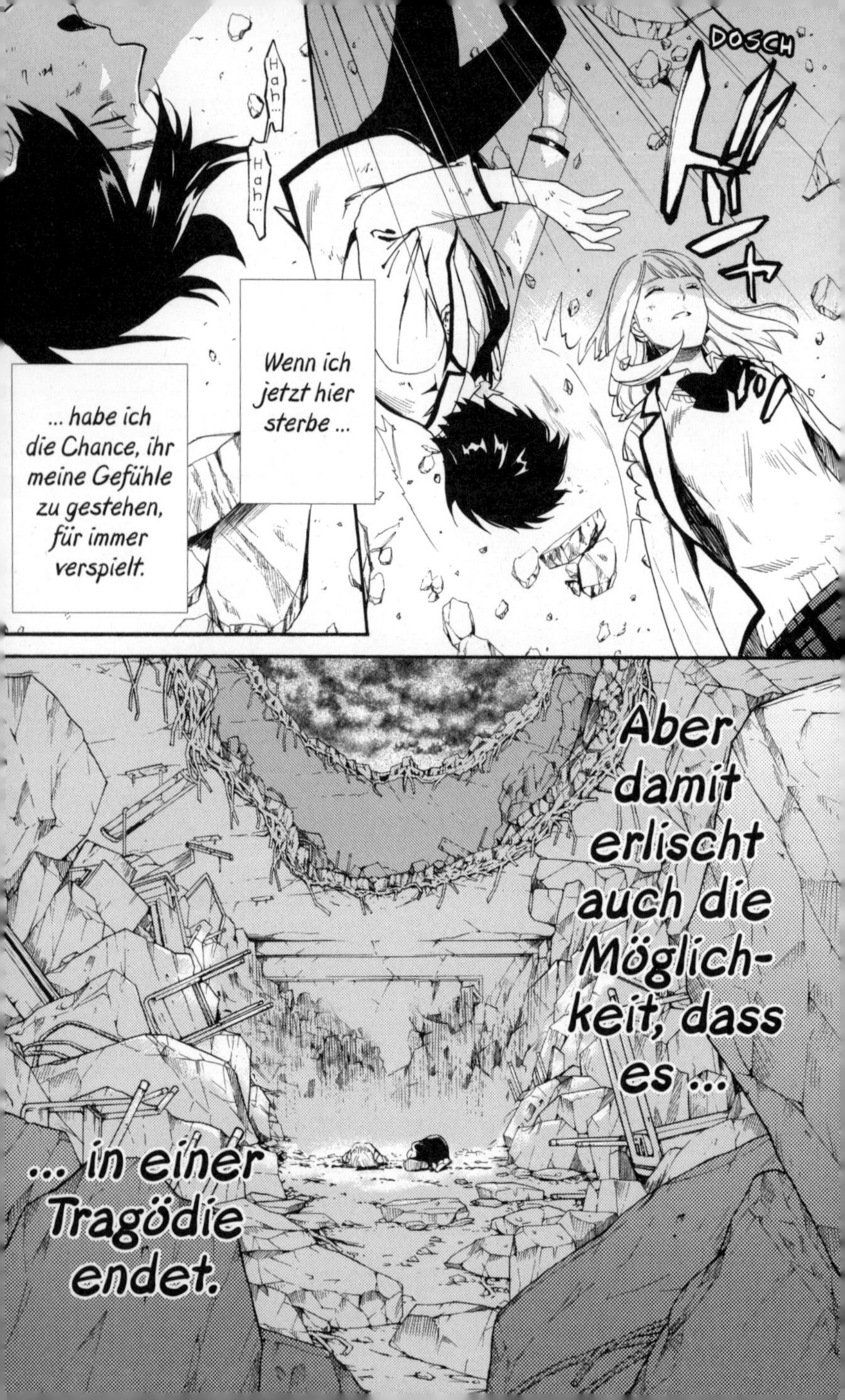
DOSCH
Hah …
Hah …
Wenn ich jetzt hier sterbe …
… habe ich die Chance, ihr meine Gefühle zu gestehen, für immer verspielt.
Aber damit erlischt auch die Möglich-keit, dass es …
… in einer Tragödie endet.

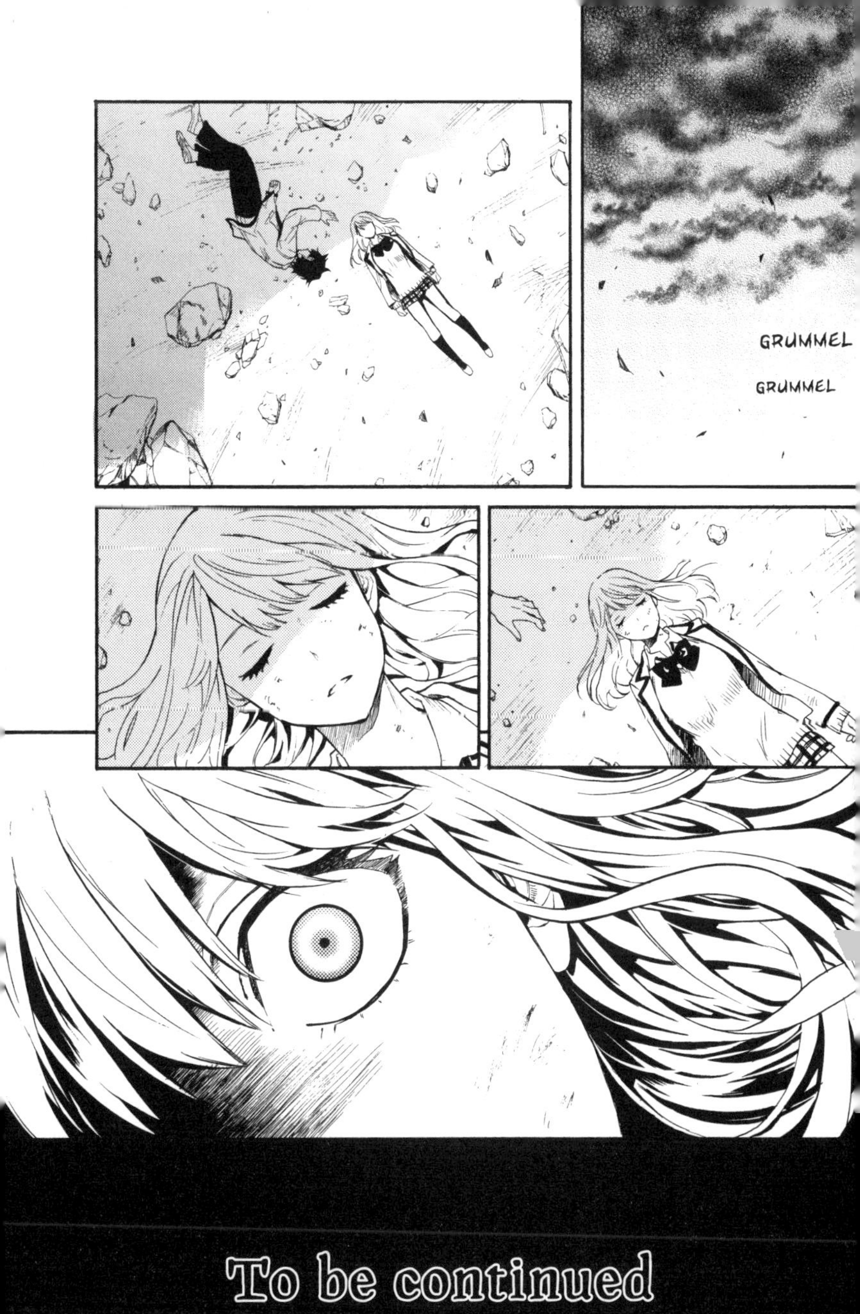

To be continued

Die for me, my Darling

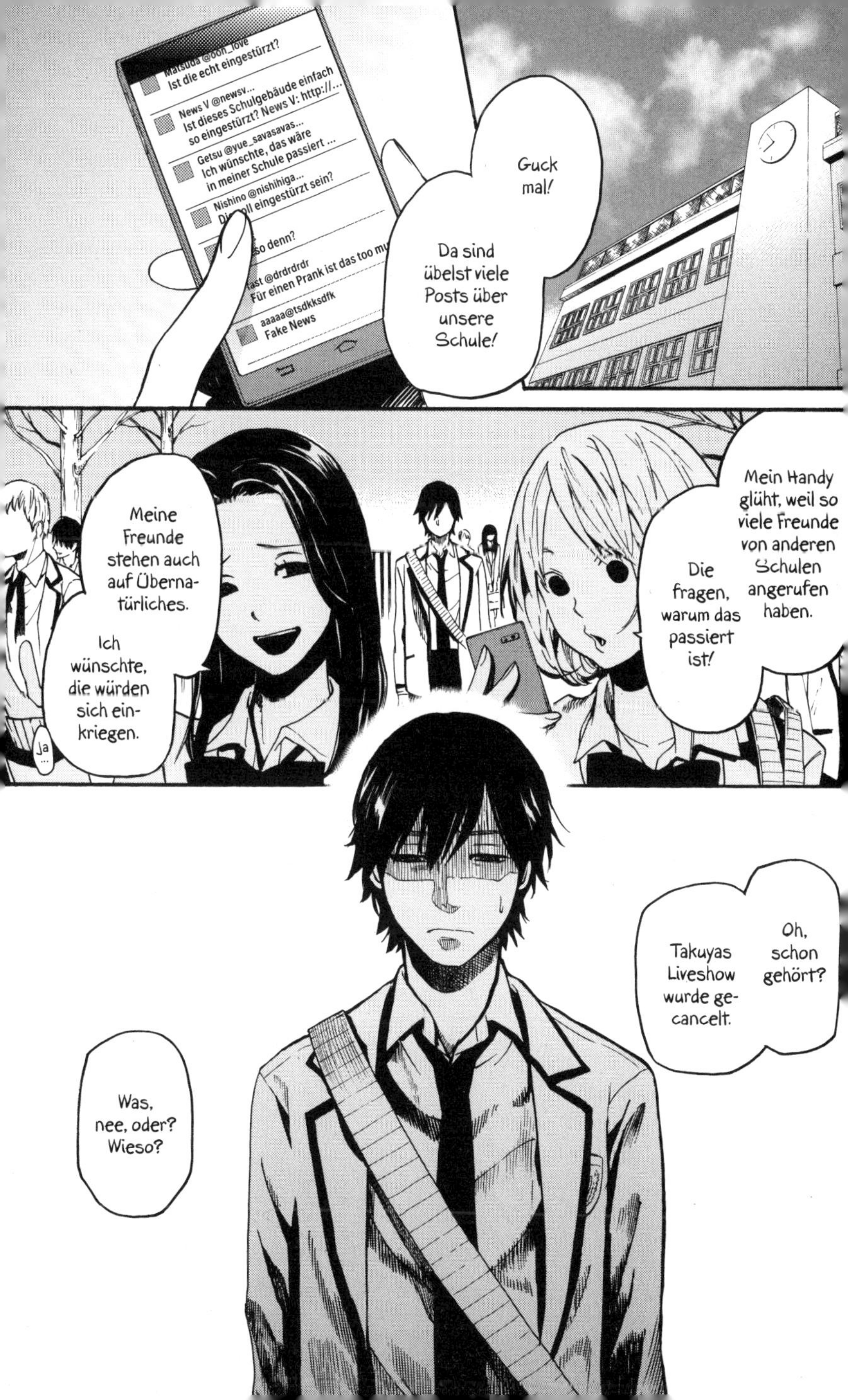
Guck mal!
Da sind übelst viele Posts über unsere Schule!
Ist die echt eingestürzt?
News V @newsv...
Ist dieses Schulgebäude einfach so eingestürzt? News V: http://...
Getsu @yue_savasavas...
Ich wünschte, das wäre in meiner Schule passiert ...
Nishino @nishihiga...
eingestürzt sein?
so denn?
@drdrdrdr
Für einen Prank ist das too
aaaaa@tsdkksdfk
Fake News
Mein Handy glüht, weil so viele Freunde von anderen Schulen angerufen haben.
Die fragen, warum das passiert ist!
Meine Freunde stehen auch auf Übernatürliches.
Ich wünschte, die würden sich einkriegen.
Ja ...
Oh, schon gehört?
Takuyas Liveshow wurde gecancelt.
Was, nee, oder? Wieso?

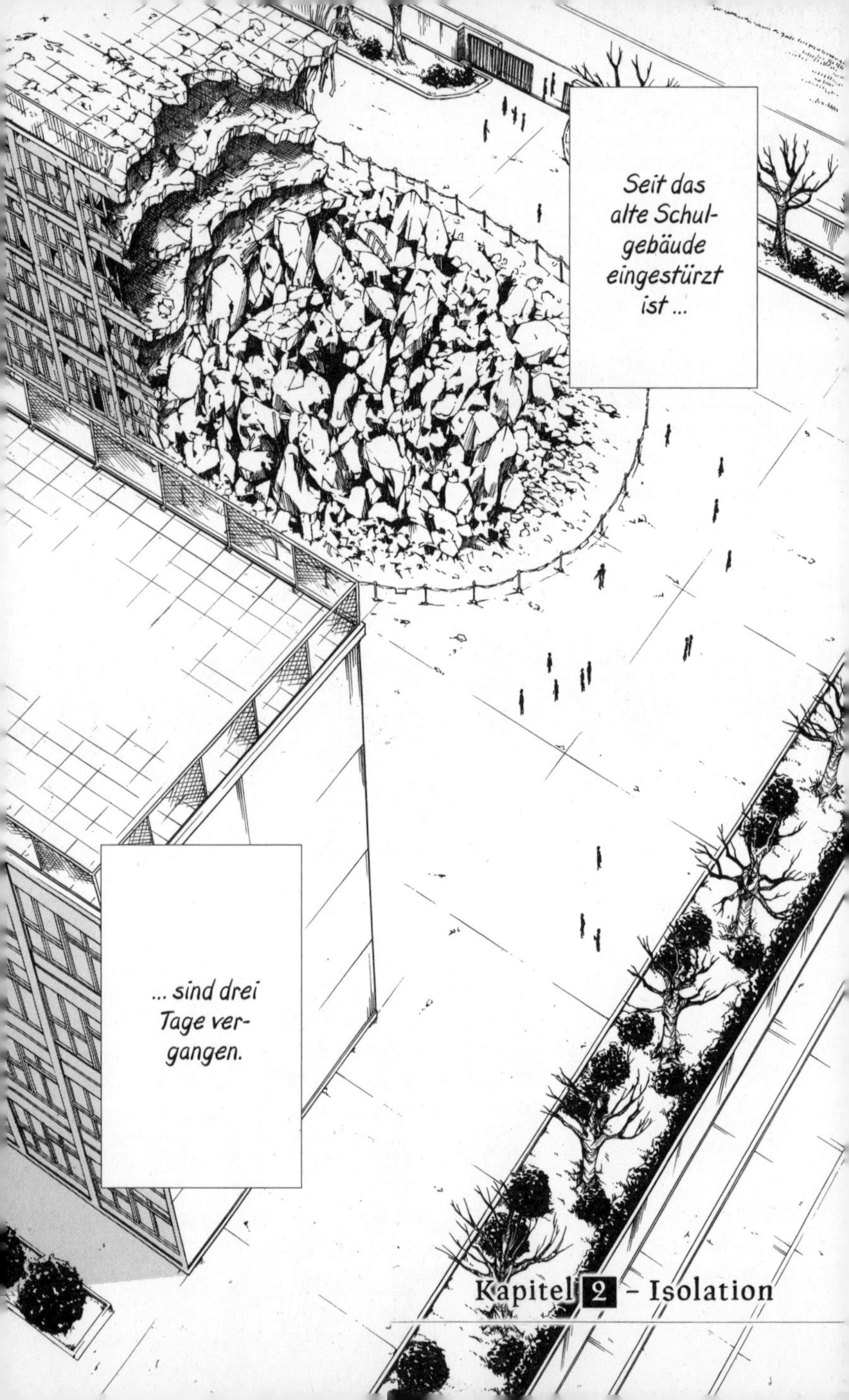

Kapitel 2 – Isolation

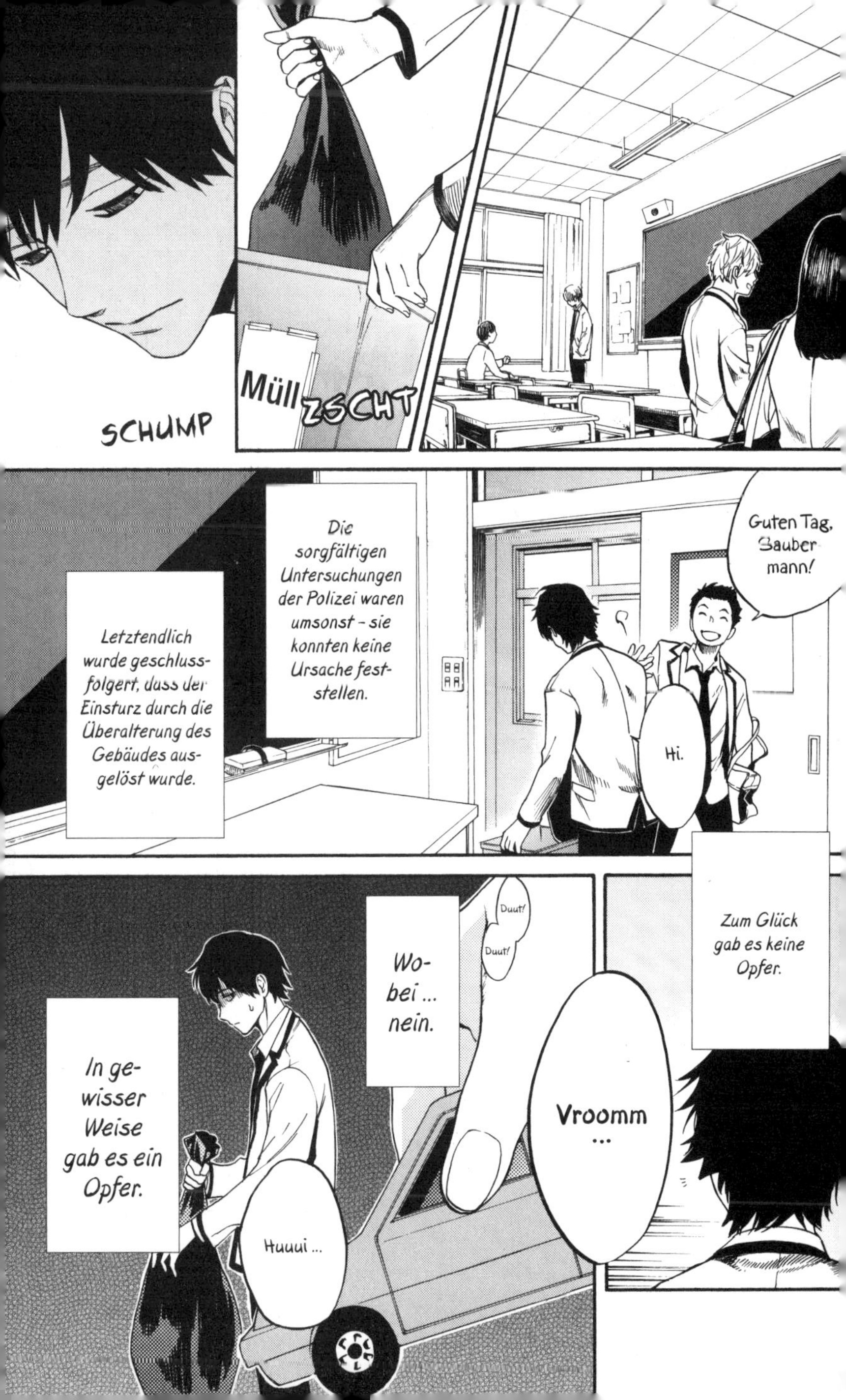
Müll
ZSCHT
SCHUMP
Guten Tag, Saubermann!
Hi.
Die sorgfältigen Untersuchungen der Polizei waren umsonst – sie konnten keine Ursache feststellen.
Letztendlich wurde geschlussfolgert, dass der Einsturz durch die Überalterung des Gebäudes ausgelöst wurde.
Zum Glück gab es keine Opfer.
Vroomm ...
Duut!
Duut!
Wobei ... nein.
Huuui ...
In gewisser Weise gab es ein Opfer.

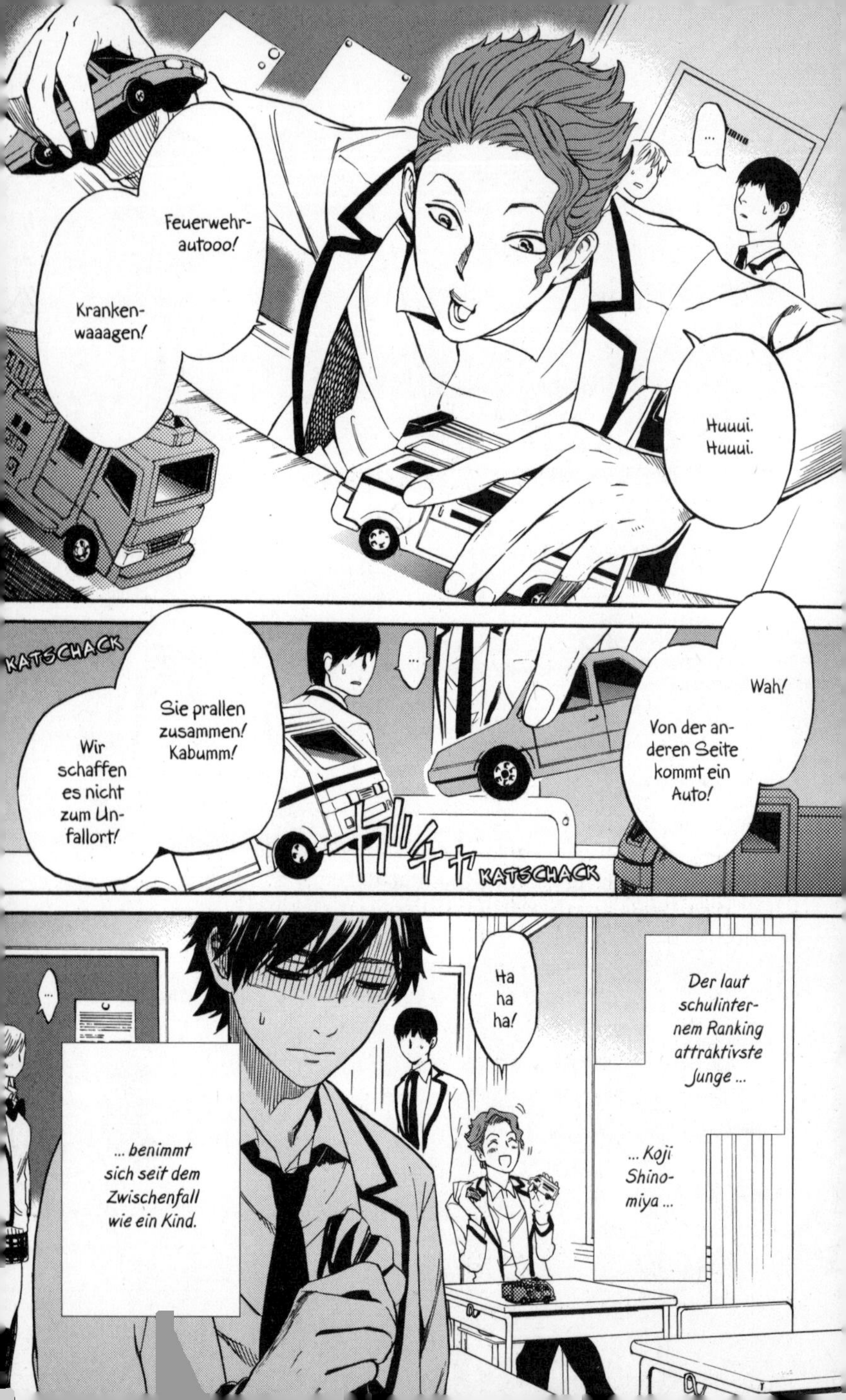
...
Huuui. Huuui.
Feuerwehr-autooo!
Kranken-waaagen!
Wah!
Von der anderen Seite kommt ein Auto!
...
KATSCHACK
Sie prallen zusammen! Kabumm!
Wir schaffen es nicht zum Unfallort!
KATSCHACK
Der laut schulinternem Ranking attraktivste Junge ...
... Koji Shinomiya ...
Ha ha ha!
...
... benimmt sich seit dem Zwischenfall wie ein Kind.

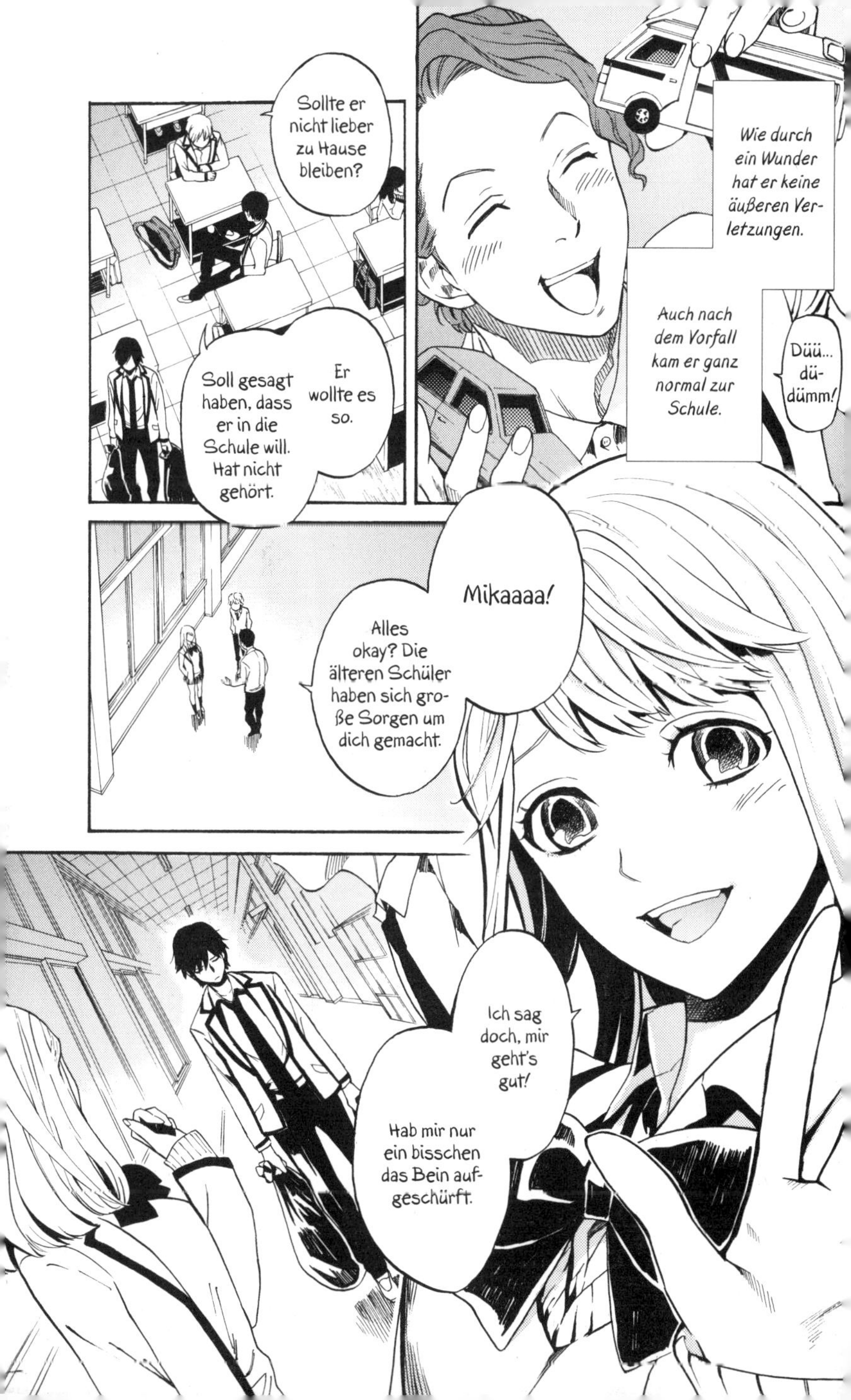

Wie durch ein Wunder hat er keine äußeren Verletzungen.
Auch nach dem Vorfall kam er ganz normal zur Schule.
Düü... dü-dümm!
Sollte er nicht lieber zu Hause bleiben?
Er wollte es so.
Soll gesagt haben, dass er in die Schule will. Hat nicht gehört.
Mikaaaa!
Alles okay? Die älteren Schüler haben sich große Sorgen um dich gemacht.
Ich sag doch, mir geht's gut!
Hab mir nur ein bisschen das Bein aufgeschürft.

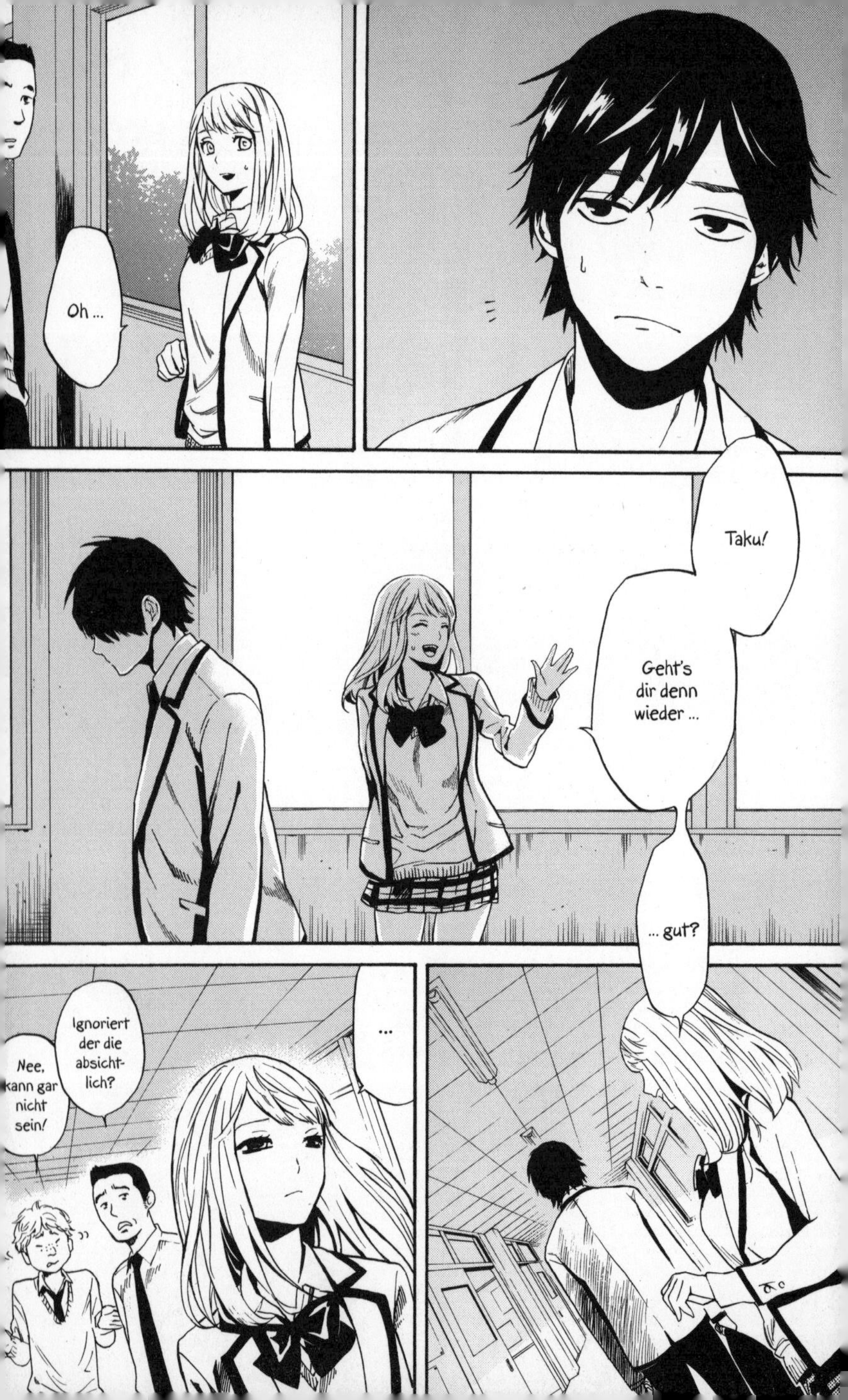

Oh ...
Taku!
Geht's dir denn wieder ...
... gut?
...
Ignoriert der die absichtlich?
Nee, kann gar nicht sein!

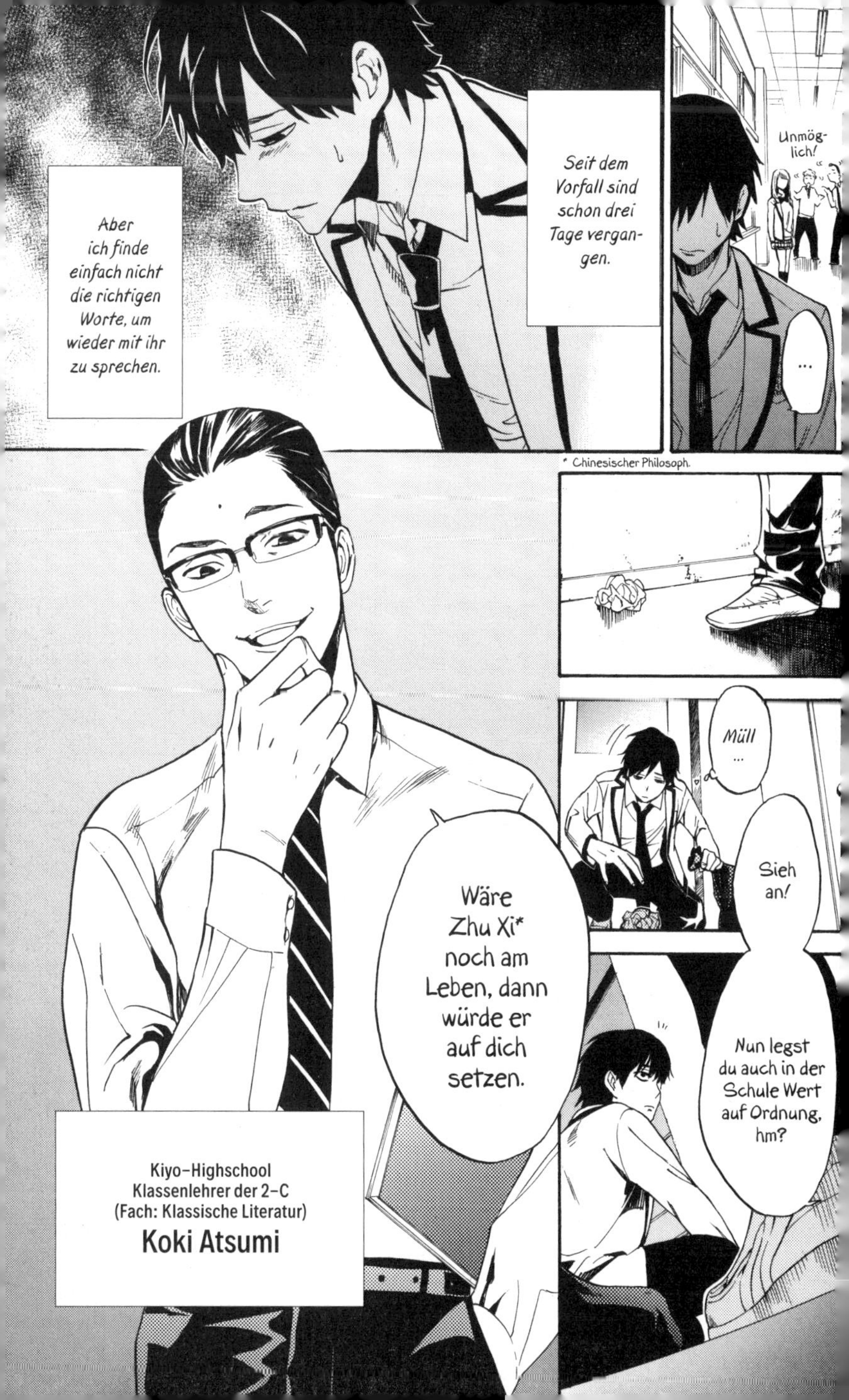
Unmög-
lich!
…
Seit dem Vorfall sind schon drei Tage vergangen.
Aber ich finde einfach nicht die richtigen Worte, um wieder mit ihr zu sprechen.
* Chinesischer Philosoph.
Müll …
Sieh an!
Nun legst du auch in der Schule Wert auf Ordnung, hm?
Wäre Zhu Xi* noch am Leben, dann würde er auf dich setzen.
Kiyo-Highschool
Klassenlehrer der 2-C
(Fach: Klassische Literatur)
Koki Atsumi

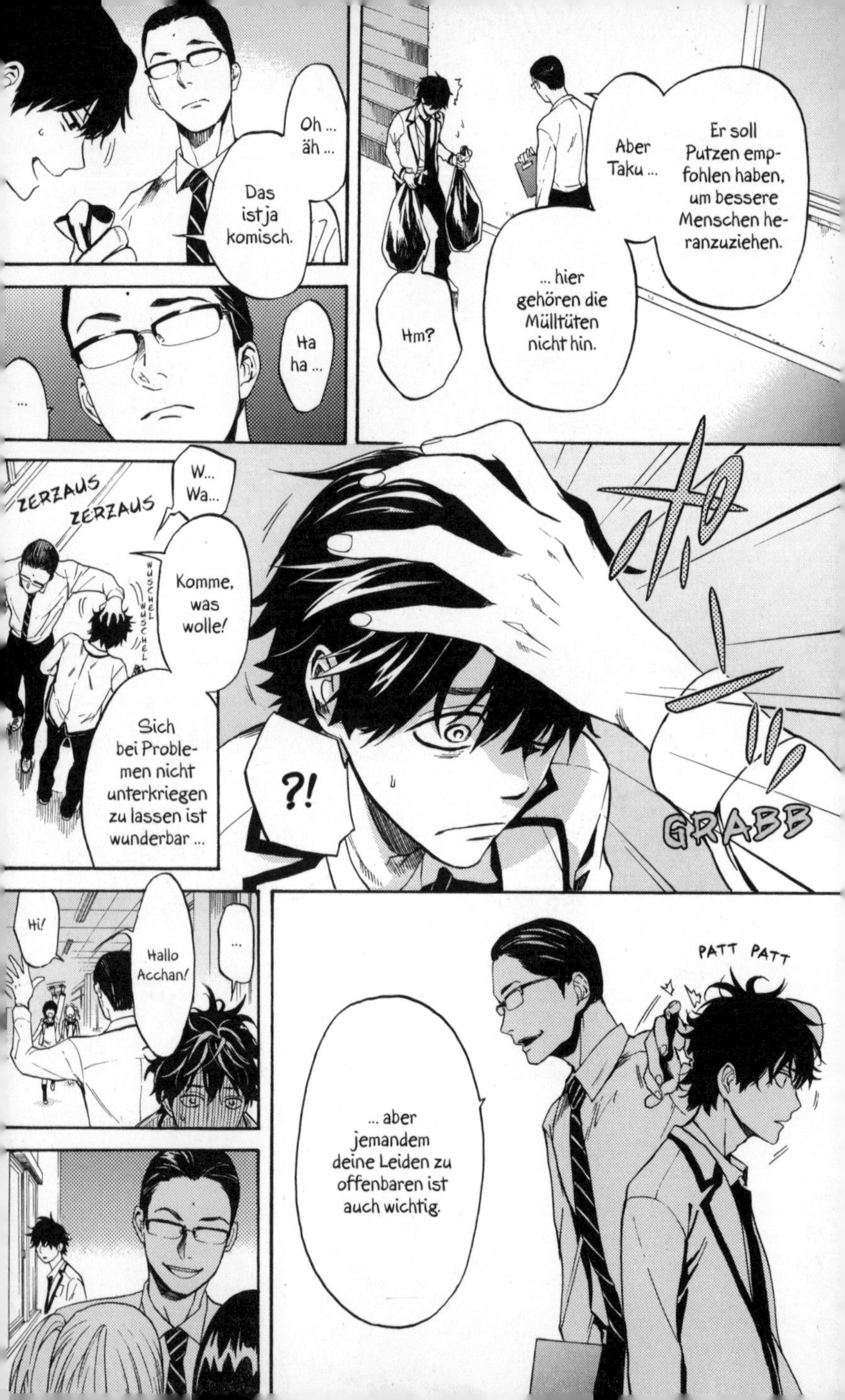
Er soll Putzen empfohlen haben, um bessere Menschen heranzuziehen.
Aber Taku ...
... hier gehören die Mülltüten nicht hin.
Hm?
Oh ... äh ...
Das ist ja komisch.
Ha ha ...
...
GRABB
?!
W... Wa...
ZERZAUS ZERZAUS
WUSCHEL WUSCHEL
Komme, was wolle!
Sich bei Problemen nicht unterkriegen zu lassen ist wunderbar ...
PATT PATT
... aber jemandem deine Leiden zu offenbaren ist auch wichtig.
...
Hallo Acchan!
Hi!

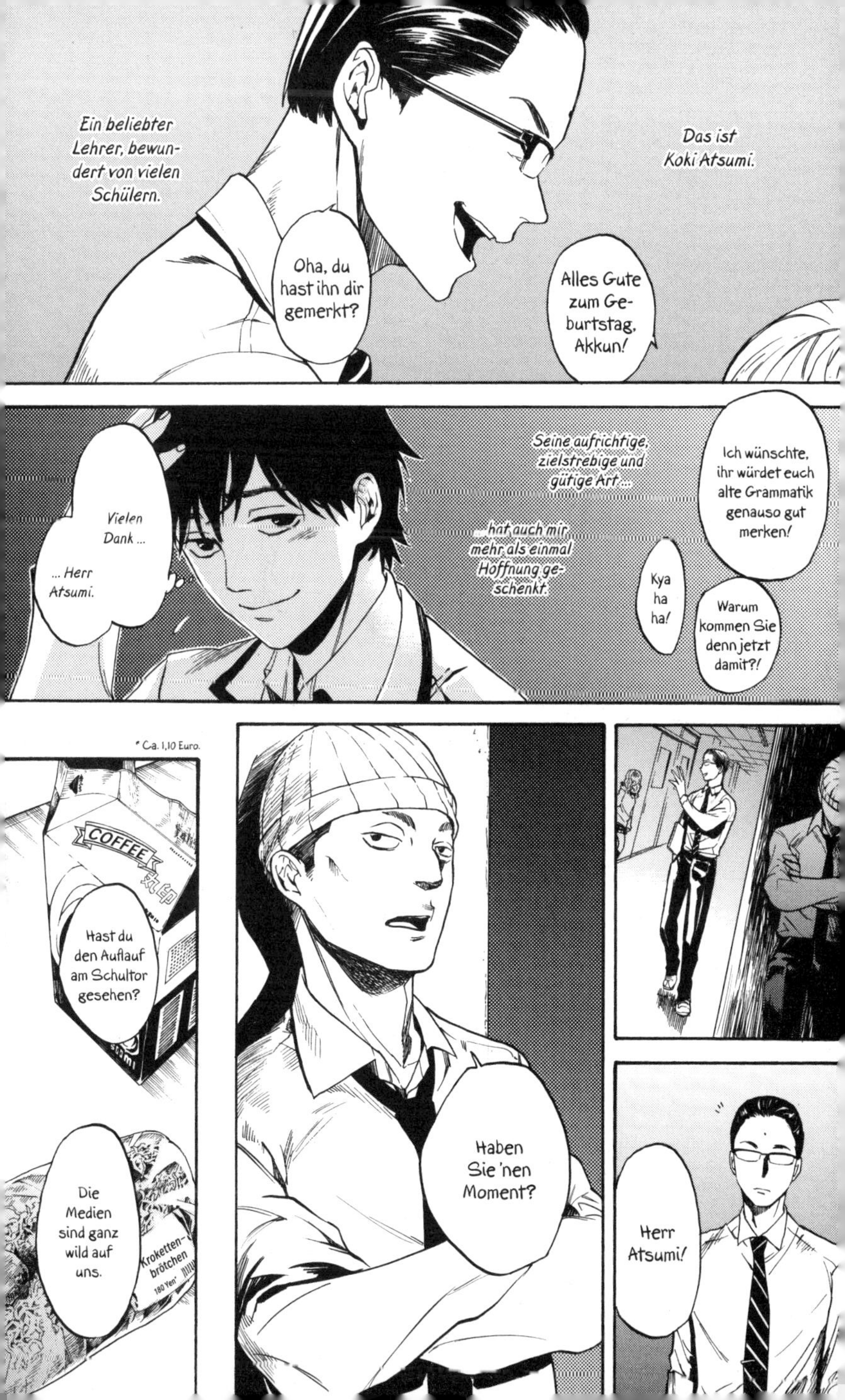
Das ist
Koki Atsumi.
Ein beliebter Lehrer, bewundert von vielen Schülern.
Alles Gute zum Geburtstag, Akkun!
Oha, du hast ihn dir gemerkt?
Ich wünschte, ihr würdet euch alte Grammatik genauso gut merken!
Warum kommen Sie denn jetzt damit?!
Kya ha ha!
Seine aufrichtige, zielstrebige und gütige Art ...
... hat auch mir mehr als einmal Hoffnung geschenkt.
Vielen Dank ...
... Herr Atsumi.
Herr Atsumi!
Haben Sie 'nen Moment?
Hast du den Auflauf am Schultor gesehen?
Die Medien sind ganz wild auf uns.
COFFEE
Kroketten-brötchen
180 Yen*
* Ca. 1,10 Euro.

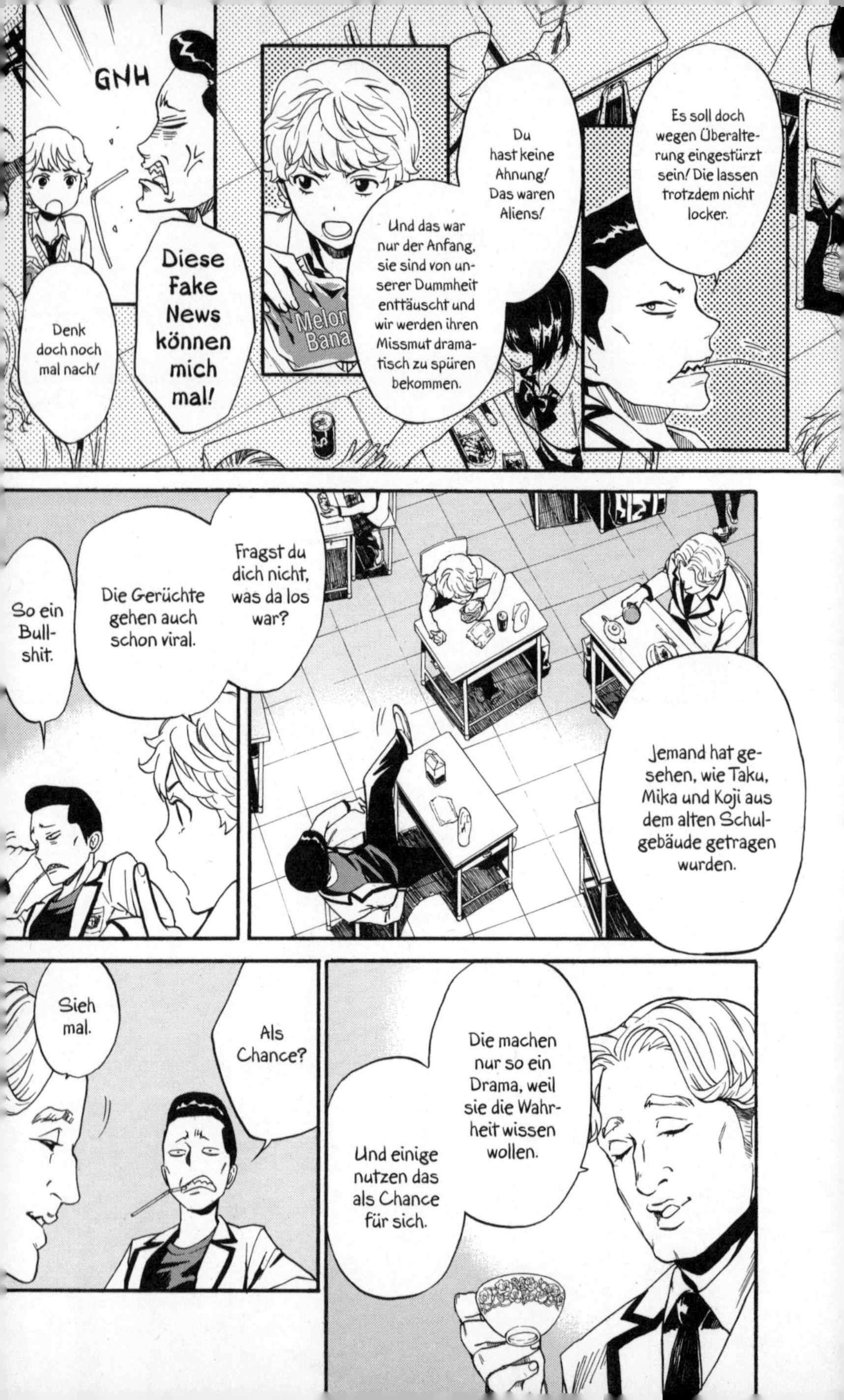

Es soll doch wegen Überalterung eingestürzt sein! Die lassen trotzdem nicht locker.
Du hast keine Ahnung! Das waren Aliens!
Und das war nur der Anfang, sie sind von unserer Dummheit enttäuscht und wir werden ihren Missmut dramatisch zu spüren bekommen.
GNH
Diese Fake News können mich mal!
Denk doch noch mal nach!
Jemand hat gesehen, wie Taku, Mika und Koji aus dem alten Schulgebäude getragen wurden.
Fragst du dich nicht, was da los war?
Die Gerüchte gehen auch schon viral.
So ein Bullshit.
Die machen nur so ein Drama, weil sie die Wahrheit wissen wollen.
Und einige nutzen das als Chance für sich.
Als Chance?
Sieh mal.

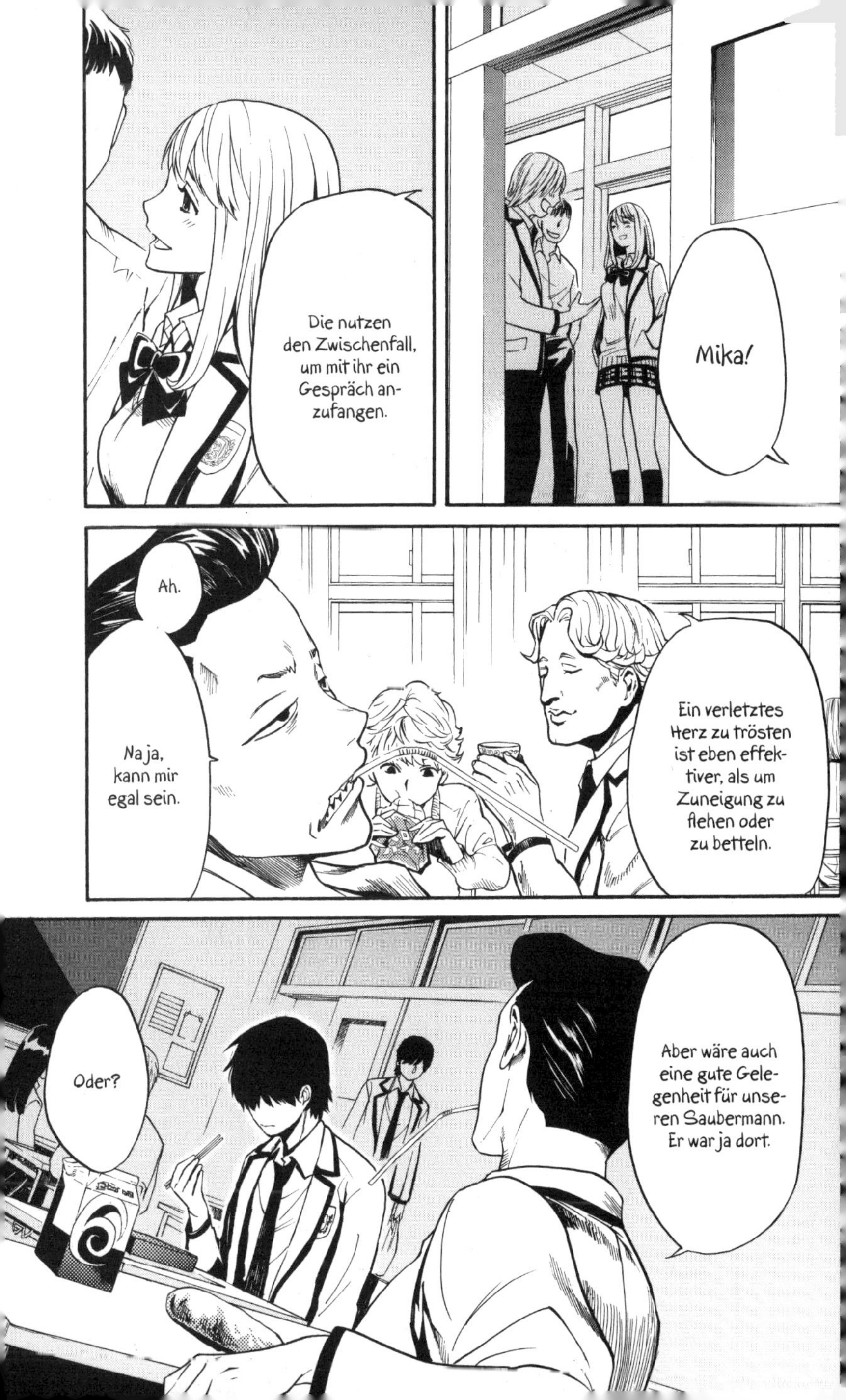
Mika!
Die nutzen den Zwischenfall, um mit ihr ein Gespräch anzufangen.
Ein verletztes Herz zu trösten ist eben effektiver, als um Zuneigung zu flehen oder zu betteln.
Ah.
Na ja, kann mir egal sein.
Aber wäre auch eine gute Gelegenheit für unseren Saubermann. Er war ja dort.
Oder?

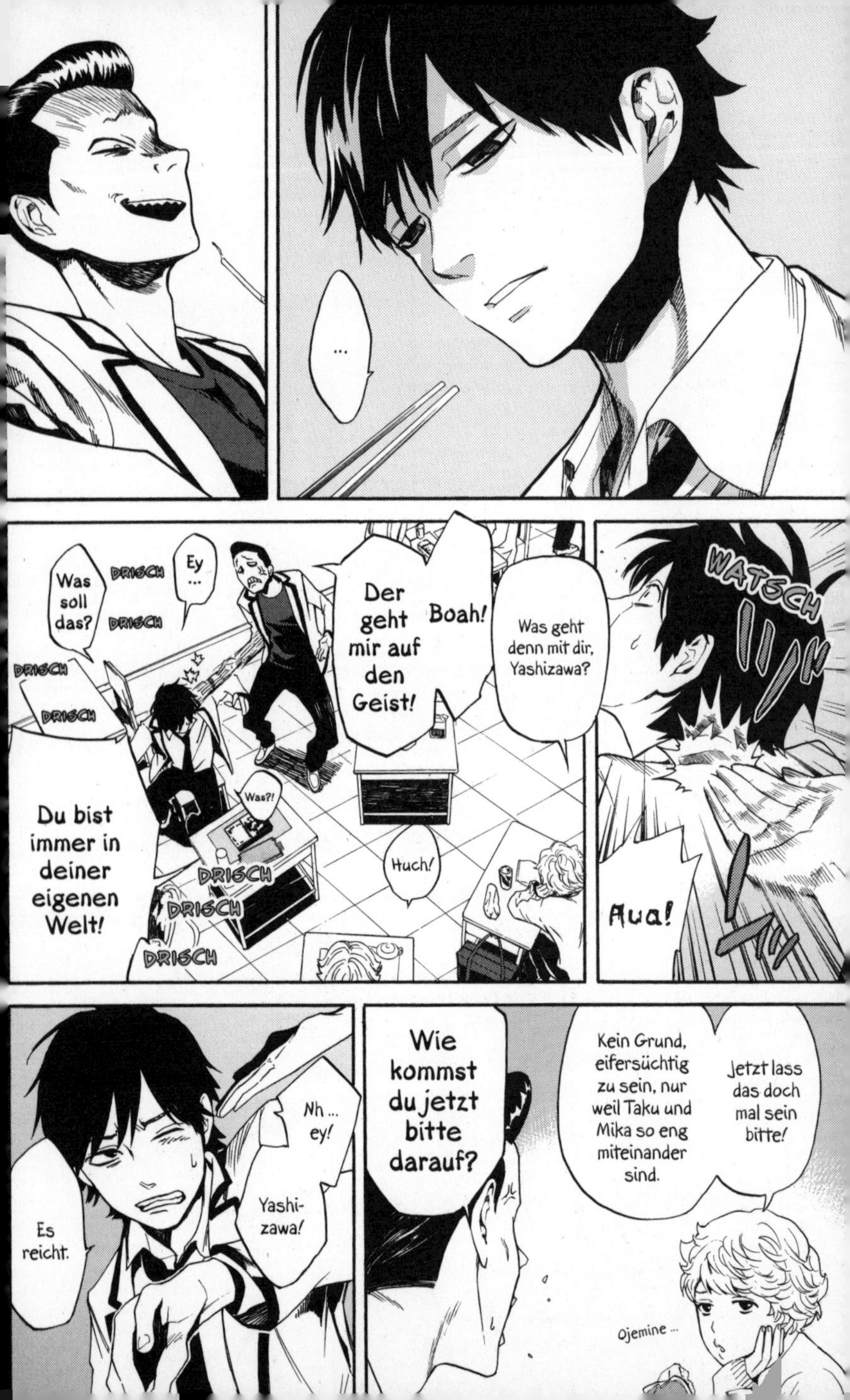
...
WATSCH
Aua!
Was geht denn mit dir, Yashizawa?
Der geht mir auf den Geist!
Boah!
Ey ...
Was soll das?
DRISCH
DRISCH
DRISCH
DRISCH
Was?!
Huch!
Du bist immer in deiner eigenen Welt!
DRISCH
DRISCH
DRISCH
Jetzt lass das doch mal sein bitte!
Kein Grund, eifersüchtig zu sein, nur weil Taku und Mika so eng miteinander sind.
Ojemine ...
Wie kommst du jetzt bitte darauf?
Nh ... ey!
Yashi-zawa!
Es reicht.

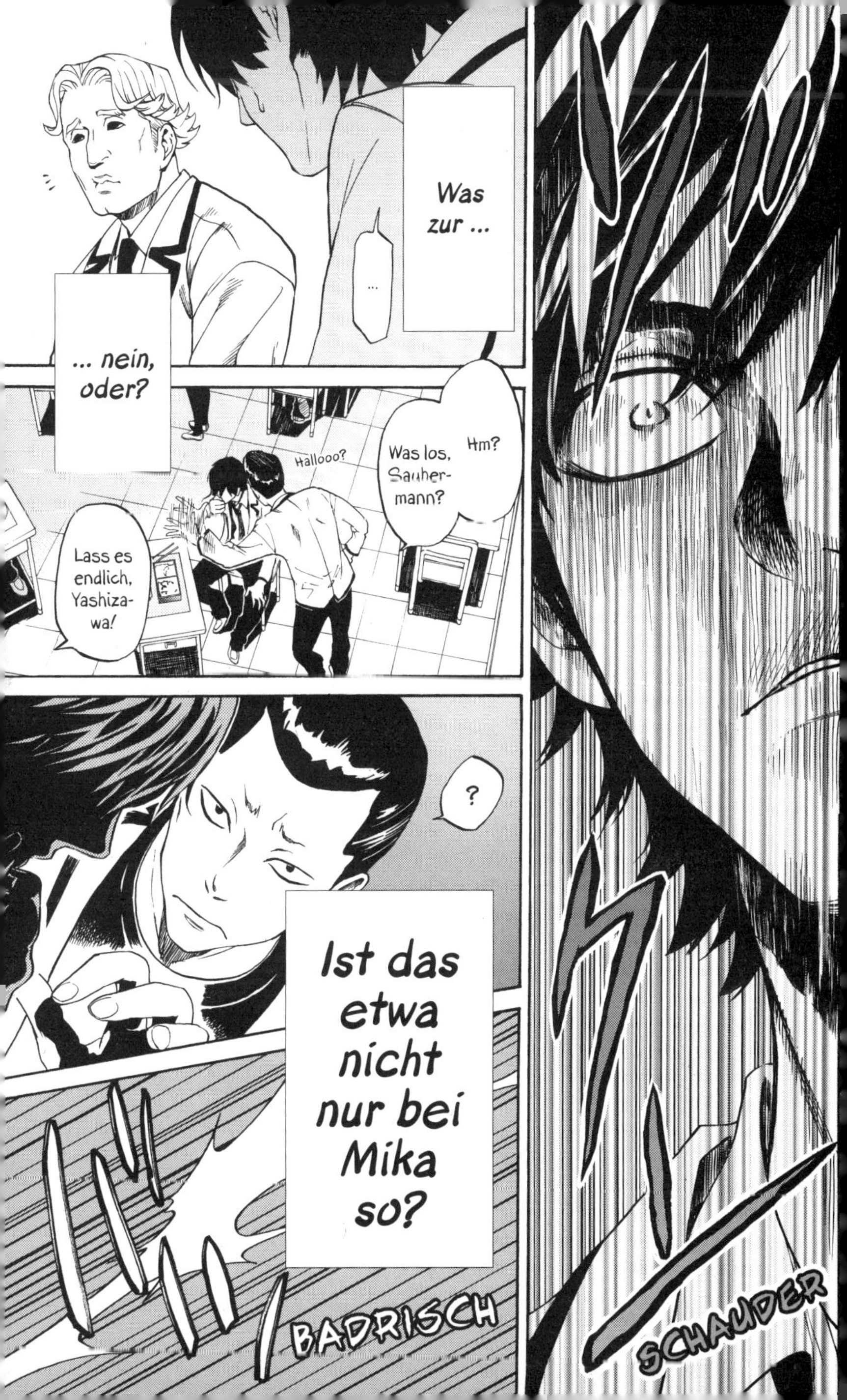
Was zur ...
...
... nein, oder?
Hm?
Was los, Sauher-mann?
Hallooo?
Lass es endlich, Yashiza-wa!
?
Ist das etwa nicht nur bei Mika so?
BADRISCH
SCHAUDER

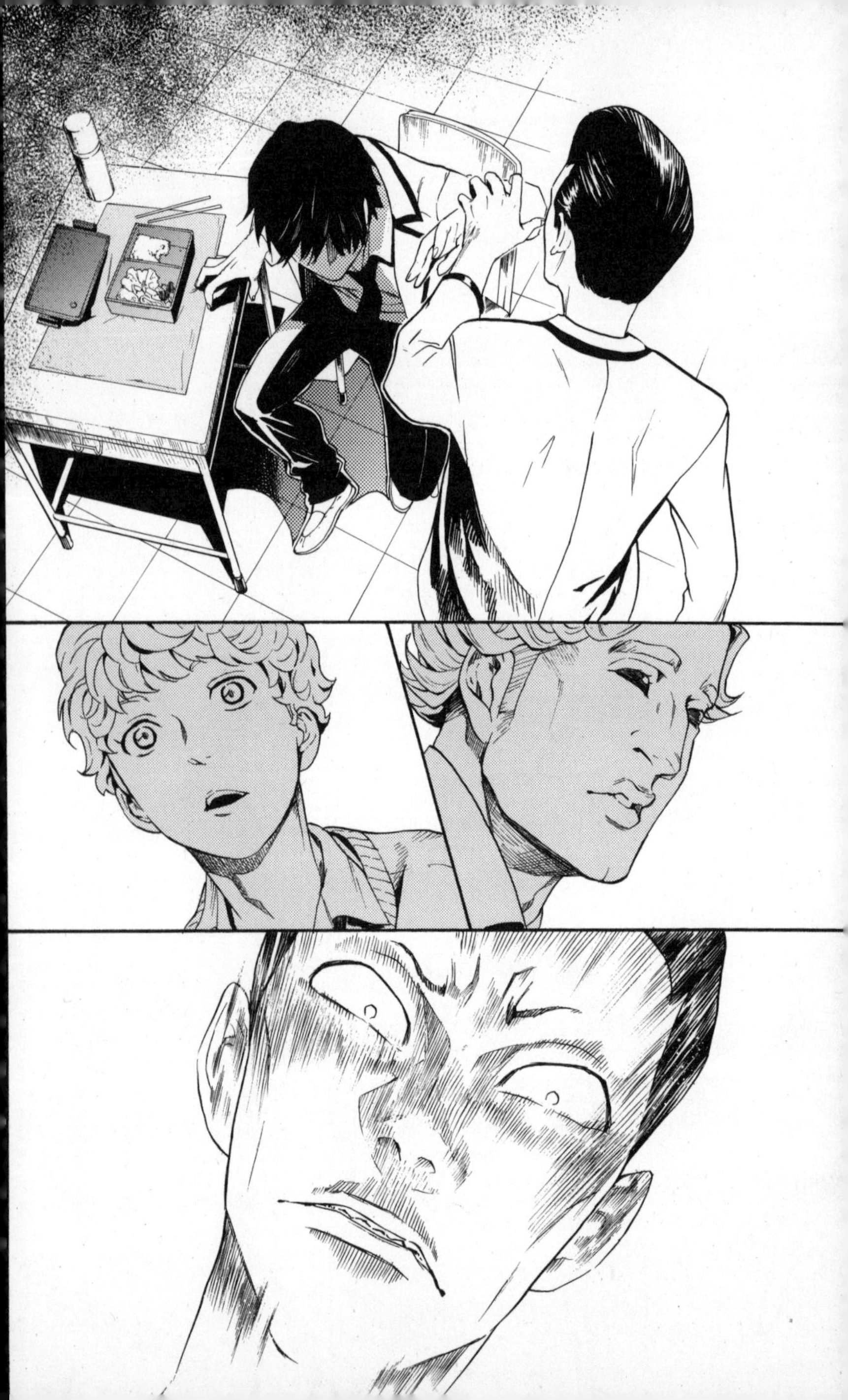

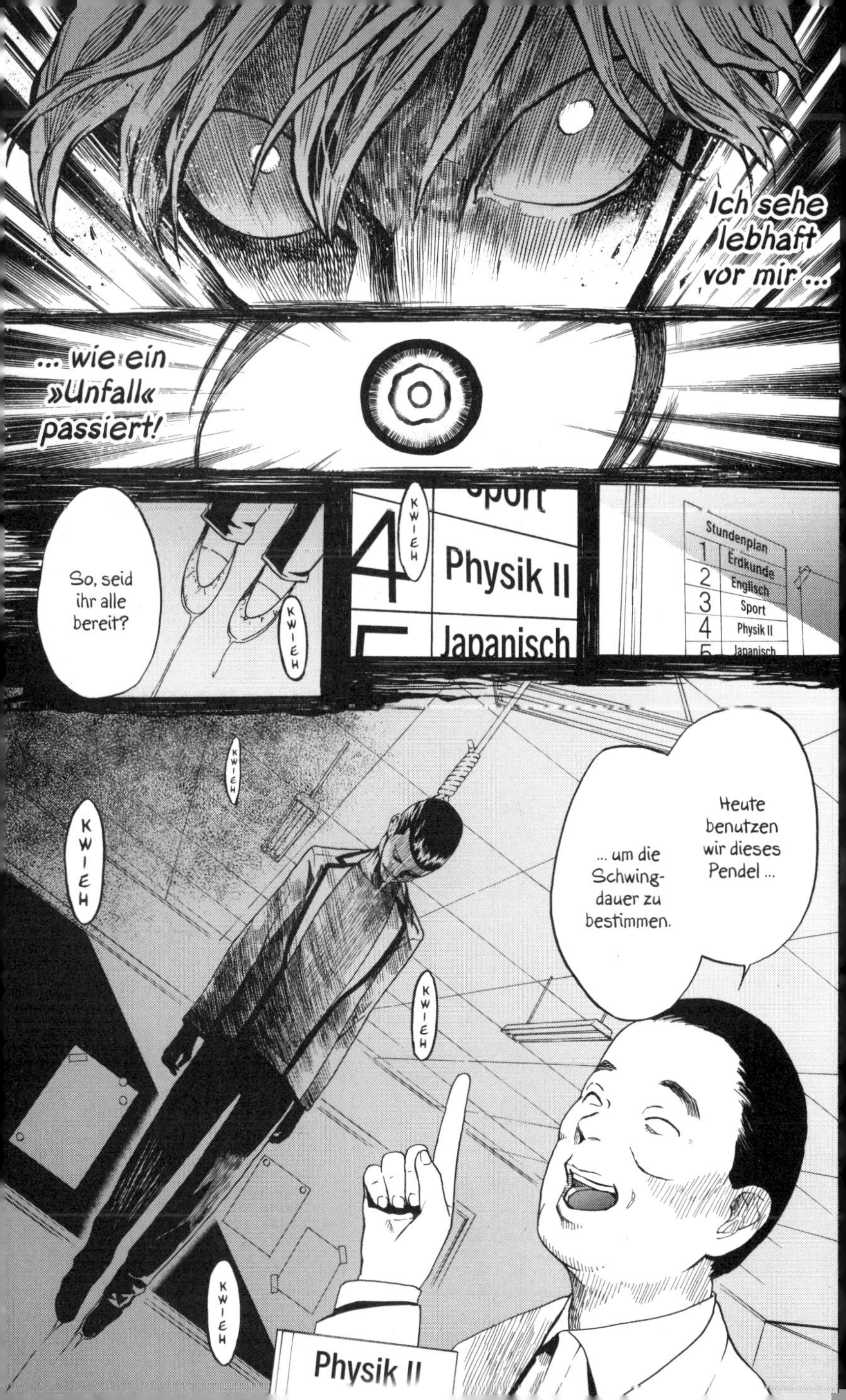

Ich sehe lebhaft vor mir ...
... wie ein »Unfall« passiert!
Stundenplan
1 Erdkunde
2 Englisch
3 Sport
4 Physik II
5 Japanisch
Sport
4 Physik II
Japanisch
KWIEH
So, seid ihr alle bereit?
KWIEH
Heute benutzen wir dieses Pendel ...
... um die Schwingdauer zu bestimmen.
KWIEH
KWIEH
KWIEH
KWIEH
Physik II

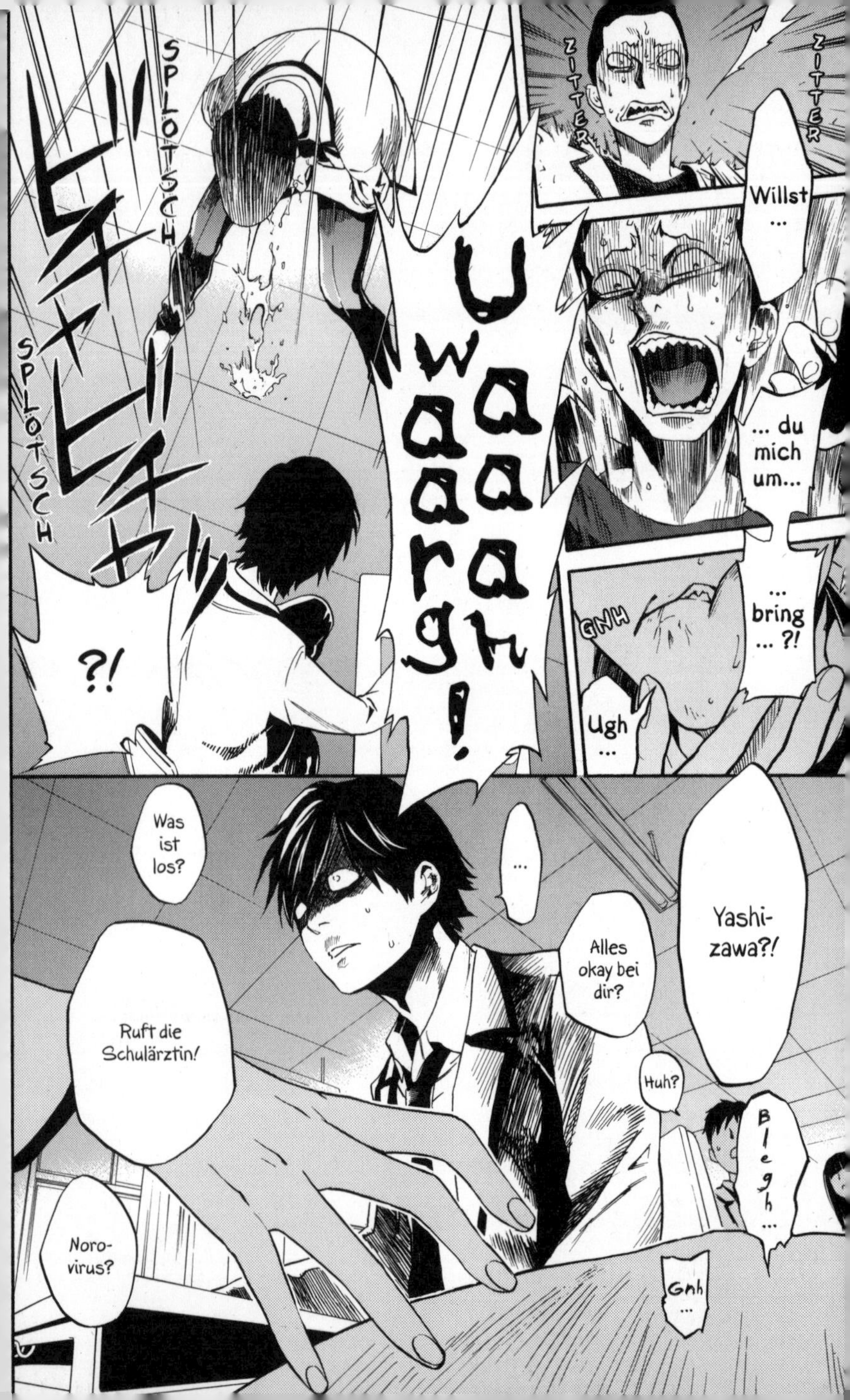

ZITTER
ZITTER
Willst ...
... du mich um...
... bring ... ?!
GNH
Ugh ...
Uwaaaaaaraagh!
SPLOTSCH
SPLOTSCH
?!
Yashi-zawa?!
...
Was ist los?
Alles okay bei dir?
Huh?
Blegh ...
Ruft die Schulärztin!
Noro-virus?
Gnh ...

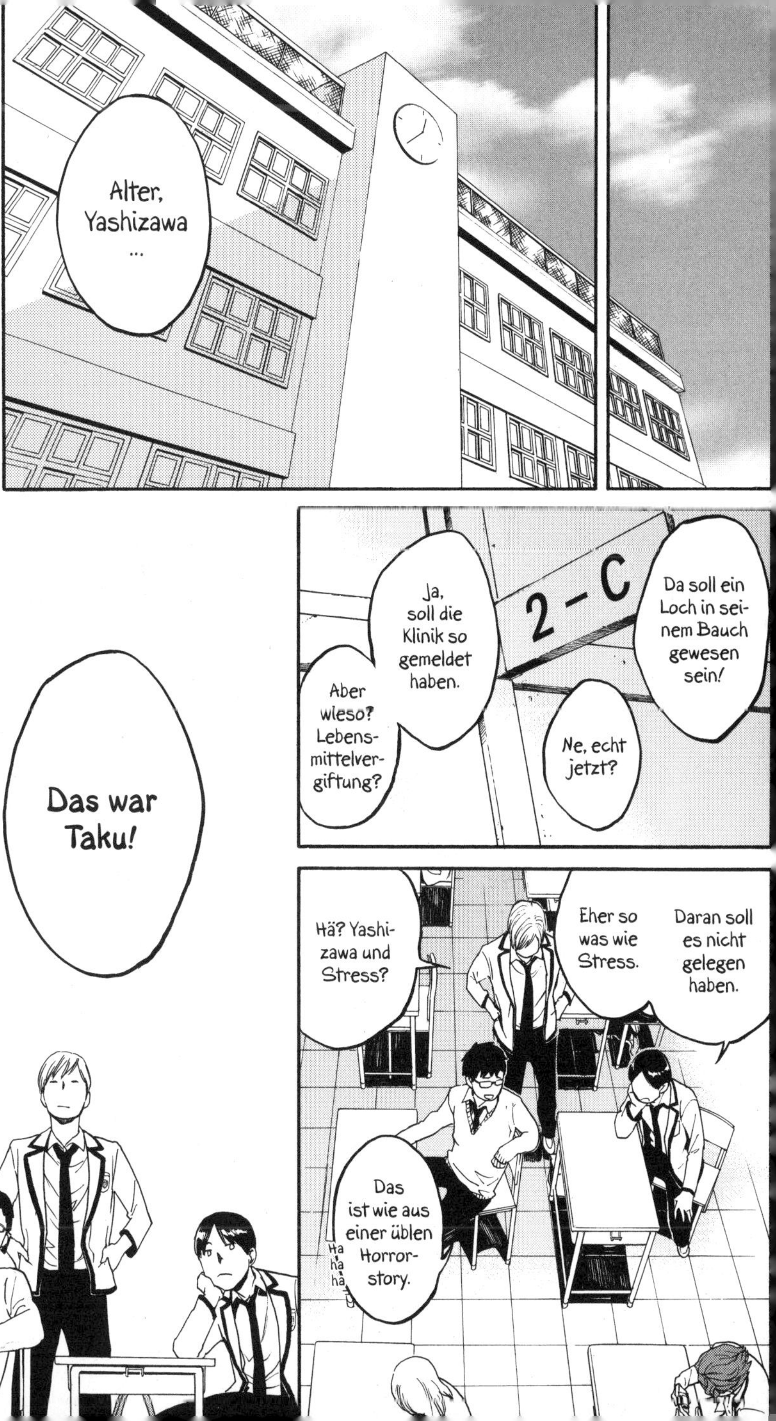
Alter, Yashizawa ...
Da soll ein Loch in seinem Bauch gewesen sein!
2-C
Ne, echt jetzt?
Ja, soll die Klinik so gemeldet haben.
Aber wieso? Lebensmittelvergiftung?
Daran soll es nicht gelegen haben.
Eher so was wie Stress.
Hä? Yashizawa und Stress?
Das ist wie aus einer üblen Horror-story.
Ha ha ha
Das war Taku!

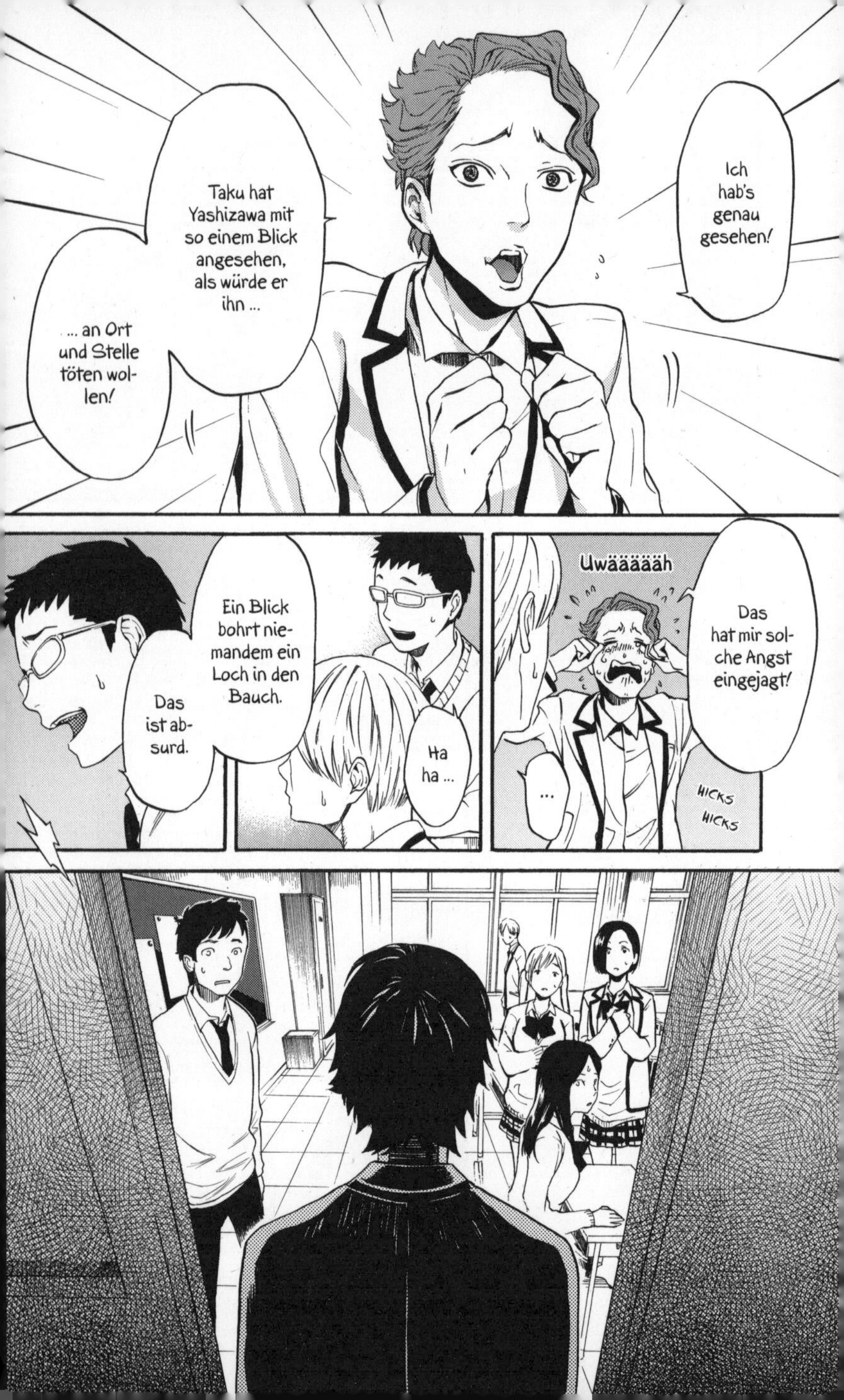
Ich hab's genau gesehen!
Taku hat Yashizawa mit so einem Blick angesehen, als würde er ihn ...
... an Ort und Stelle töten wollen!
Uwääääääh
Das hat mir solche Angst eingejagt!
...
HICKS
HICKS
Ein Blick bohrt niemandem ein Loch in den Bauch.
Ha ha ...
Das ist absurd.

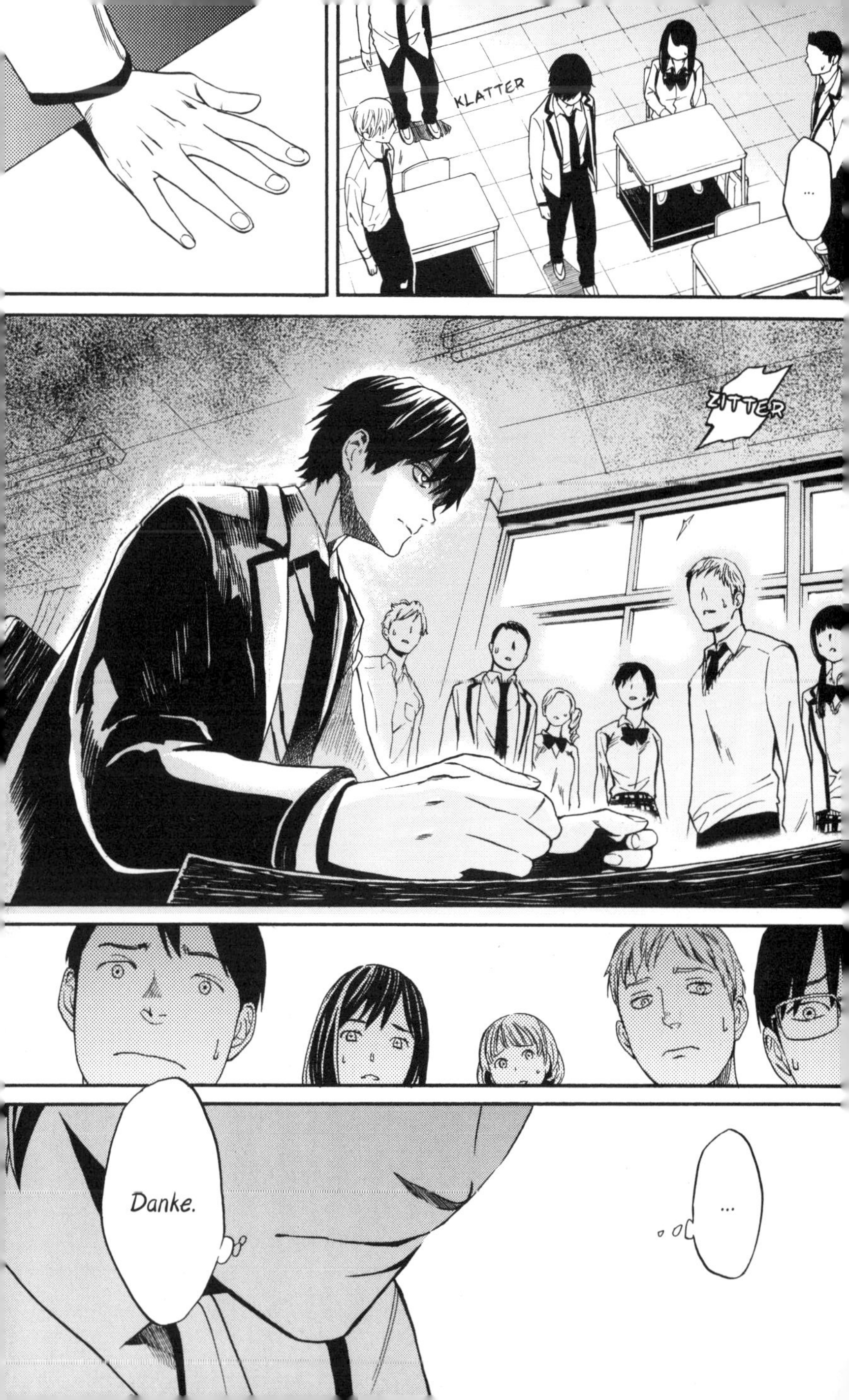
KLATTER
...
ZITTER
...
Danke.

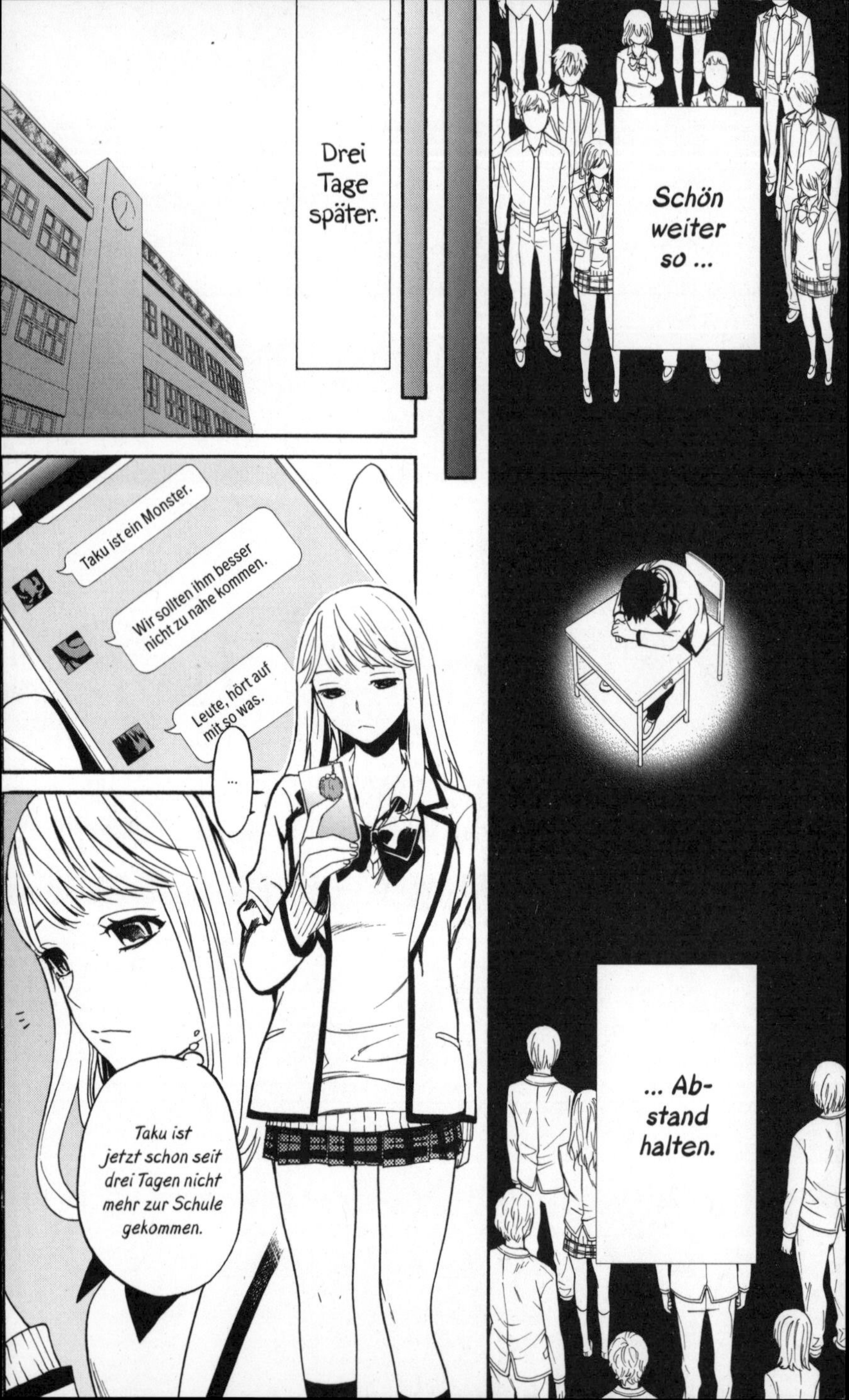
Schön weiter so ...
... Abstand halten.
Drei Tage später.
Taku ist ein Monster.
Wir sollten ihm besser nicht zu nahe kommen.
Leute, hört auf mit so was.
...
Taku ist jetzt schon seit drei Tagen nicht mehr zur Schule gekommen.

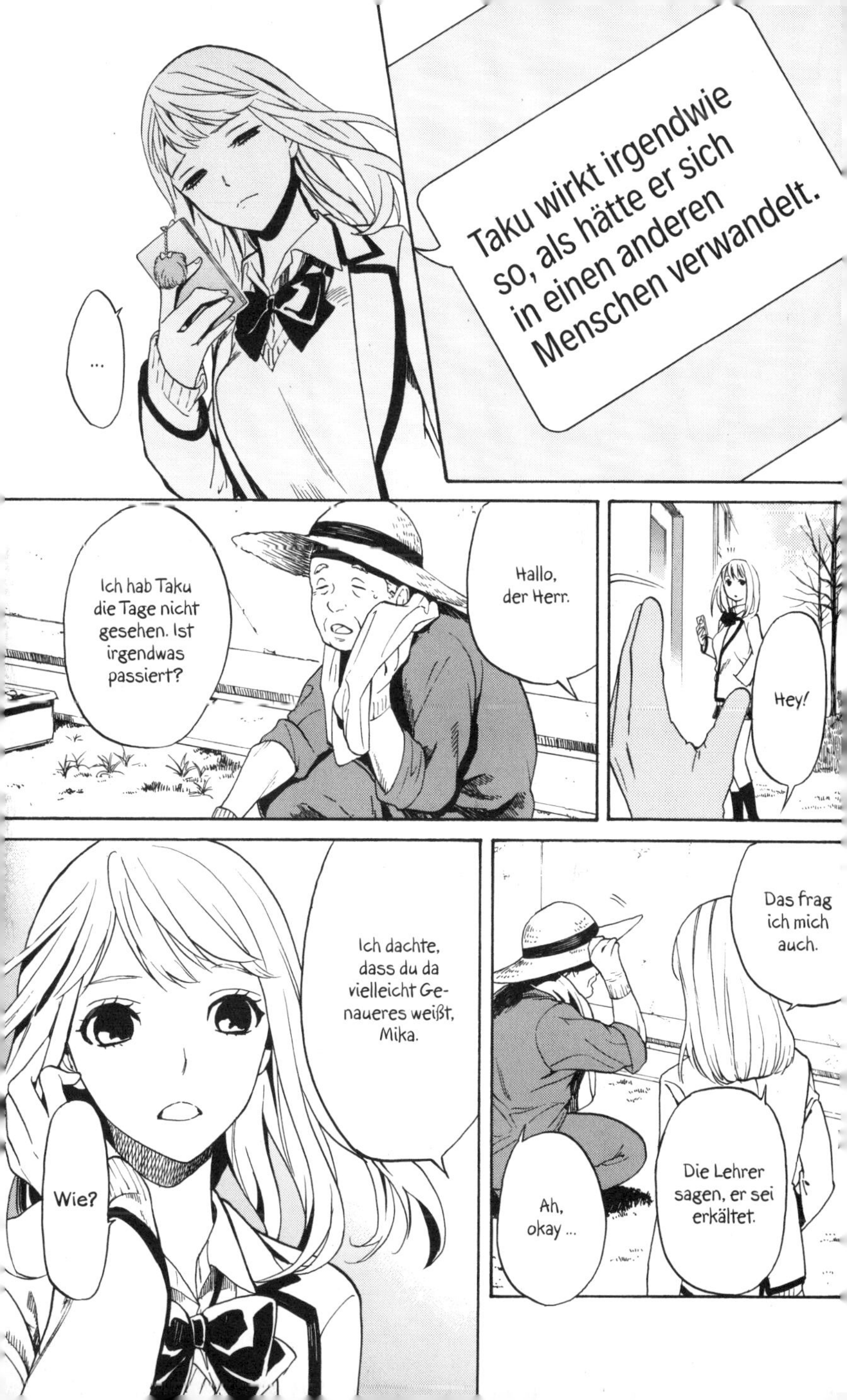
Taku wirkt irgendwie so, als hätte er sich in einen anderen Menschen verwandelt.
…
Hey!
Hallo, der Herr.
Ich hab Taku die Tage nicht gesehen. Ist irgendwas passiert?
Das frag ich mich auch.
Die Lehrer sagen, er sei erkältet.
Ah, okay …
Ich dachte, dass du da vielleicht Genaueres weißt, Mika.
Wie?

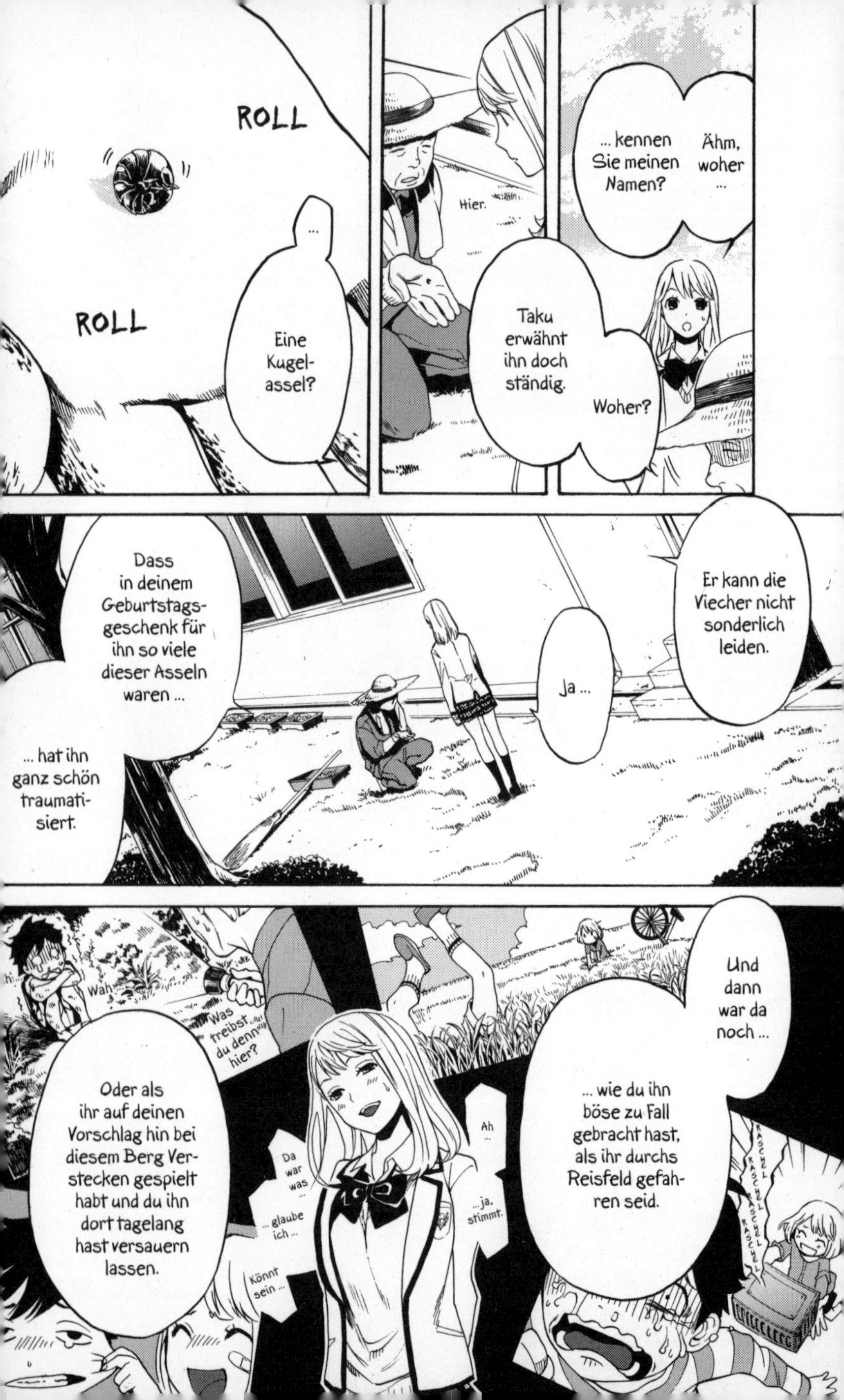
Ähm, woher ...
... kennen Sie meinen Namen?
Woher?
Taku erwähnt ihn doch ständig.
Hier.
ROLL
...
Eine Kugelassel?
ROLL
Er kann die Viecher nicht sonderlich leiden.
Ja ...
Dass in deinem Geburtstagsgeschenk für ihn so viele dieser Asseln waren ...
... hat ihn ganz schön traumatisiert.
Und dann war da noch ...
... wie du ihn böse zu Fall gebracht hast, als ihr durchs Reisfeld gefahren seid.
RASCHEL RASCHEL
Ah ...
... ja, stimmt.
Da war was ...
... glaube ich ...
Könnt sein ...
Oder als ihr auf deinen Vorschlag hin bei diesem Berg Verstecken gespielt habt und du ihn dort tagelang hast versauern lassen.
Wah
Was treibst du denn hier?

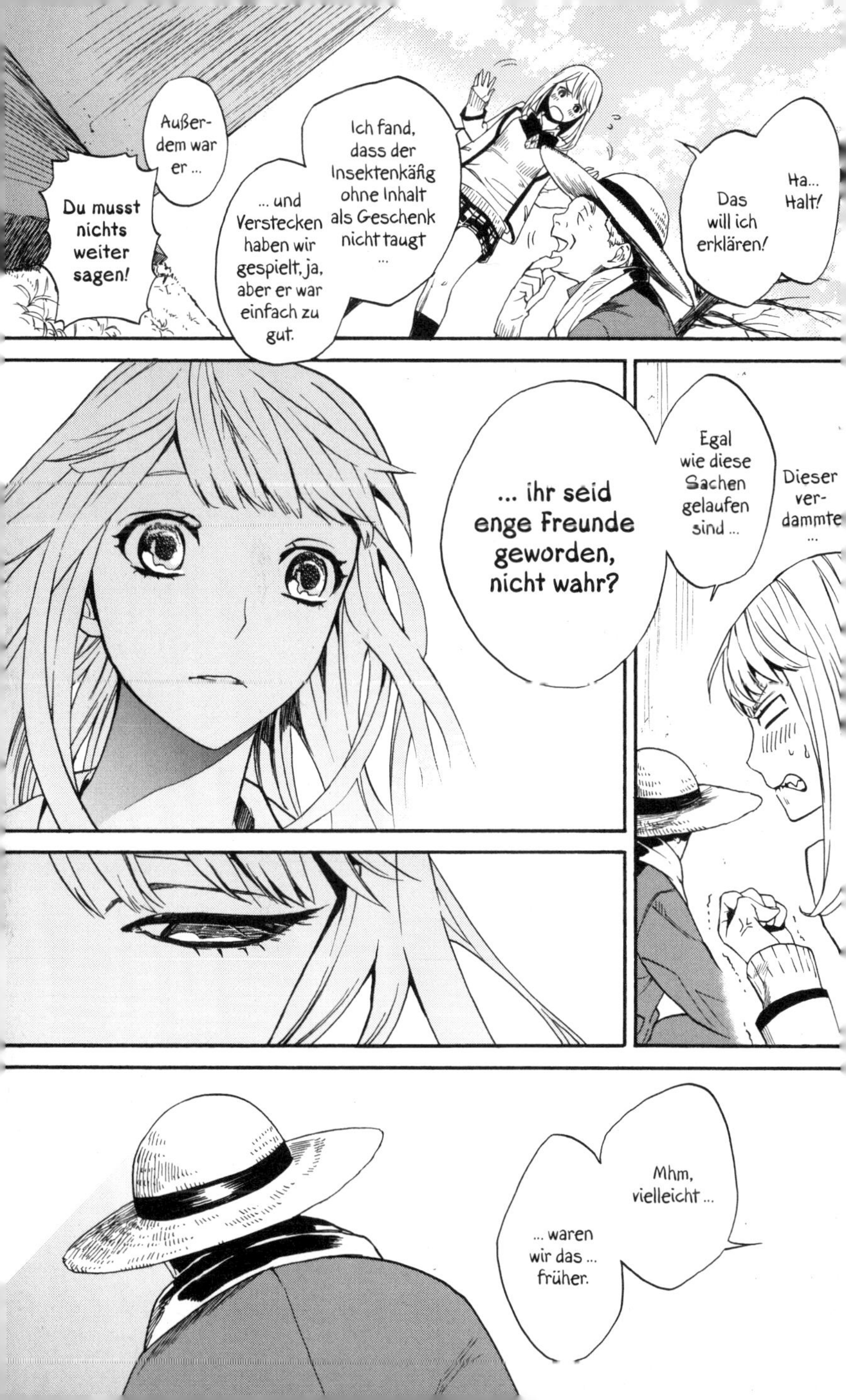
Ha... Halt!
Das will ich erklären!
Ich fand, dass der Insektenkäfig ohne Inhalt als Geschenk nicht taugt ...
... und Verstecken haben wir gespielt, ja, aber er war einfach zu gut.
Außerdem war er ...
Du musst nichts weiter sagen!
Dieser verdammte ...
Egal wie diese Sachen gelaufen sind ...
... ihr seid enge Freunde geworden, nicht wahr?
Mhm, vielleicht ...
... waren wir das ... früher.

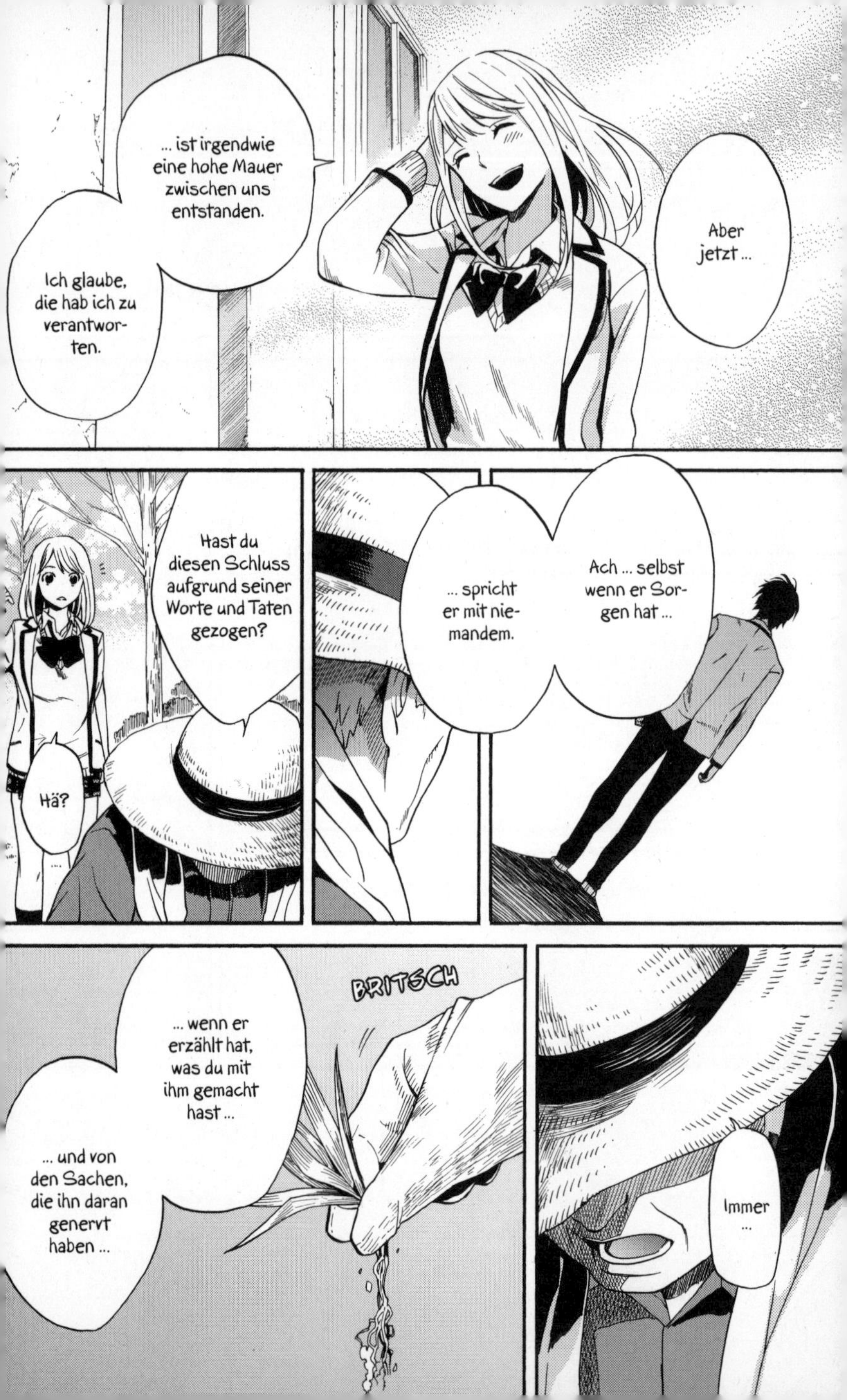
Aber jetzt ...
... ist irgendwie eine hohe Mauer zwischen uns entstanden.
Ich glaube, die hab ich zu verantworten.
Ach ... selbst wenn er Sorgen hat ...
... spricht er mit niemandem.
Hast du diesen Schluss aufgrund seiner Worte und Taten gezogen?
Hä?
...
Immer ...
BRITSCH
... wenn er erzählt hat, was du mit ihm gemacht hast ...
... und von den Sachen, die ihn daran genervt haben ...

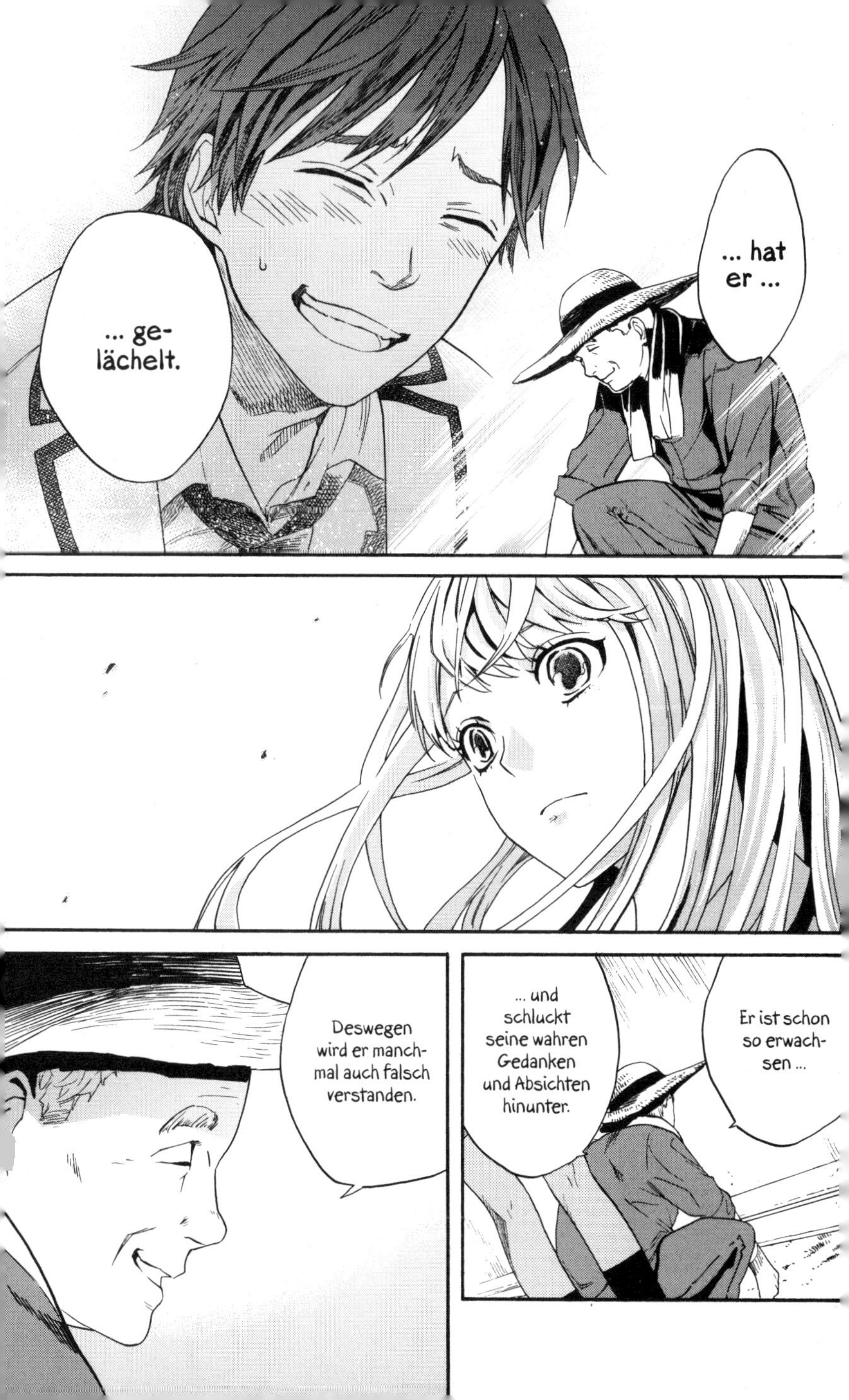
... hat er ...
... ge-lächelt.
Er ist schon so erwach-sen ...
... und schluckt seine wahren Gedanken und Absichten hinunter.
Deswegen wird er manch-mal auch falsch verstanden.

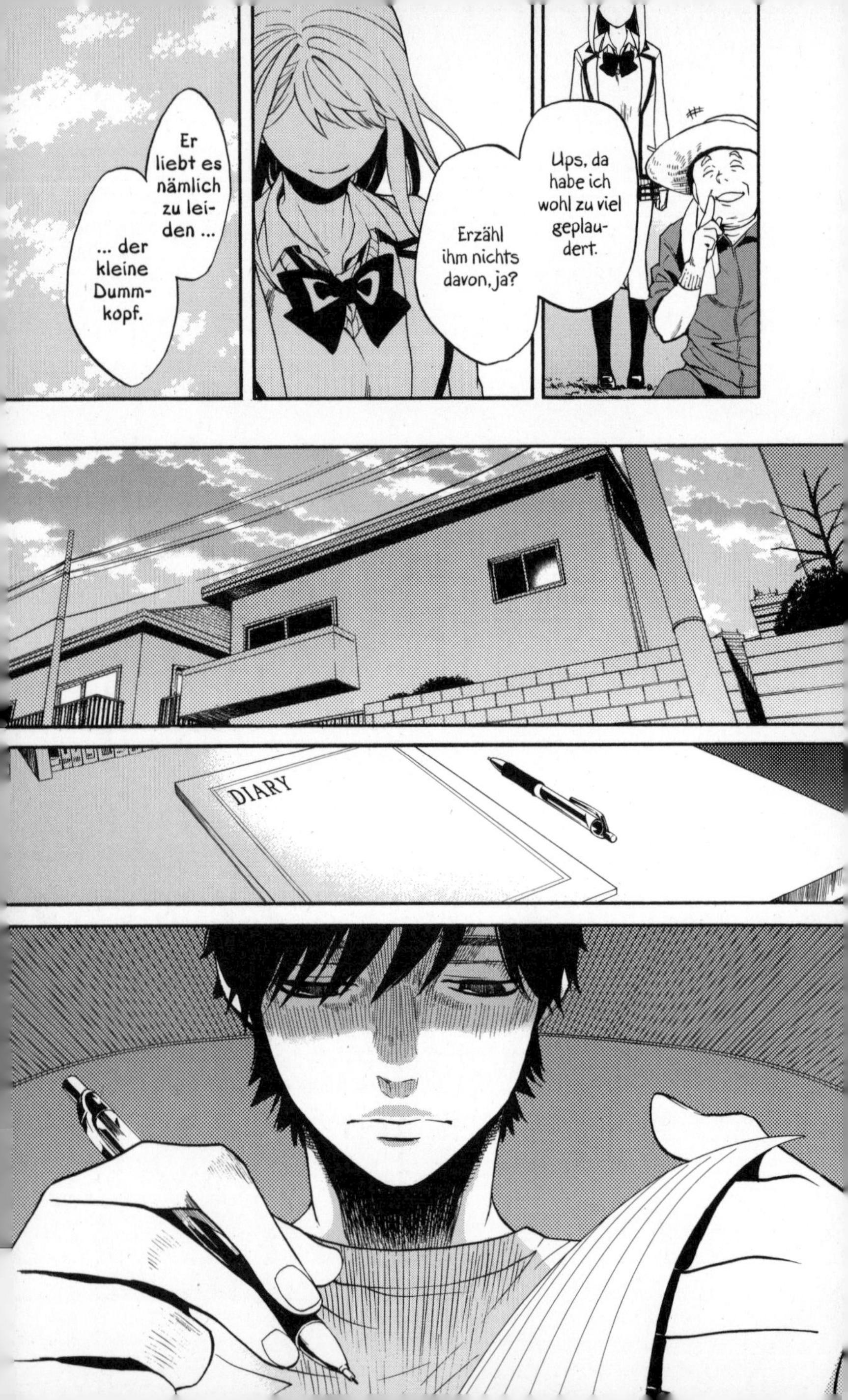
Ups, da habe ich wohl zu viel geplaudert.
Erzähl ihm nichts davon, ja?
Er liebt es nämlich zu leiden ...
... der kleine Dummkopf.
DIARY

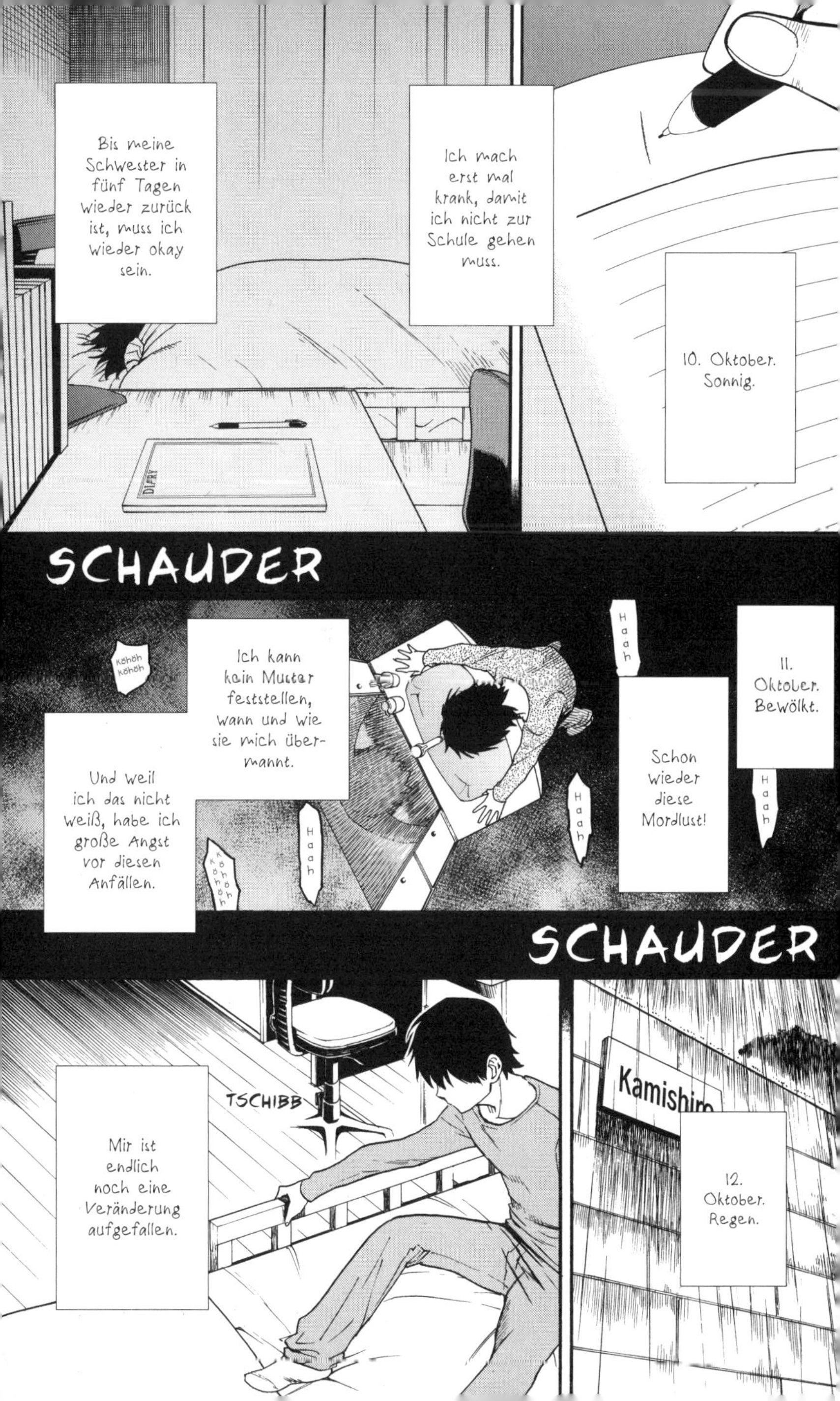

10. Oktober. Sonnig.
Ich mach erst mal krank, damit ich nicht zur Schule gehen muss.
Bis meine Schwester in fünf Tagen wieder zurück ist, muss ich wieder okay sein.
SCHAUDER
11. Oktober. Bewölkt.
Haah
Schon wieder diese Mordlust!
Haah
Haah
Ich kann kein Muster feststellen, wann und wie sie mich übermannt.
Köhöh köhöh
Haah
Köhöh köhöh
Und weil ich das nicht weiß, habe ich große Angst vor diesen Anfällen.
SCHAUDER
12. Oktober. Regen.
Kamishiro
TSCHIBB
Mir ist endlich noch eine Veränderung aufgefallen.

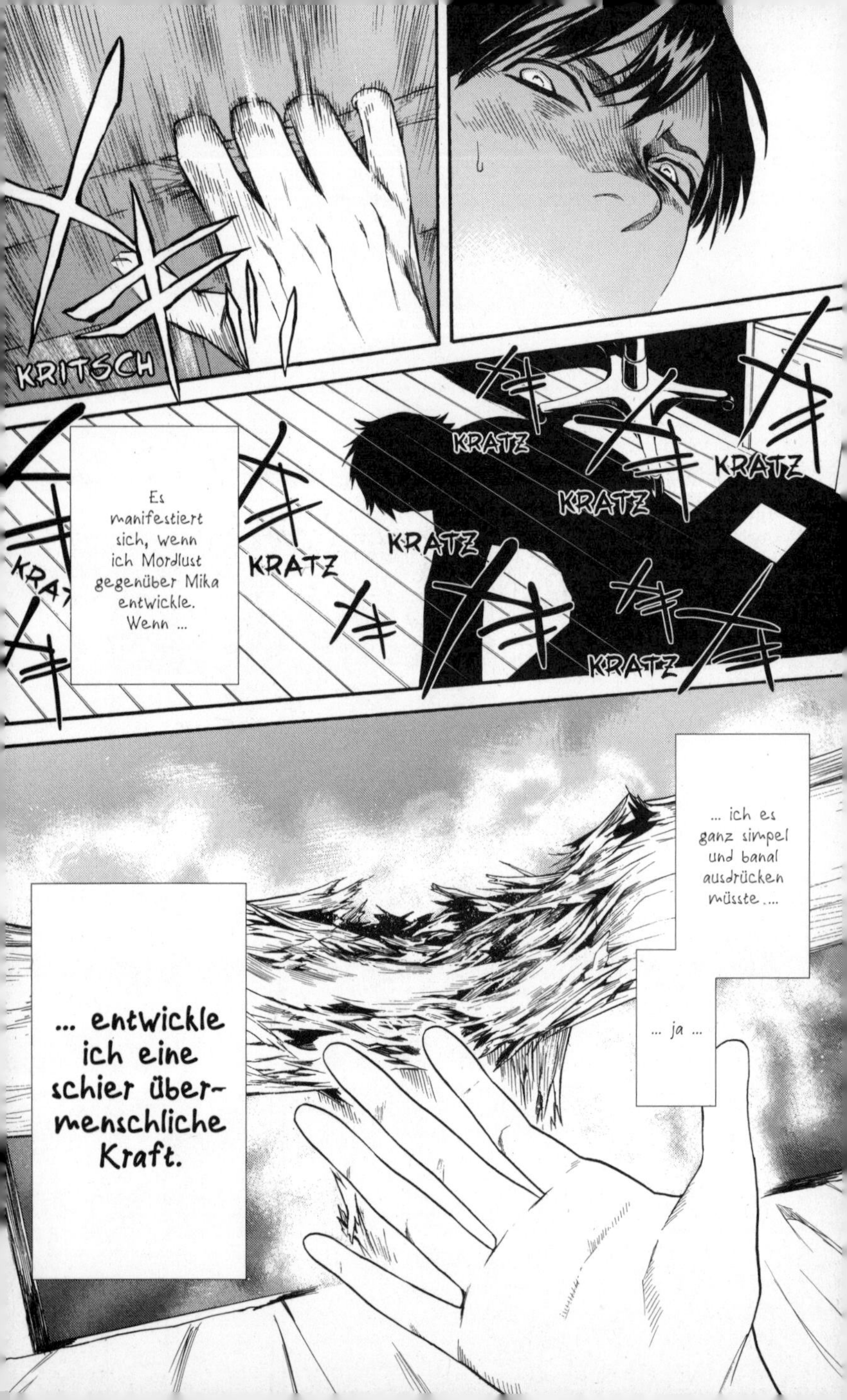

KRITSCH
KRATZ
KRATZ
KRATZ
KRATZ
KRATZ
KRATZ
KRAT
Es manifestiert sich, wenn ich Mordlust gegenüber Mika entwickle. Wenn ...
... ich es ganz simpel und banal ausdrücken müsste ....
... ja ...
... entwickle ich eine schier übermenschliche Kraft.

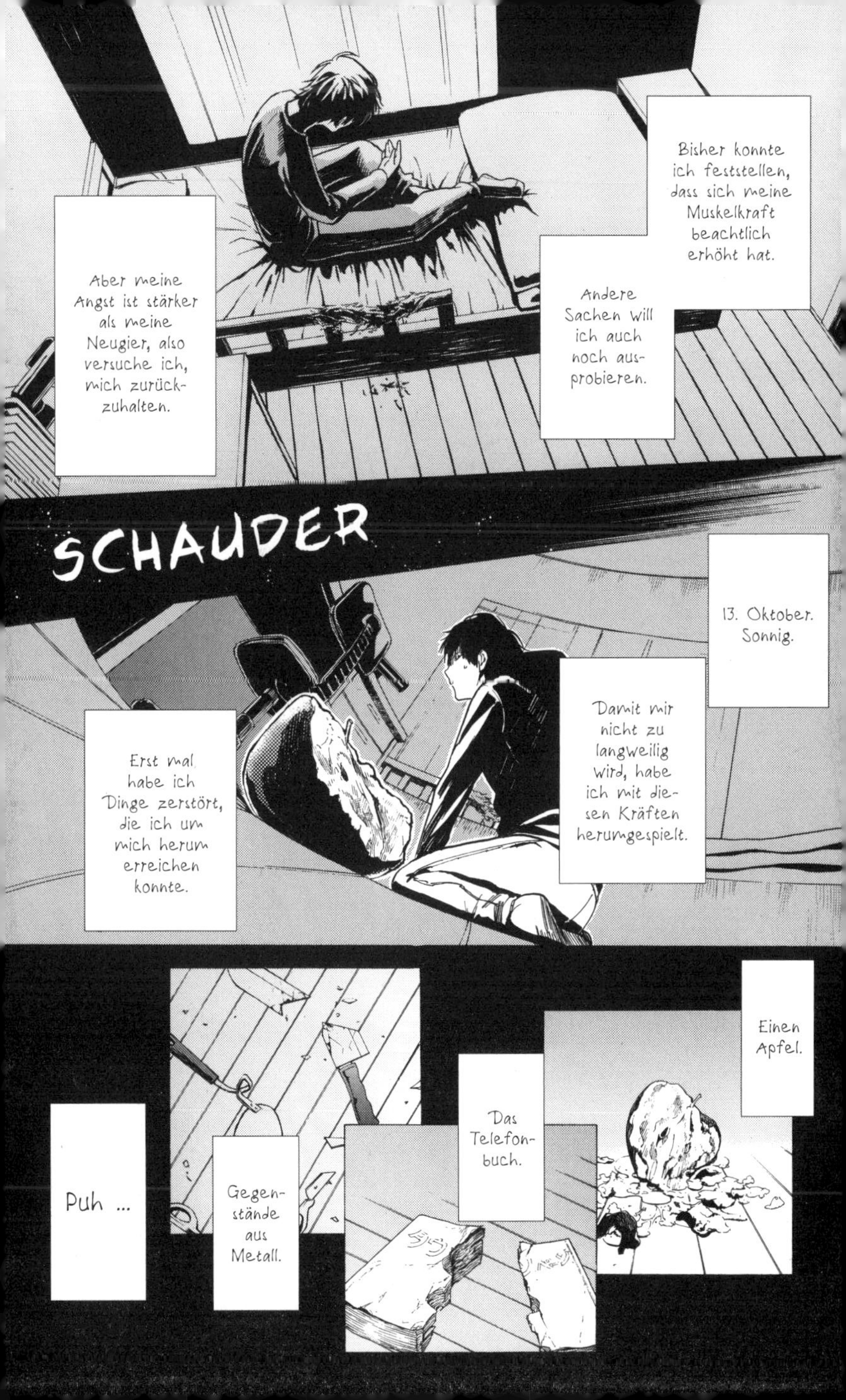
Bisher konnte ich feststellen, dass sich meine Muskelkraft beachtlich erhöht hat.
Andere Sachen will ich auch noch ausprobieren.
Aber meine Angst ist stärker als meine Neugier, also versuche ich, mich zurückzuhalten.
SCHAUDER
13. Oktober. Sonnig.
Damit mir nicht zu langweilig wird, habe ich mit diesen Kräften herumgespielt.
Erst mal habe ich Dinge zerstört, die ich um mich herum erreichen konnte.
Einen Apfel.
Das Telefonbuch.
Gegenstände aus Metall.
Puh ...

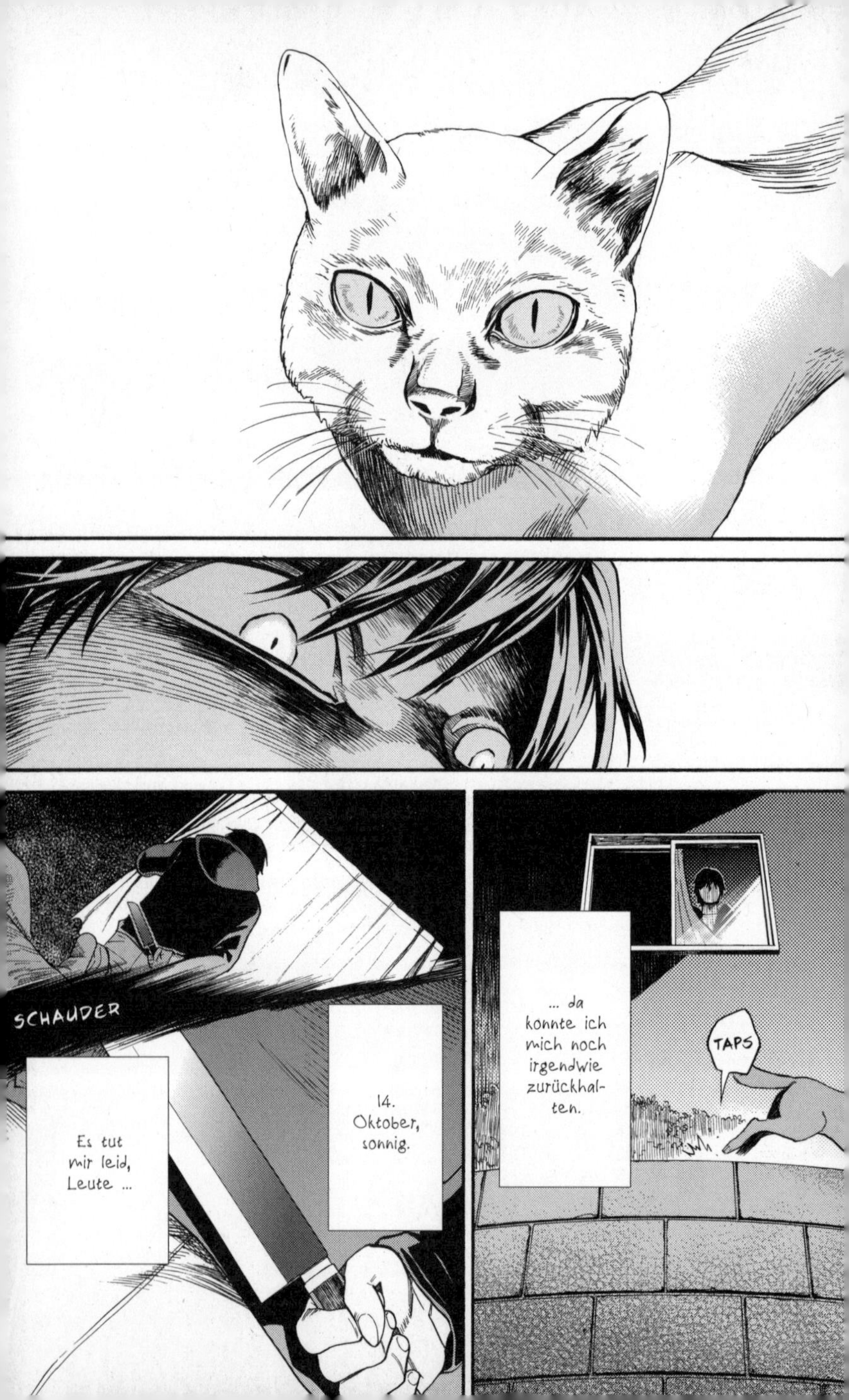

SCHAUDER
14. Oktober, sonnig.
Es tut mir leid, Leute ...
TAPS
... da konnte ich mich noch irgendwie zurückhalten.

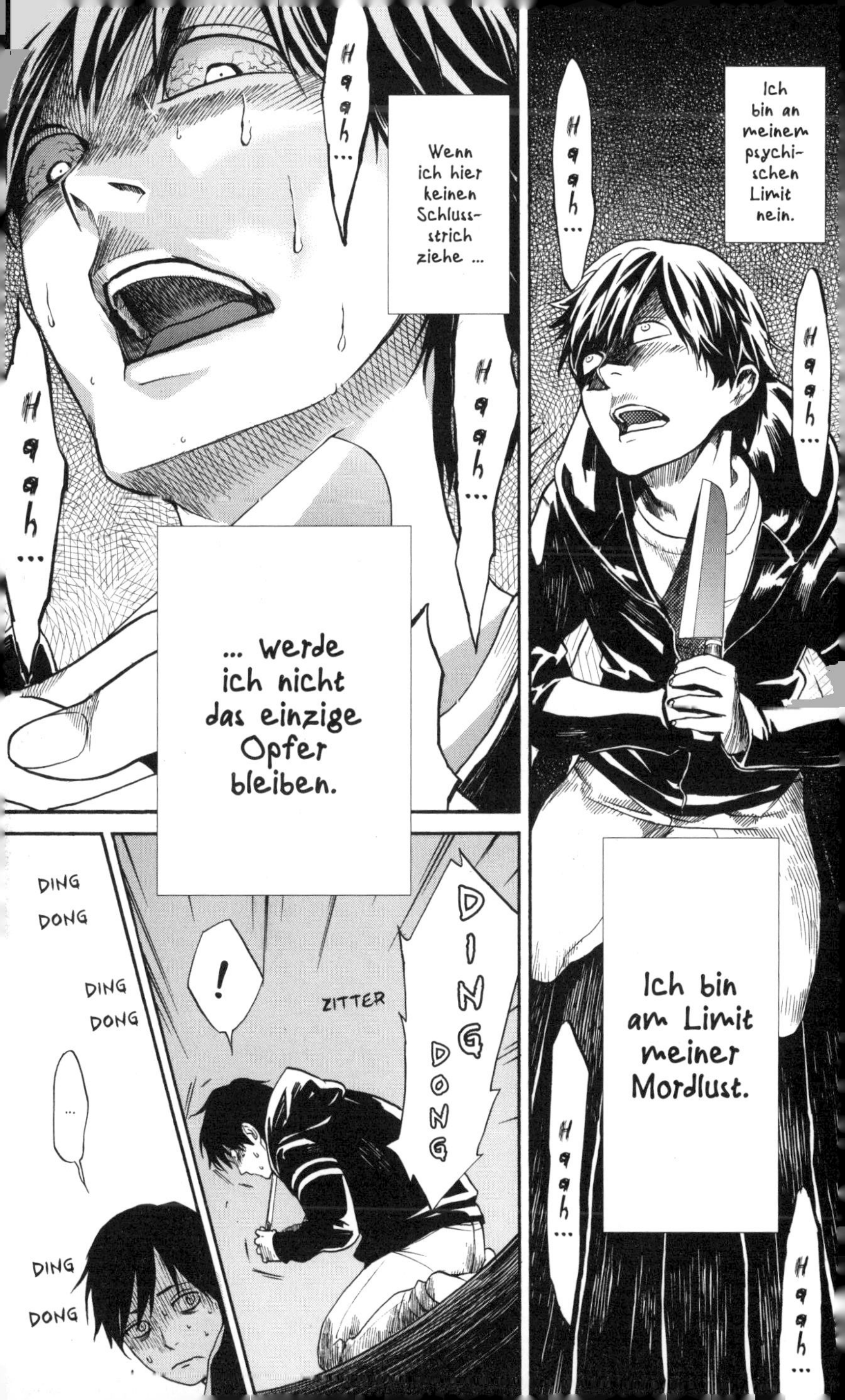
Ich bin an meinem psychi- schen Limit nein.
Haah ...
Haah ...
Ich bin am Limit meiner Mordlust.
Haah ...
Haah ...
Wenn ich hier keinen Schluss- strich ziehe ...
Haah ...
Haah ...
Haah ...
... werde ich nicht das einzige Opfer bleiben.
DING DONG
ZITTER
!
DING DONG
DING DONG
...
DING DONG

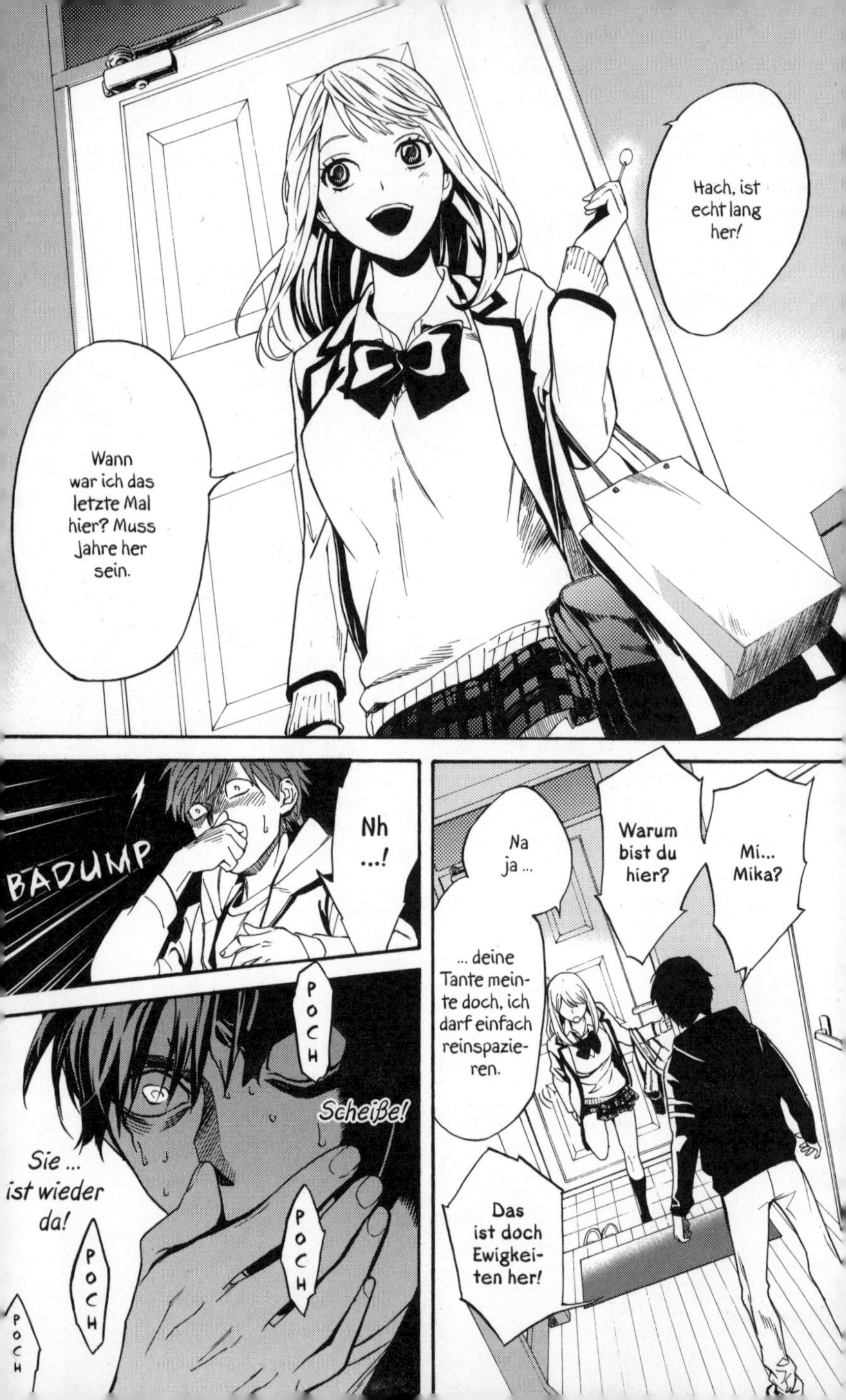

Hach, ist echt lang her!
Wann war ich das letzte Mal hier? Muss Jahre her sein.
Mi... Mika?
Warum bist du hier?
Na ja ...
... deine Tante meinte doch, ich darf einfach reinspazieren.
Das ist doch Ewigkeiten her!
Nh ...!
BADUMP
POCH
Scheiße!
Sie ... ist wieder da!
POCH
POCH
POCH

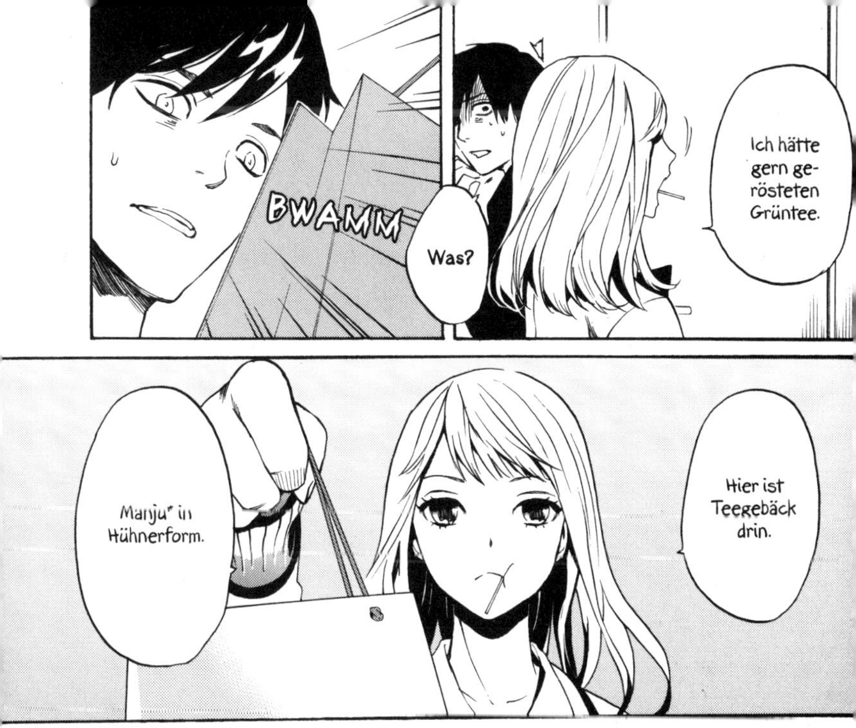

* Gedämpfte, gefüllte Teigtaschen.

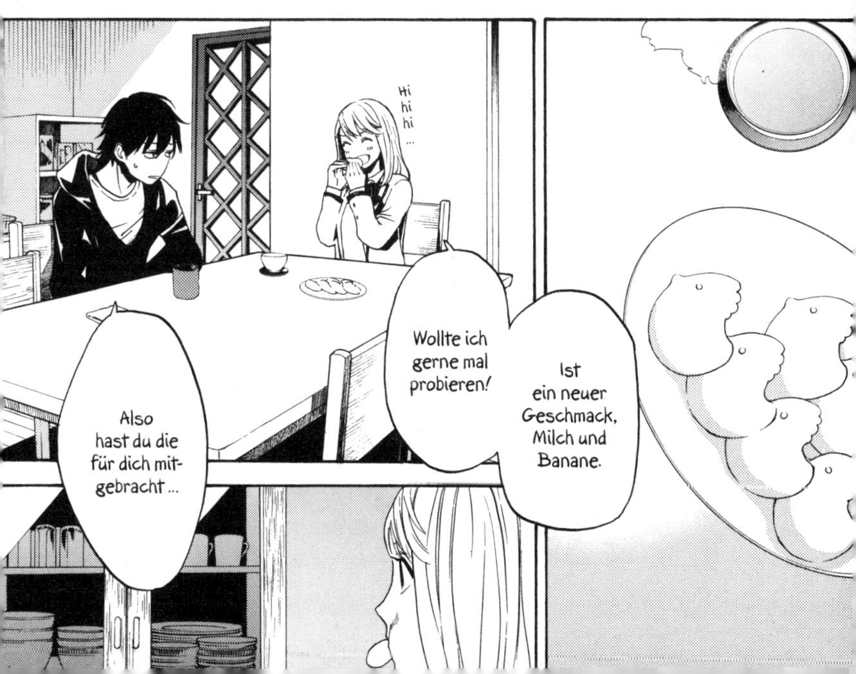

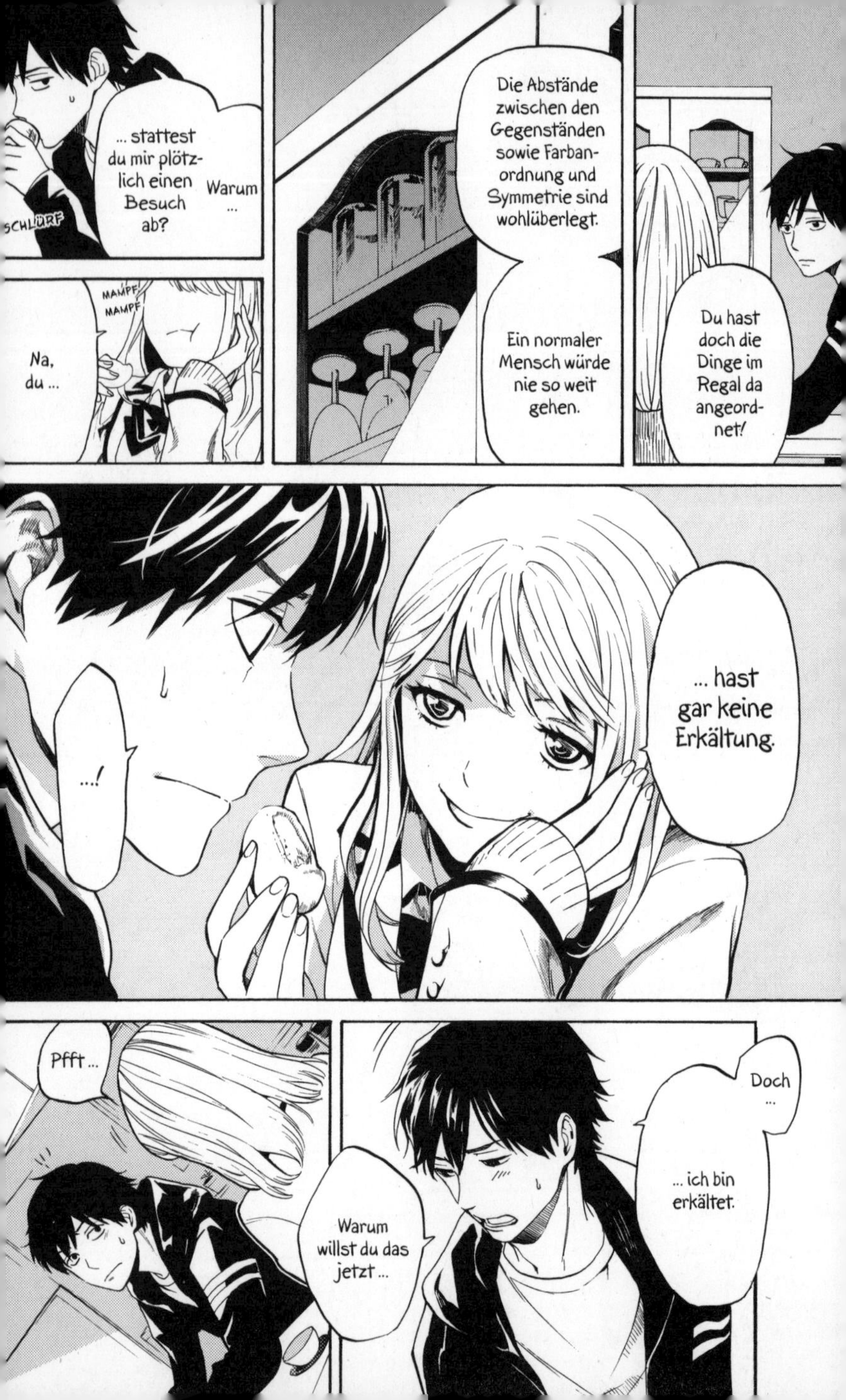

Du hast doch die Dinge im Regal da angeordnet!
Die Abstände zwischen den Gegenständen sowie Farbanordnung und Symmetrie sind wohlüberlegt.
Ein normaler Mensch würde nie so weit gehen.
SCHLÜRF
Warum ...
... stattest du mir plötzlich einen Besuch ab?
MAMPF MAMPF
Na, du ...
... hast gar keine Erkältung.
...!
Doch ...
... ich bin erkältet.
Warum willst du das jetzt ...
Pfft ...

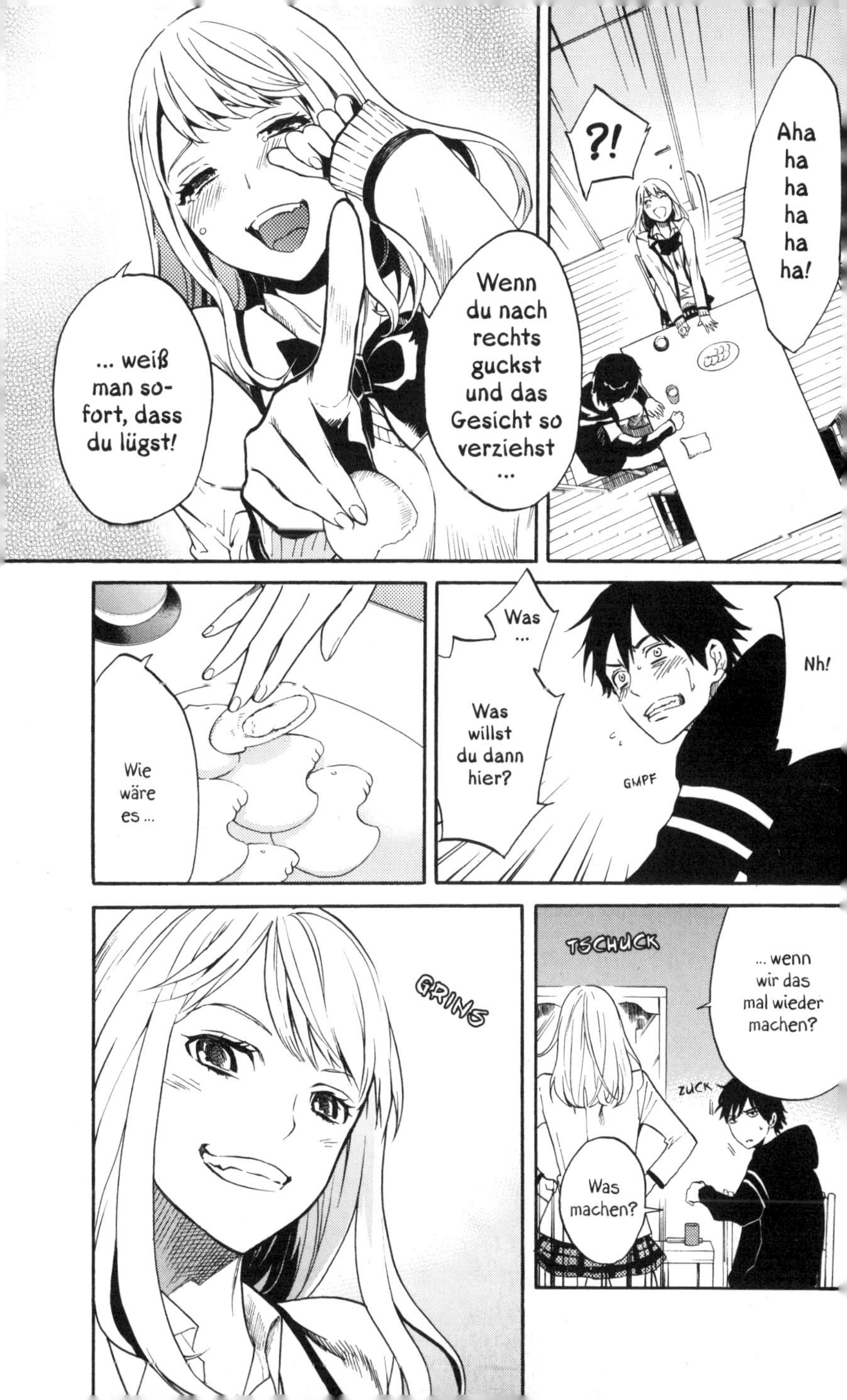
Aha ha ha ha ha ha!
?!
Wenn du nach rechts guckst und das Gesicht so verziehst ...
... weiß man sofort, dass du lügst!
Nh!
Was ...
Was willst du dann hier?
GMPF
Wie wäre es ...
TSCHUCK
... wenn wir das mal wieder machen?
ZUCK
Was machen?
GRINS

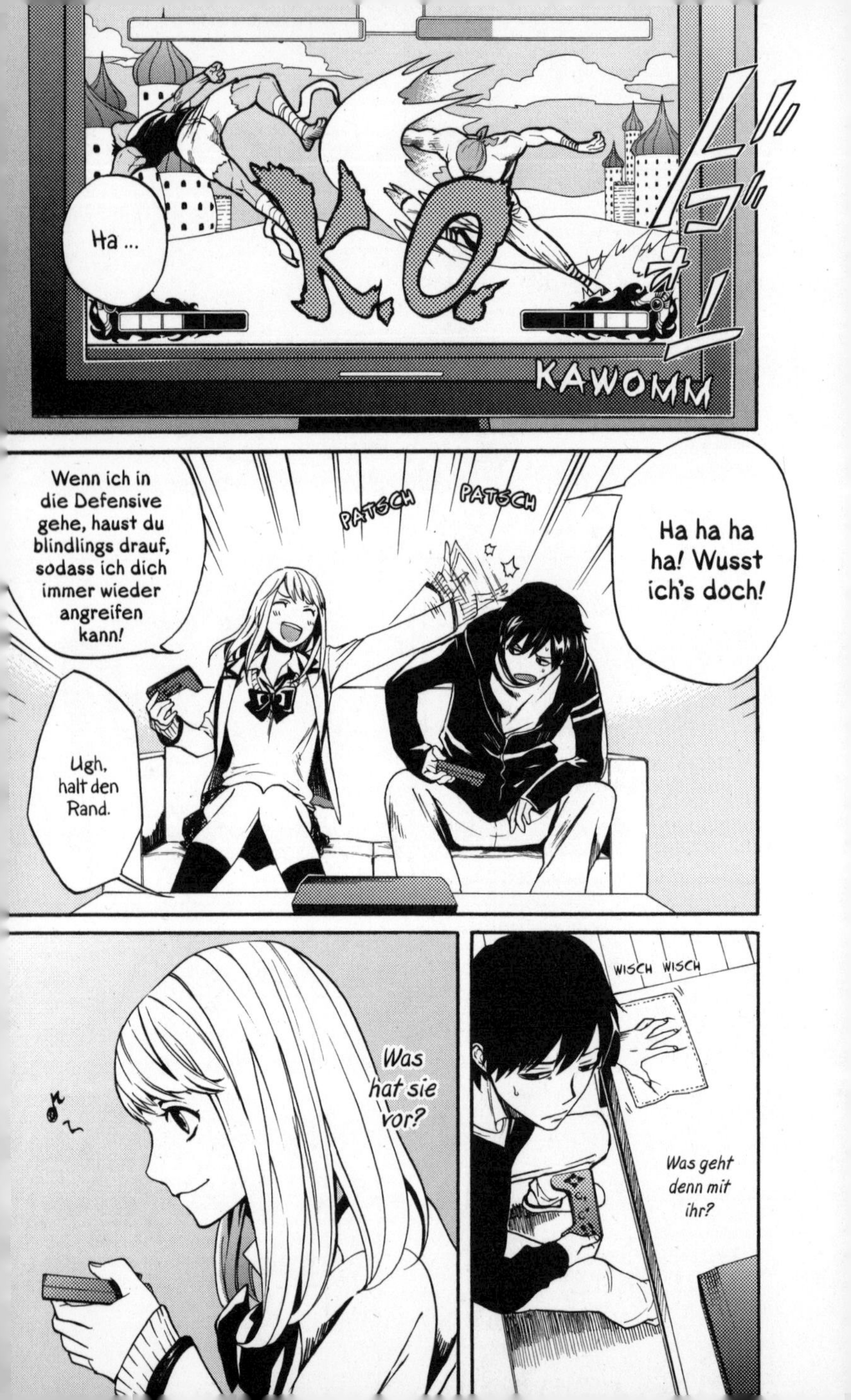
KAWOMM
Ha ...
Ha ha ha ha! Wusst ich's doch!
PATSCH PATSCH
Wenn ich in die Defensive gehe, haust du blindlings drauf, sodass ich dich immer wieder angreifen kann!
Ugh, halt den Rand.
WISCH WISCH
Was geht denn mit ihr?
Was hat sie vor?

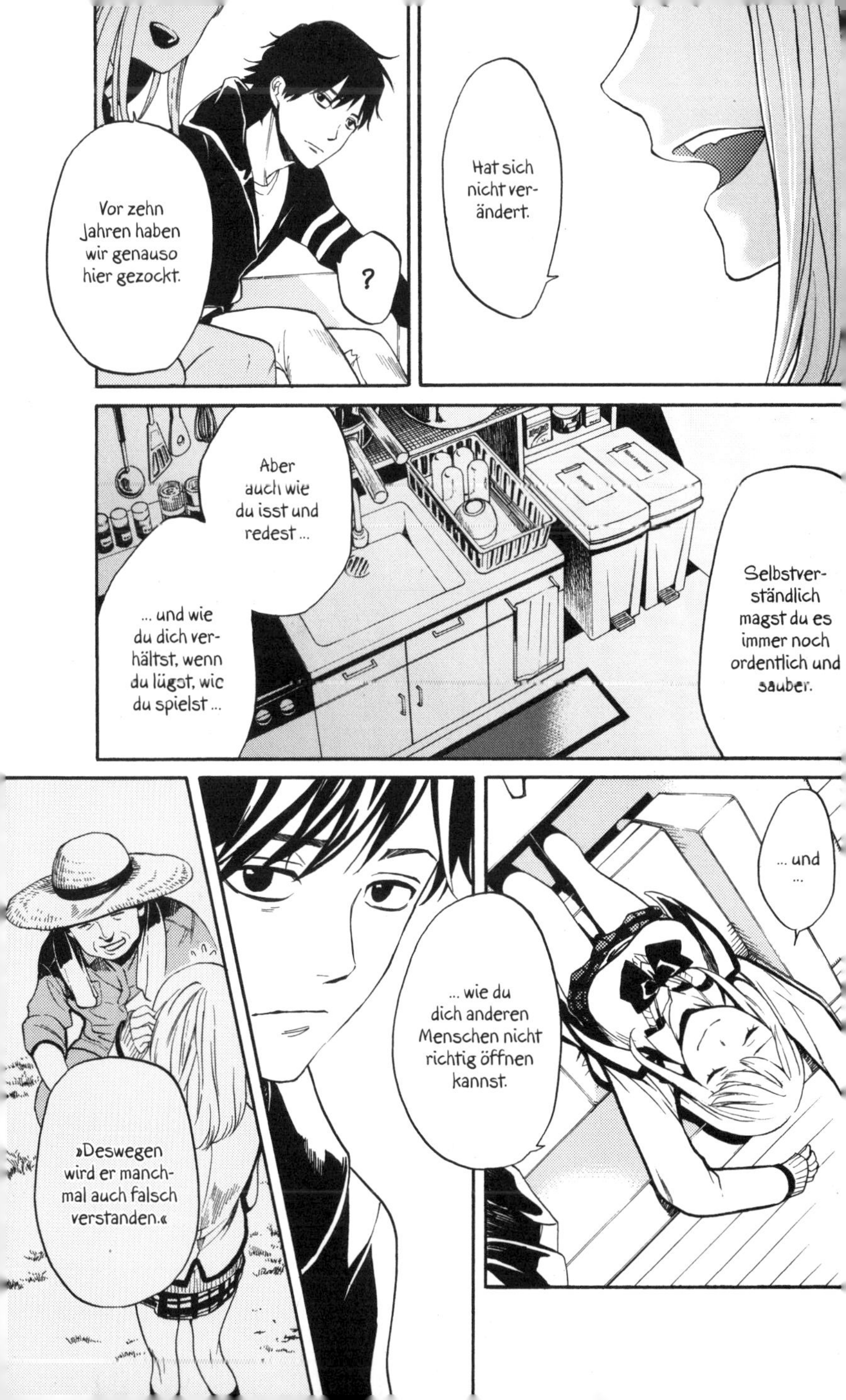
Hat sich nicht verändert.
Vor zehn Jahren haben wir genauso hier gezockt.
?
Selbstverständlich magst du es immer noch ordentlich und sauber.
Aber auch wie du isst und redest ...
... und wie du dich verhältst, wenn du lügst, wie du spielst ...
... und ...
... wie du dich anderen Menschen nicht richtig öffnen kannst.
»Deswegen wird er manchmal auch falsch verstanden.«

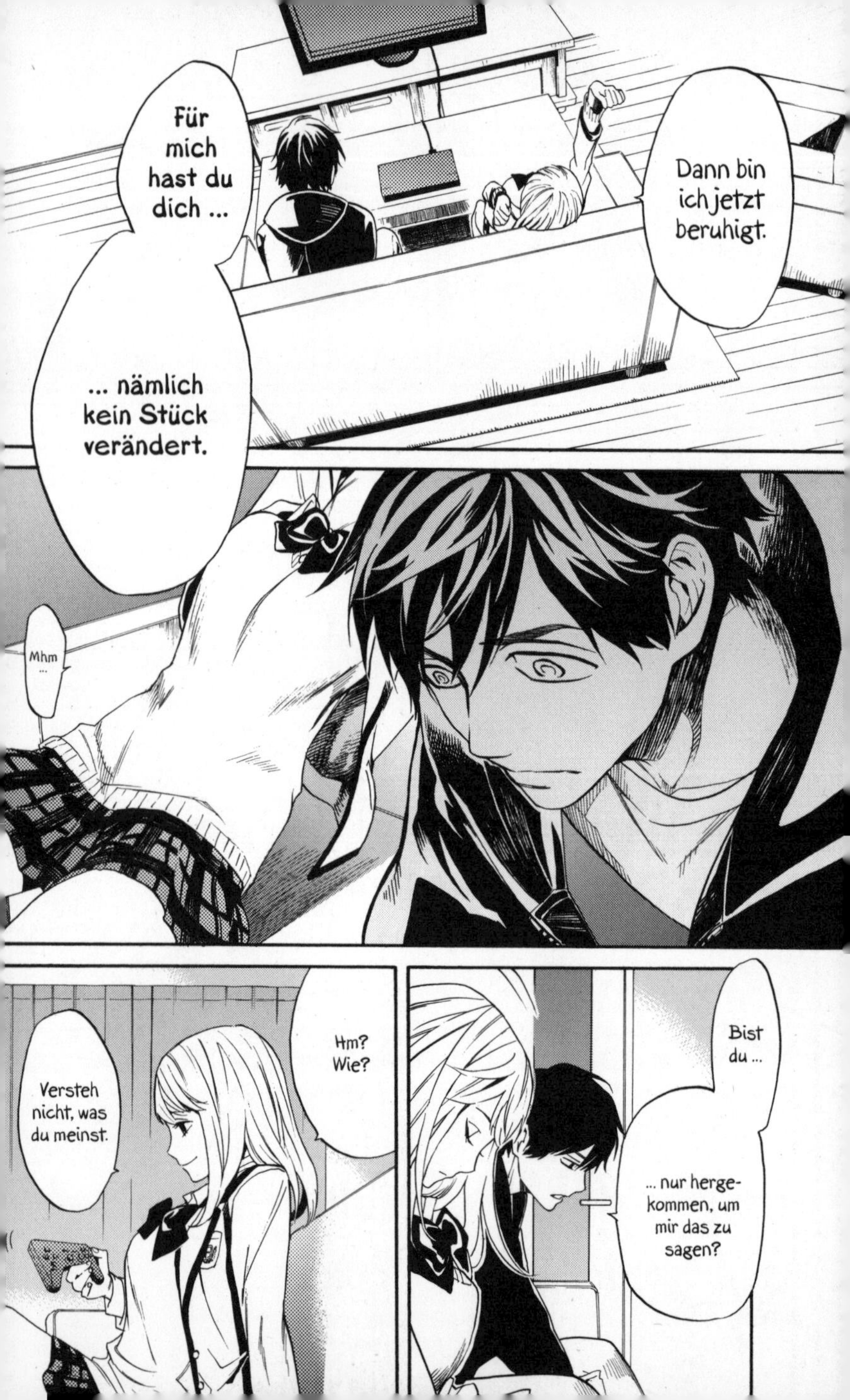
Dann bin ich jetzt beruhigt.
Für mich hast du dich ...
... nämlich kein Stück verändert.
Mhm ...
Bist du ...
... nur herge-kommen, um mir das zu sagen?
Hm? Wie?
Versteh nicht, was du meinst.

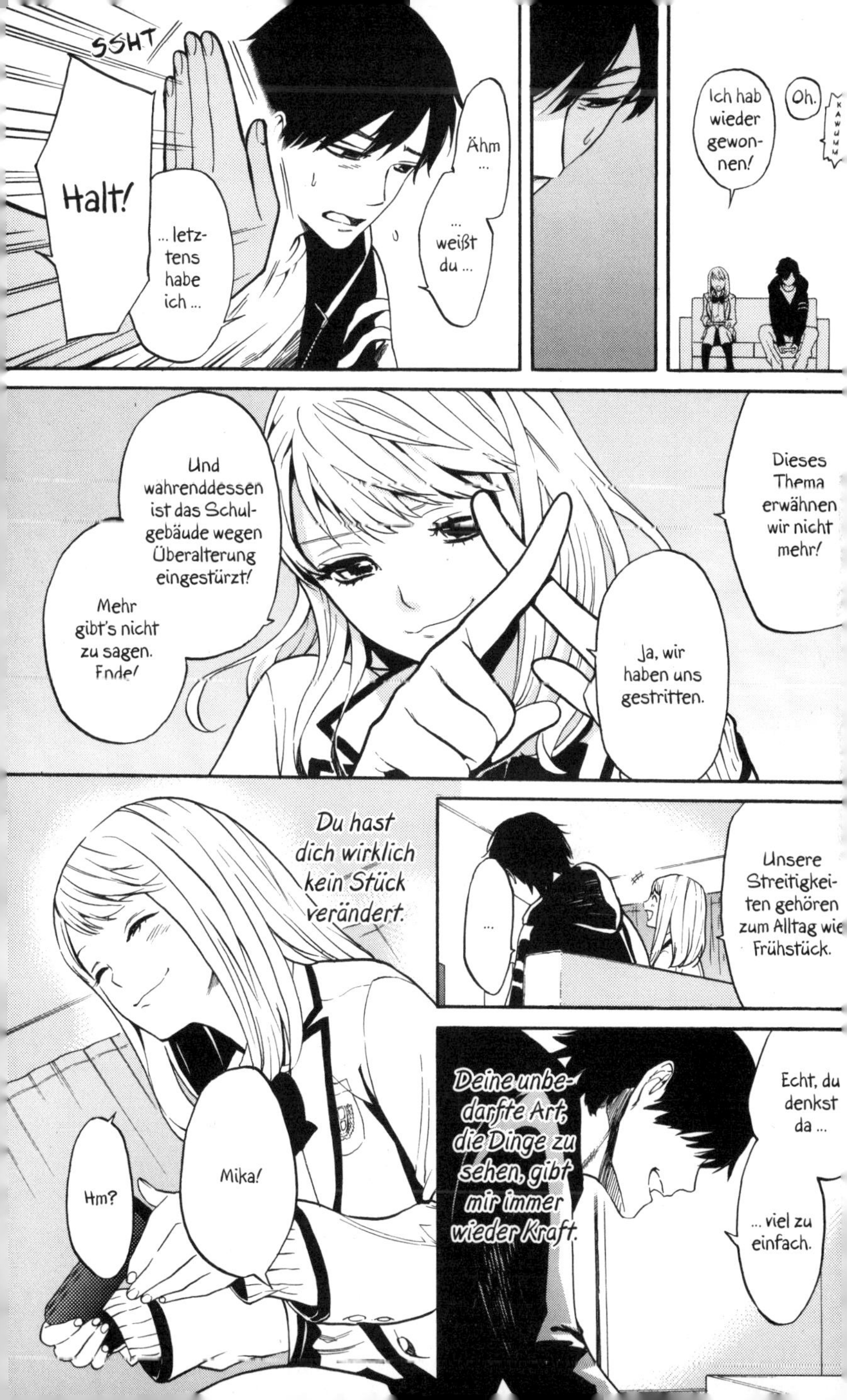
KAWUMM
Oh.
Ich hab wieder gewonnen!
Ähm ...
... weißt du ...
... letztens habe ich ...
Halt!
SSHT
Dieses Thema erwähnen wir nicht mehr!
Ja, wir haben uns gestritten.
Und wahrenddessen ist das Schulgebäude wegen Überalterung eingestürzt!
Mehr gibt's nicht zu sagen. Ende!
Unsere Streitigkeiten gehören zum Alltag wie Frühstück.
...
Du hast dich wirklich kein Stück verändert.
Echt, du denkst da ...
... viel zu einfach.
Deine unbedarfte Art, die Dinge zu sehen, gibt mir immer wieder Kraft.
Mika!
Hm?

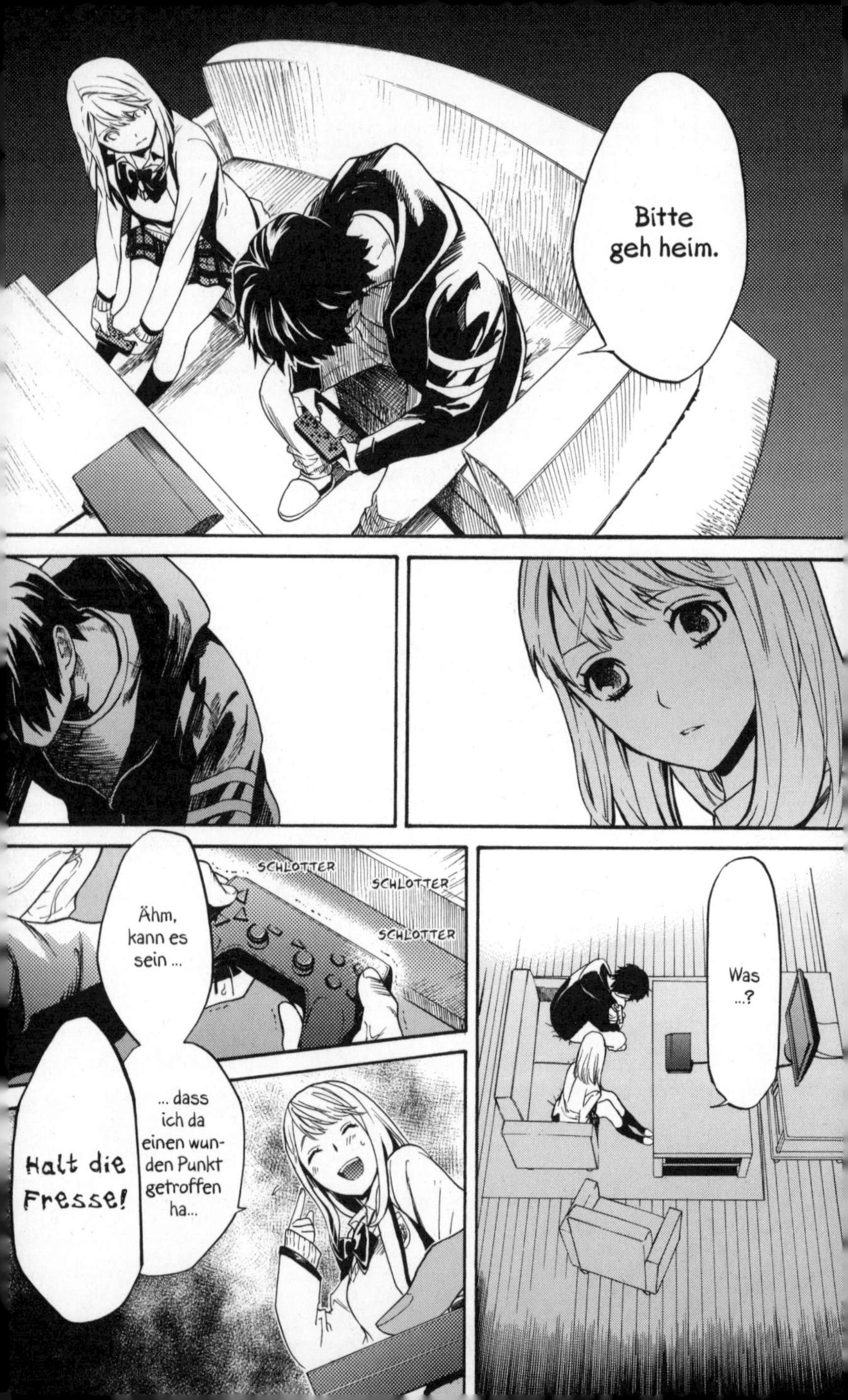

Bitte geh heim.
Was ...?
Ähm, kann es sein ...
SCHLOTTER
SCHLOTTER
SCHLOTTER
... dass ich da einen wunden Punkt getroffen ha...
Halt die Fresse!

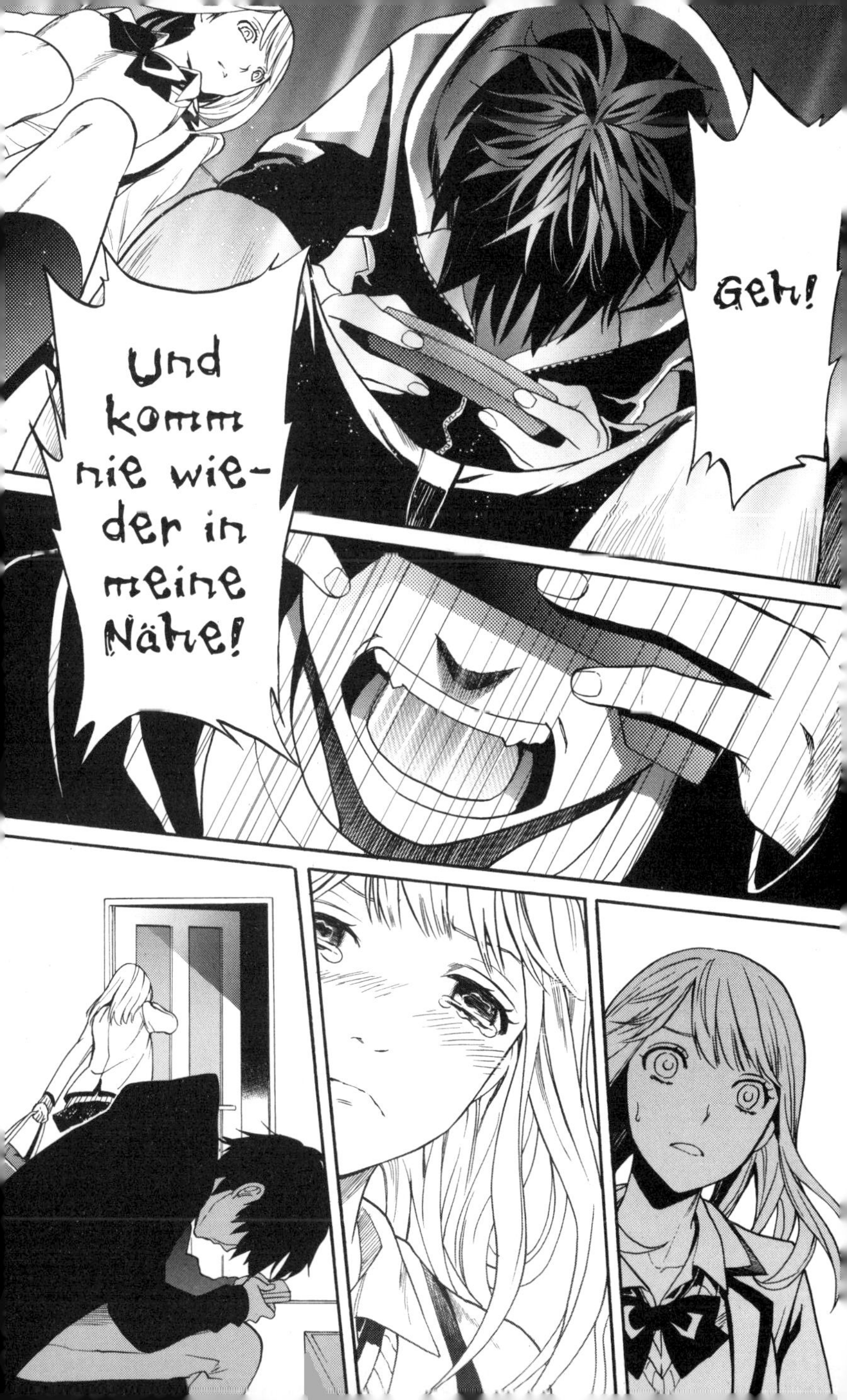
Geh!
Und komm nie wieder in meine Nähe!

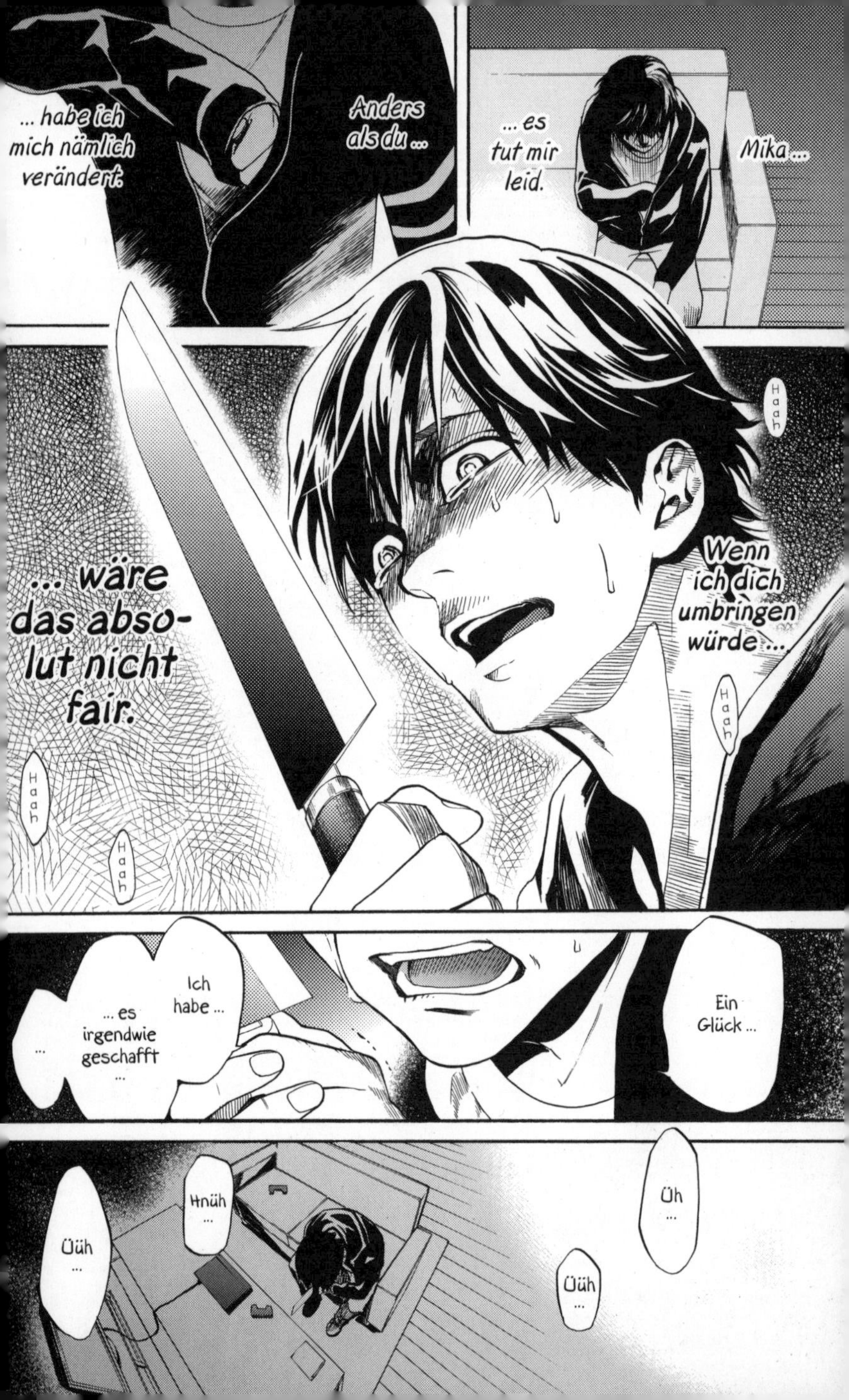
Mika ...
... es tut mir leid.
Anders als du ...
... habe ich mich nämlich verändert.
Haah
Wenn ich dich umbringen würde ...
Haah
... wäre das absolut nicht fair.
Haah
Haah
Ein Glück ...
Ich habe ...
... es irgendwie geschafft ...
...
Üh ...
Üüh ...
Hnüh ...
Üüh ...

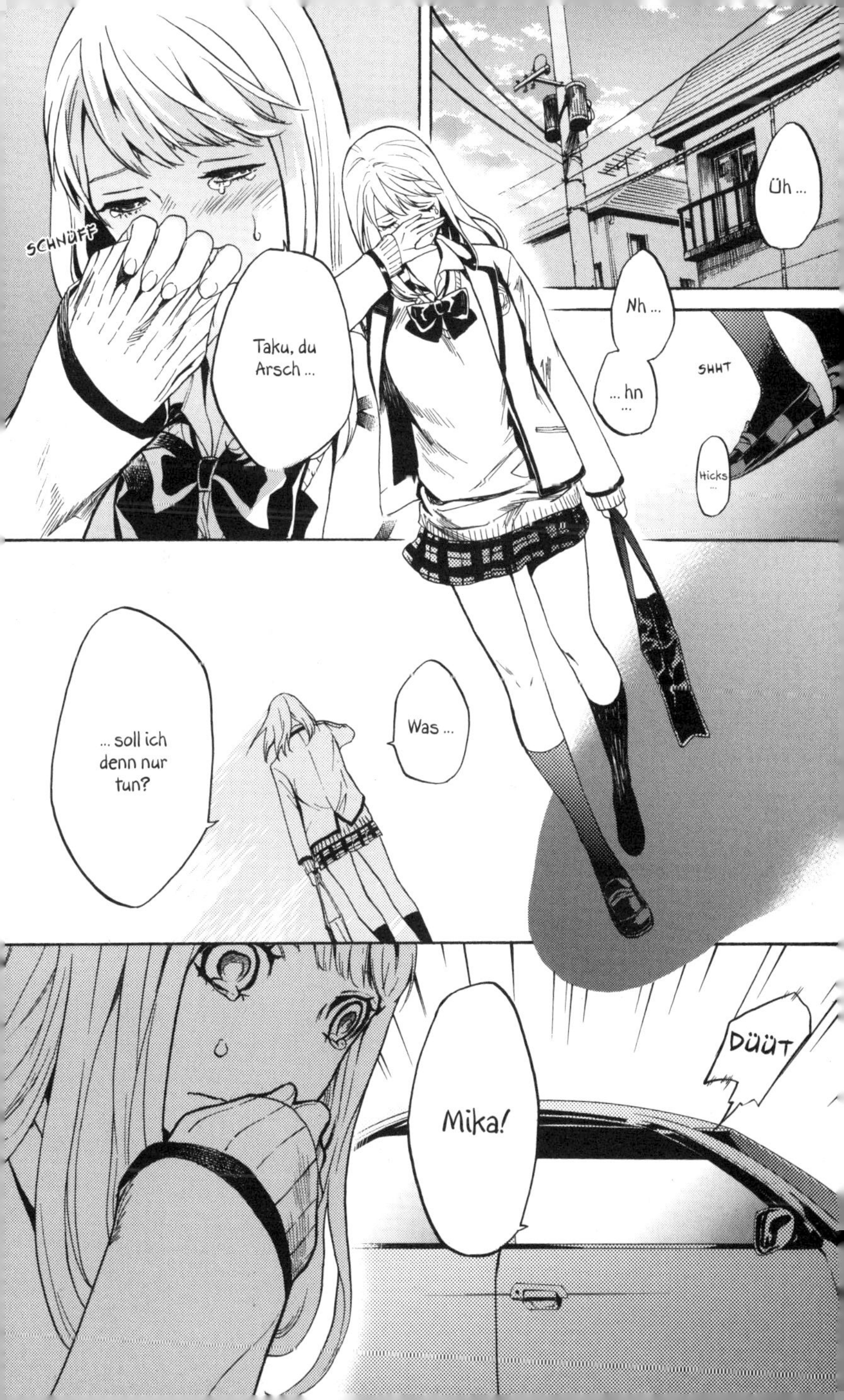
Üh ...
Nh ...
... hn ...
SHHT
Hicks ...
Taku, du Arsch ...
SCHNÜFF
Was ...
... soll ich denn nur tun?
DÜÜT
Mika!

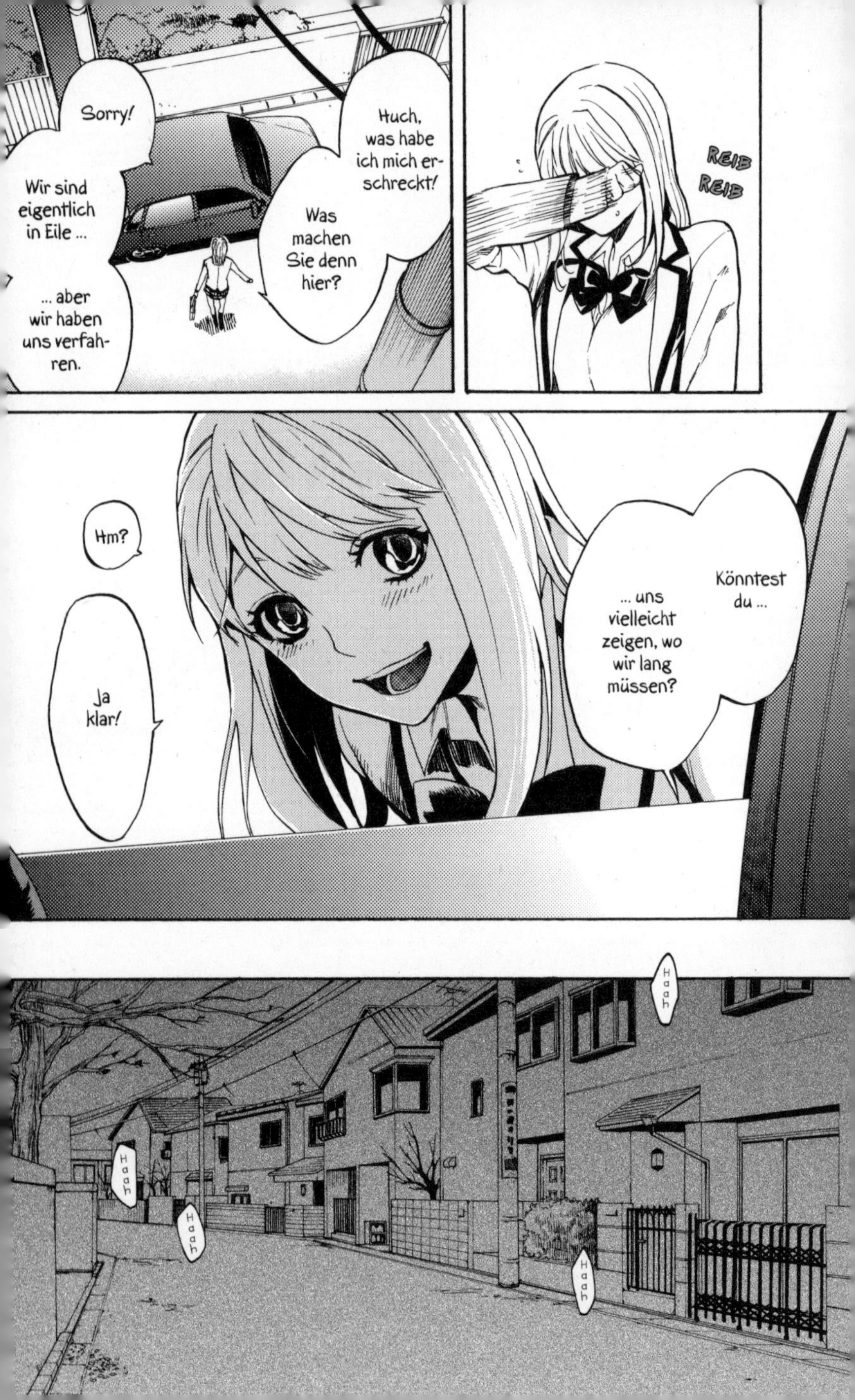
REIB
REIB
Huch, was habe ich mich erschreckt!
Was machen Sie denn hier?
Sorry!
Wir sind eigentlich in Eile ...
... aber wir haben uns verfahren.
Könntest du ...
... uns vielleicht zeigen, wo wir lang müssen?
Hm?
Ja klar!
Haah
Haah
Haah
Haah

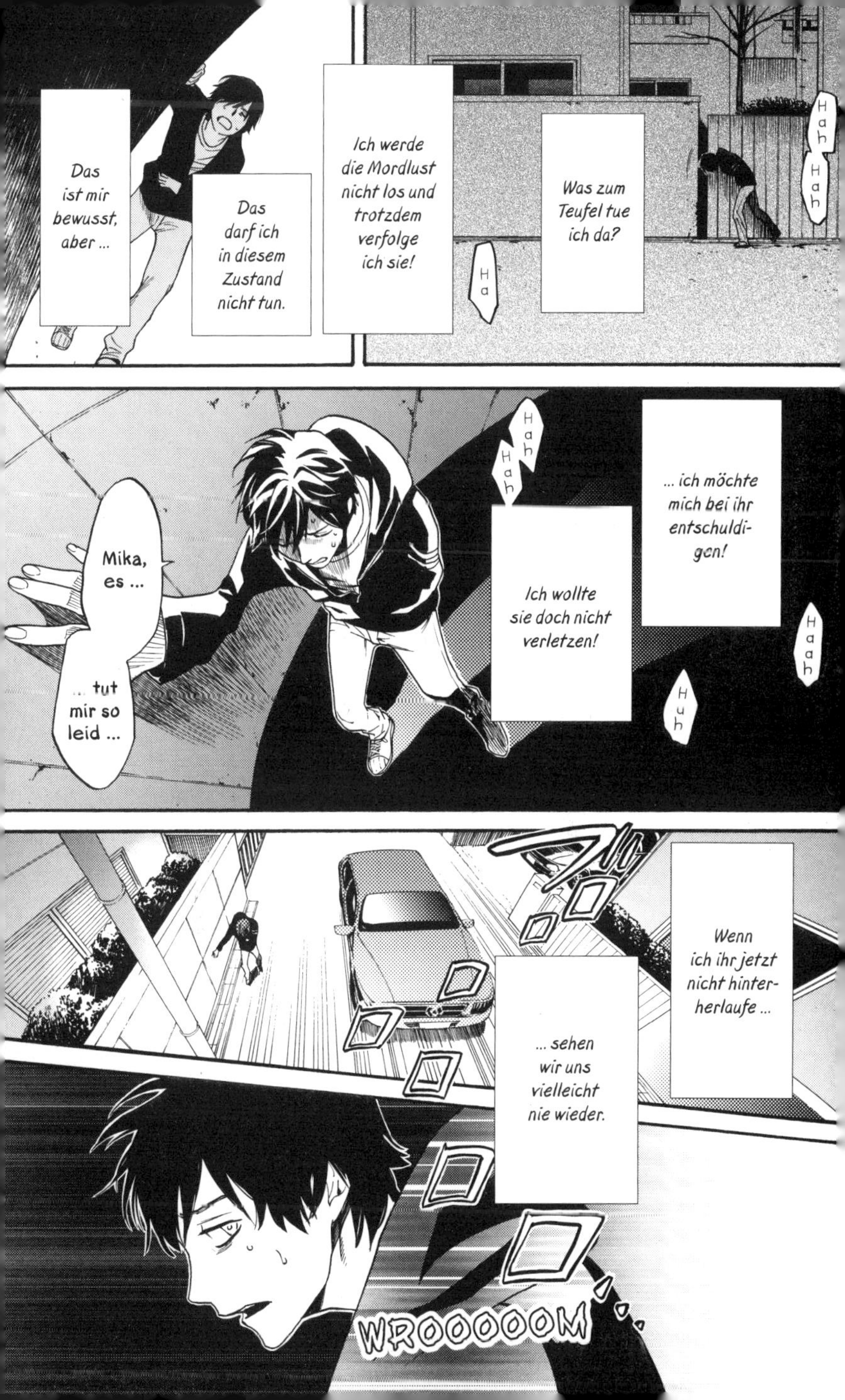
Hah Hah
Was zum Teufel tue ich da?
Ha
Ich werde die Mordlust nicht los und trotzdem verfolge ich sie!
Das darf ich in diesem Zustand nicht tun.
Das ist mir bewusst, aber ...
... ich möchte mich bei ihr entschuldigen!
Haah
Huh
Hah Hah
Ich wollte sie doch nicht verletzen!
Mika, es ...
... tut mir so leid ...
Wenn ich ihr jetzt nicht hinterherlaufe ...
... sehen wir uns vielleicht nie wieder.
WROOOOOM

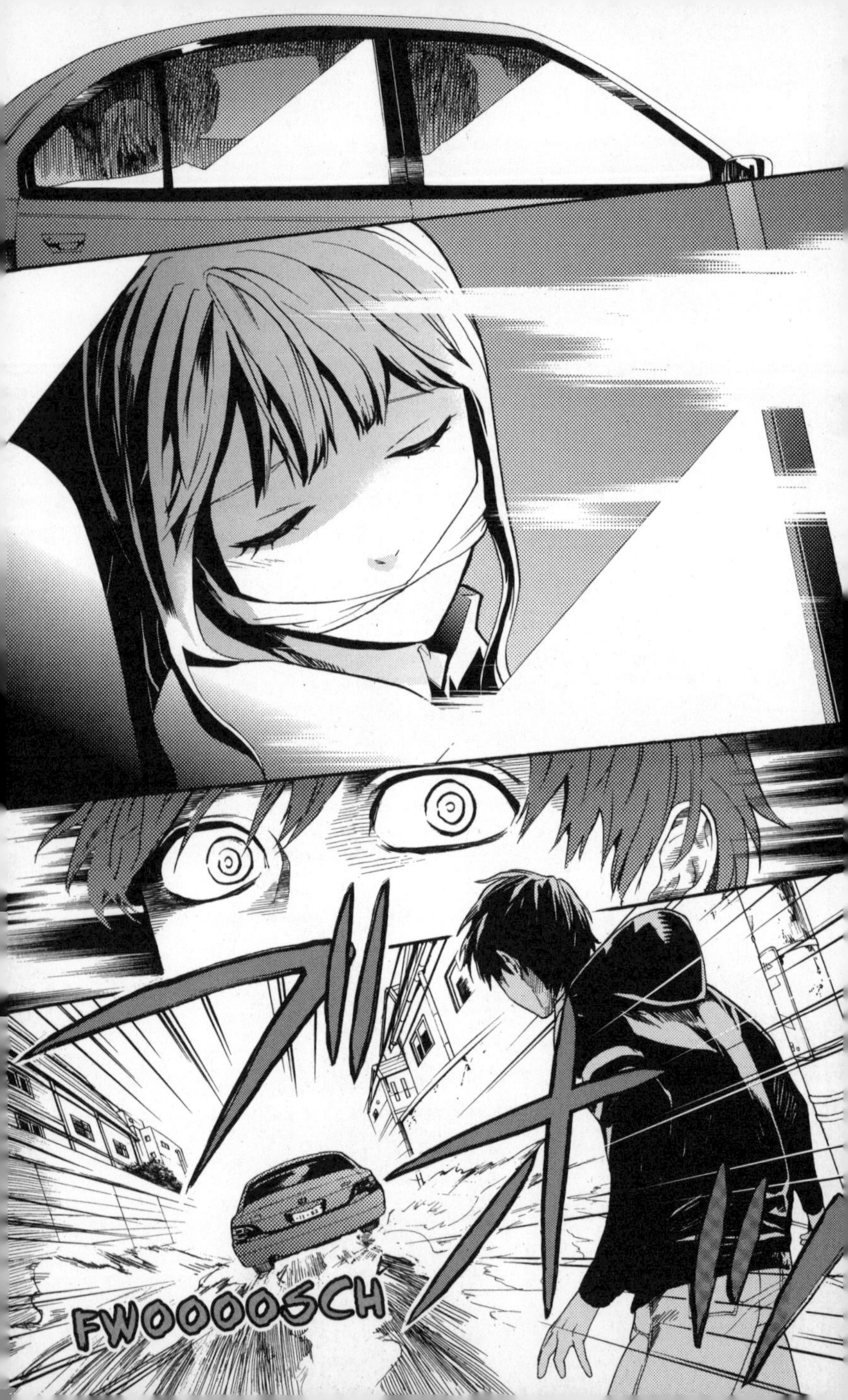
FWOOOOSCH

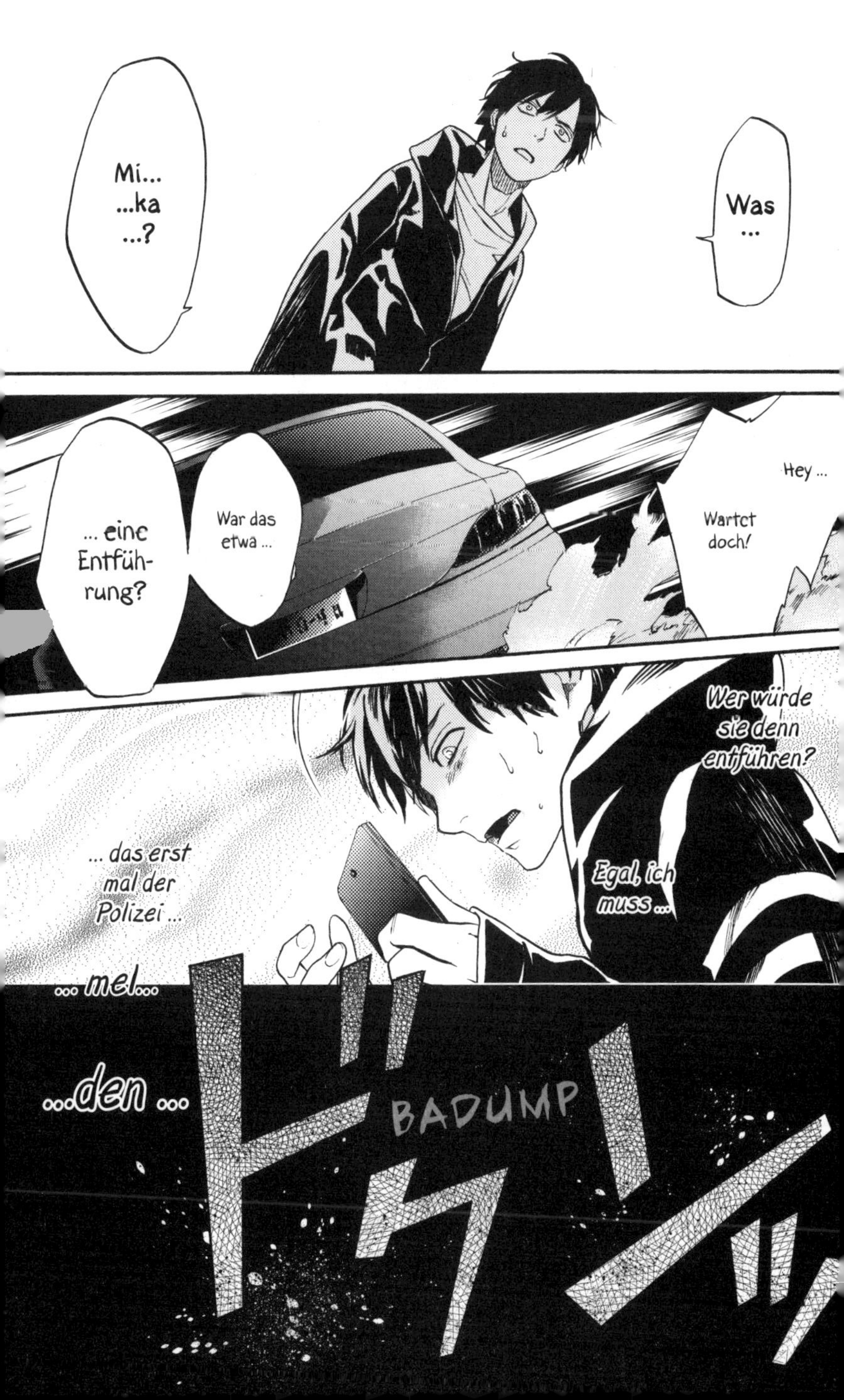
Was ...
Mi...
...ka
...?
Hey ...
Wartet doch!
War das etwa ...
... eine Entführung?
Wer würde sie denn entführen?
Egal, ich muss ...
... das erst mal der Polizei ...
... mel...
...den ...
BADUMP

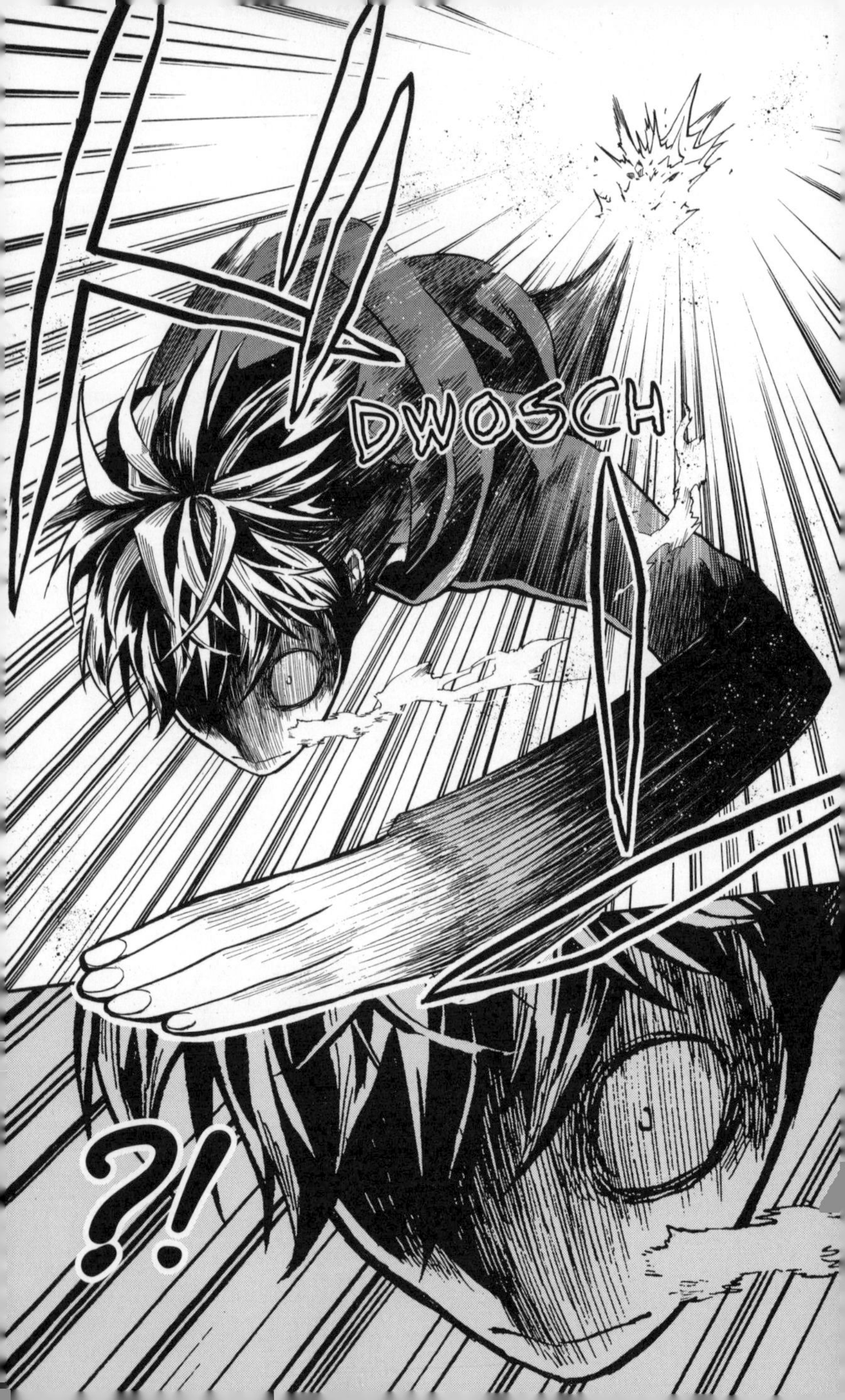
DWOSCH
?!

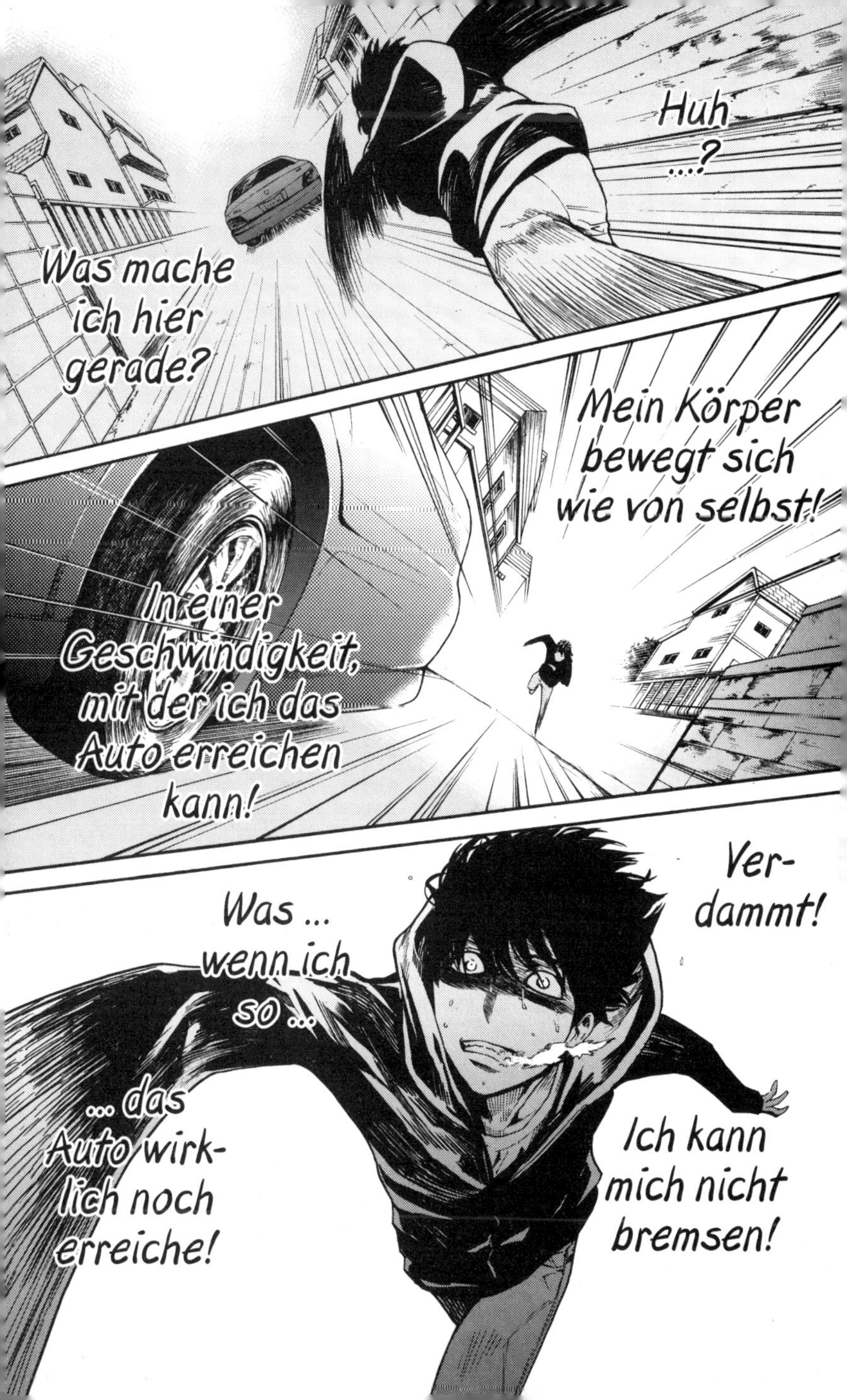
Huh ...?
Was mache ich hier gerade?
Mein Körper bewegt sich wie von selbst!
In einer Geschwindigkeit, mit der ich das Auto erreichen kann!
Ver-dammt!
Was ... wenn ich so ...
... das Auto wirk-lich noch erreiche!
Ich kann mich nicht bremsen!

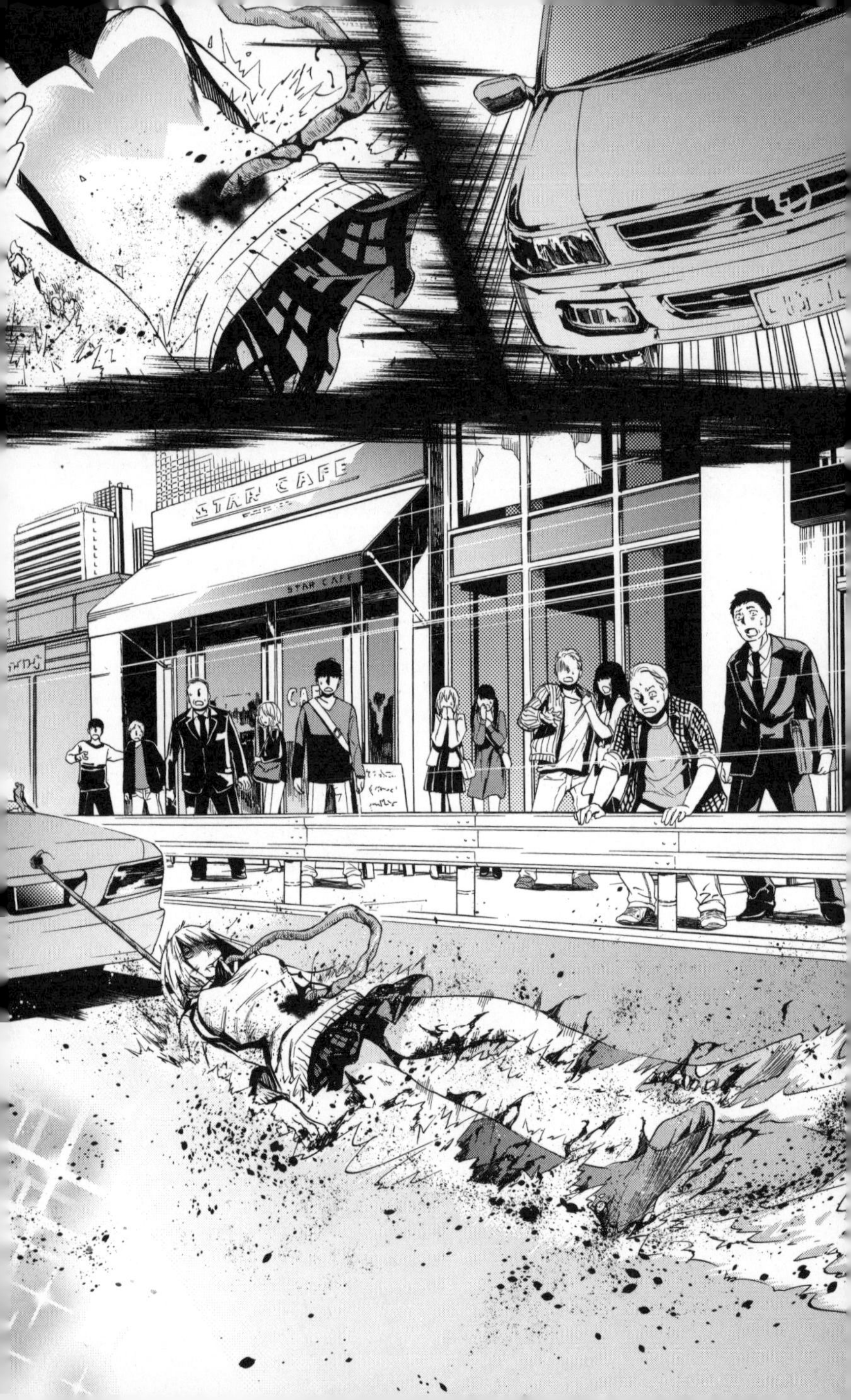
STAR CAFE
STAR CAFE

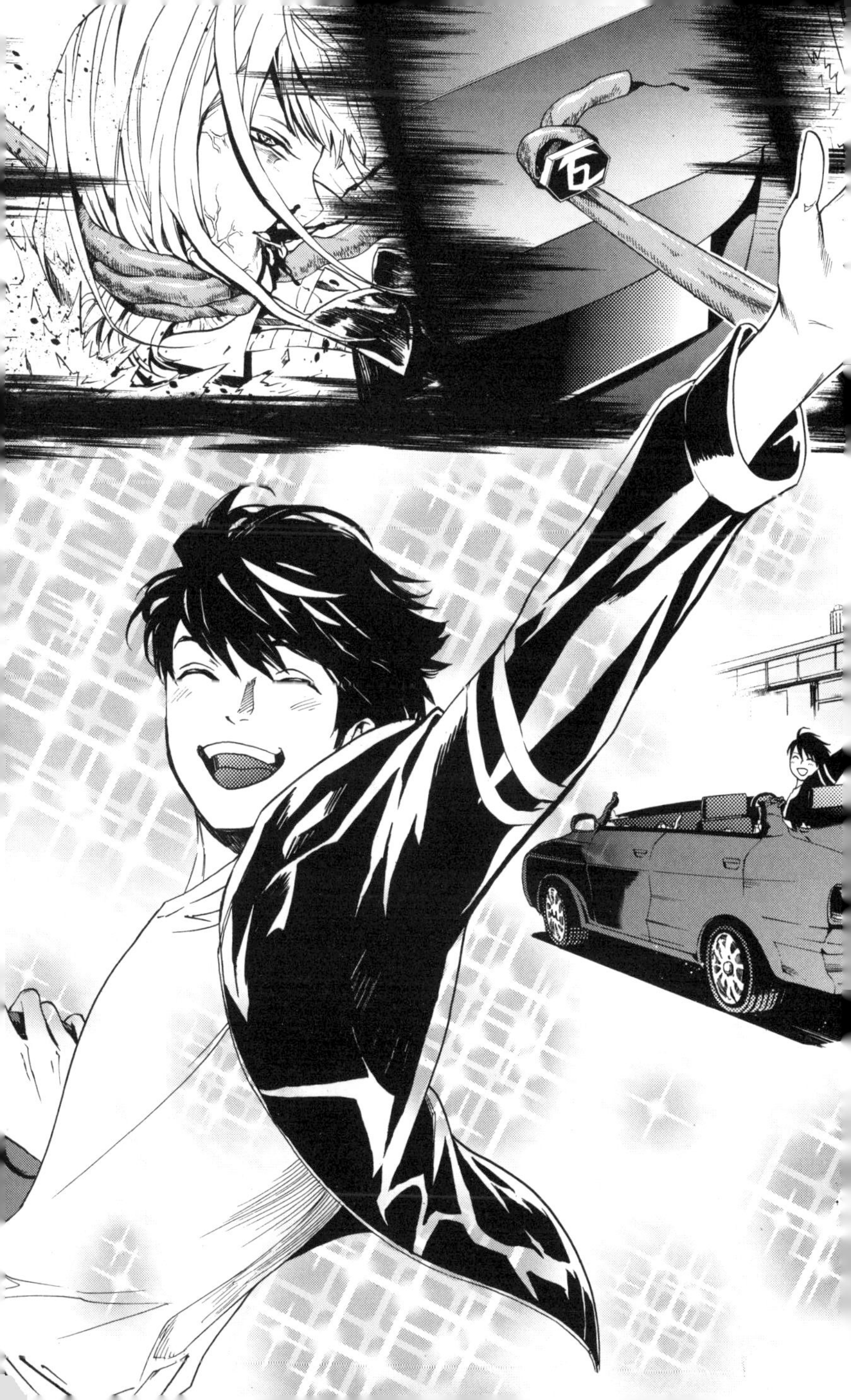

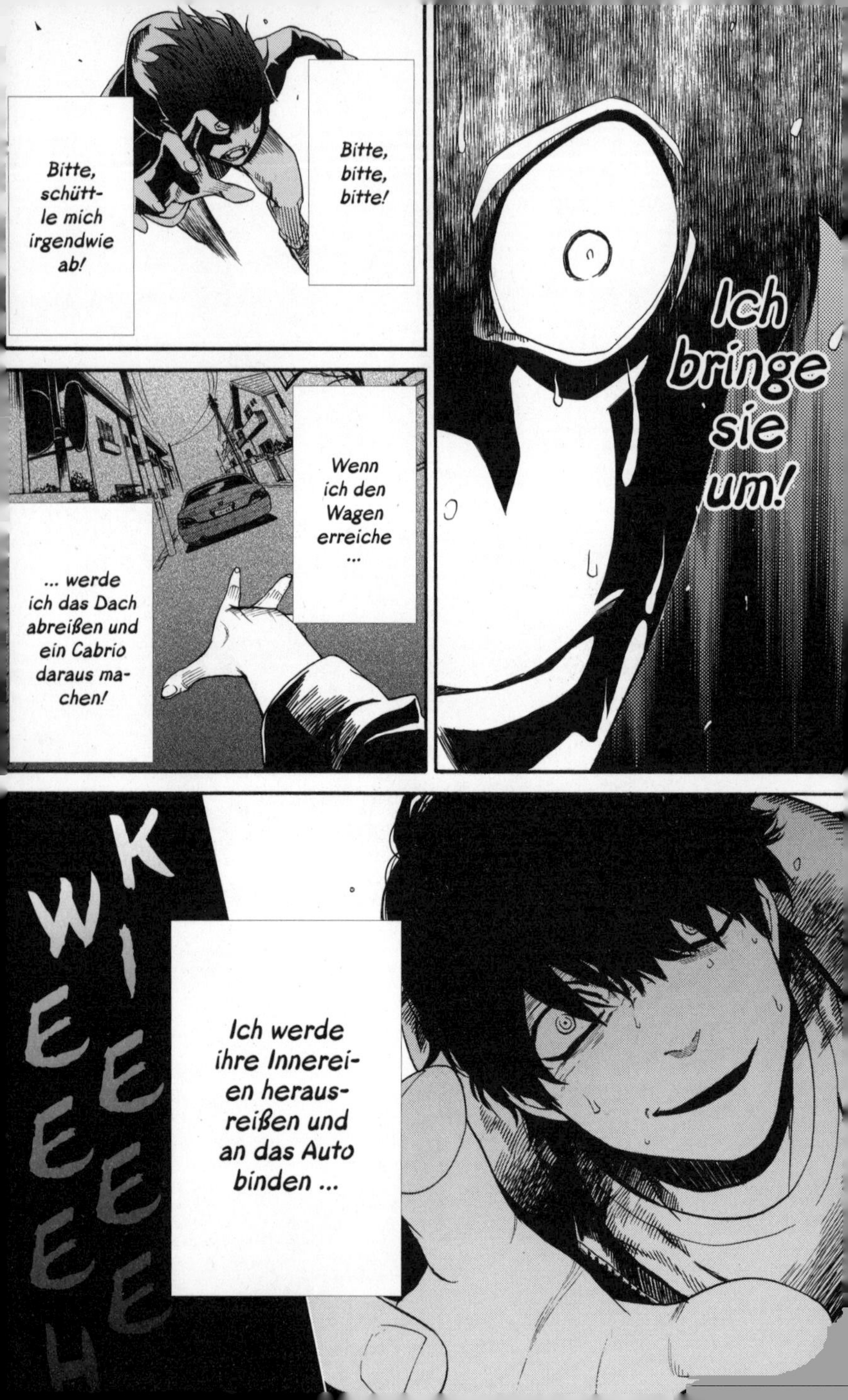
Ich bringe sie um!
Bitte, bitte, bitte!
Bitte, schüttle mich irgendwie ab!
Wenn ich den Wagen erreiche ...
... werde ich das Dach abreißen und ein Cabrio daraus machen!
Ich werde ihre Innereien herausreißen und an das Auto binden ...

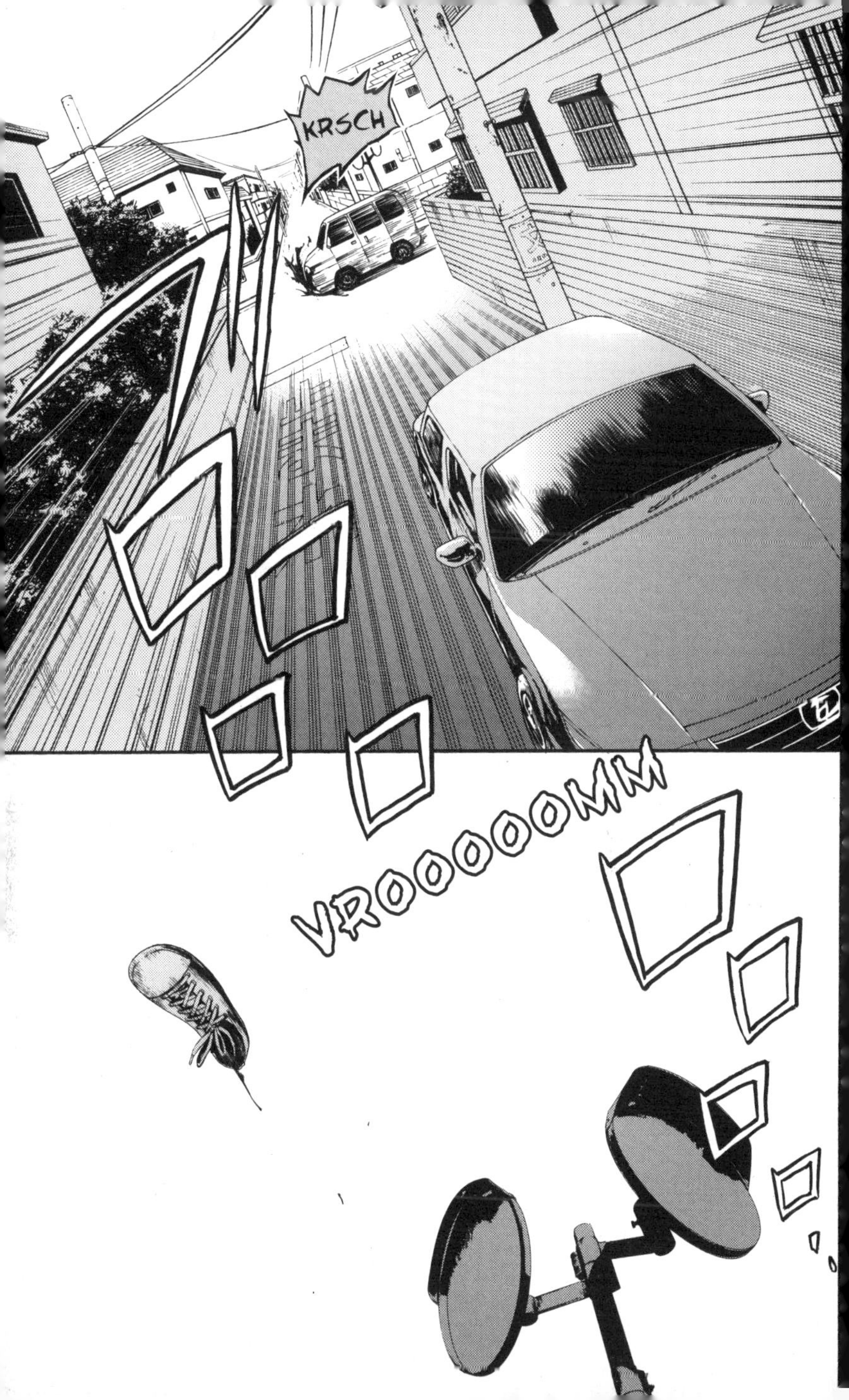
KRSCH
VROOOOOOMM

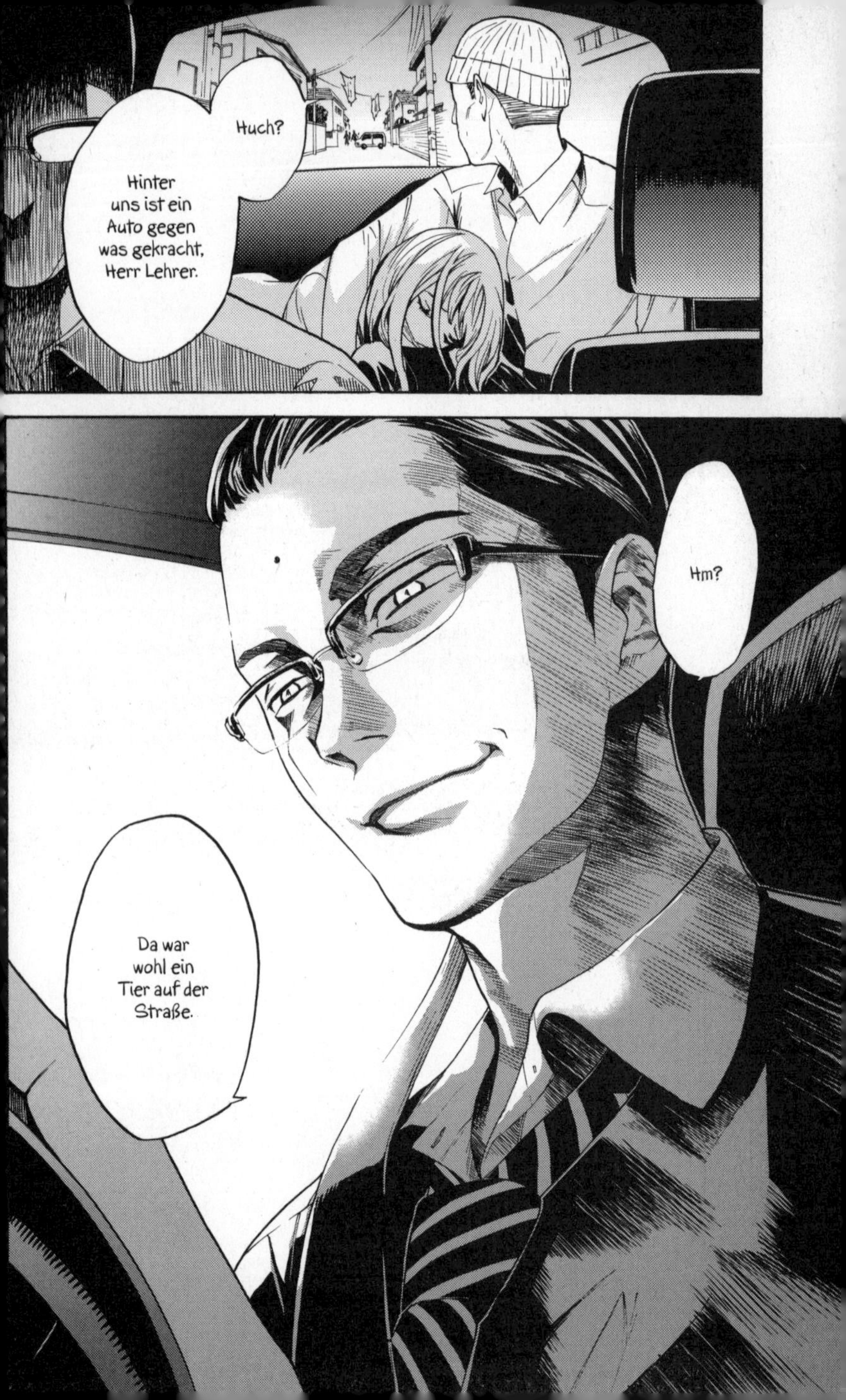
Huch?
Hinter uns ist ein Auto gegen was gekracht, Herr Lehrer.
Hm?
Da war wohl ein Tier auf der Straße.

Die for me, my Darling

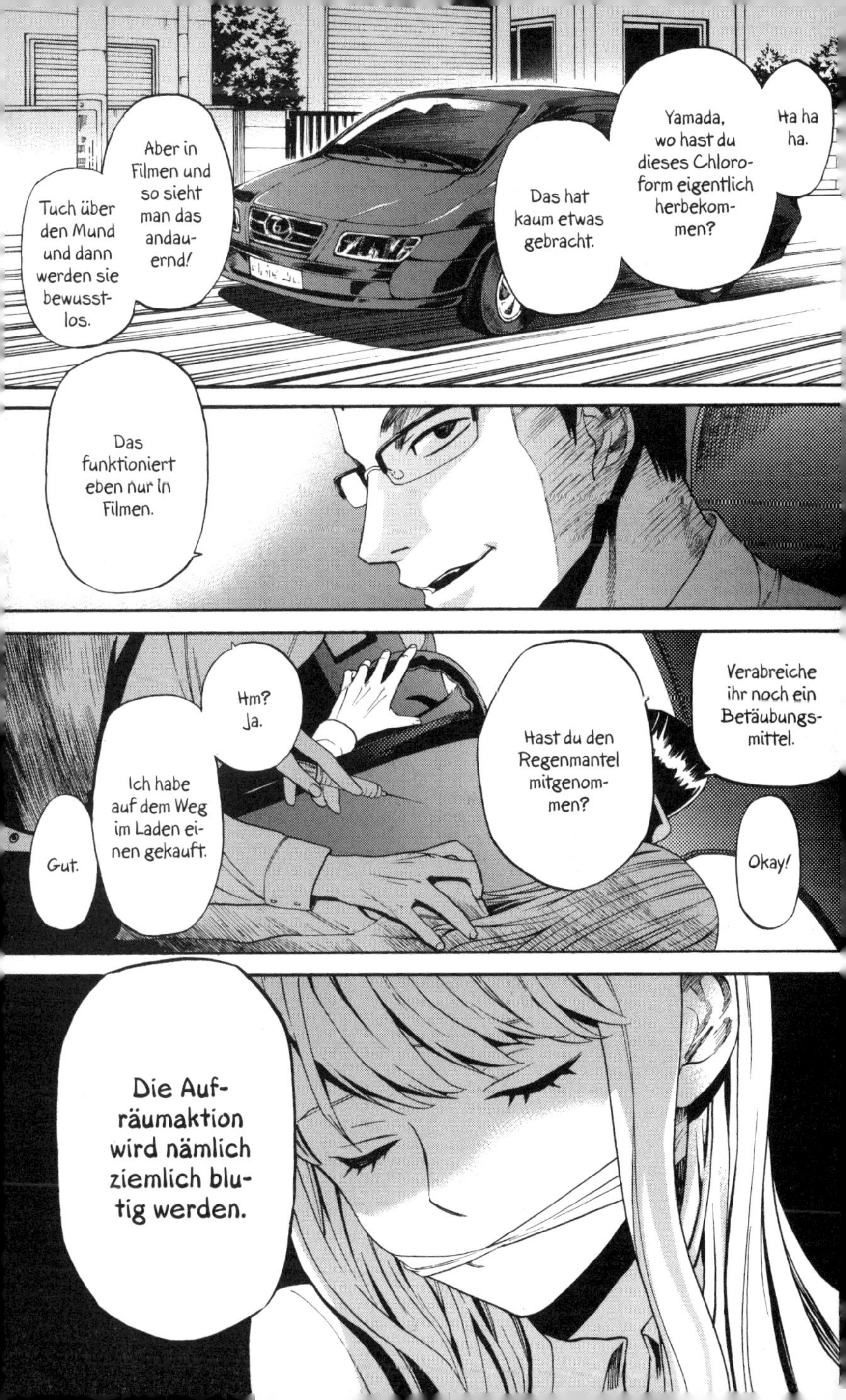
Ha ha ha.
Yamada, wo hast du dieses Chloroform eigentlich herbekommen?
Das hat kaum etwas gebracht.
Aber in Filmen und so sieht man das andauernd!
Tuch über den Mund und dann werden sie bewusstlos.
Das funktioniert eben nur in Filmen.
Verabreiche ihr noch ein Betäubungsmittel.
Okay!
Hast du den Regenmantel mitgenommen?
Hm? Ja.
Ich habe auf dem Weg im Laden einen gekauft.
Gut.
Die Aufräumaktion wird nämlich ziemlich blutig werden.

Kapitel 3 – Arousal

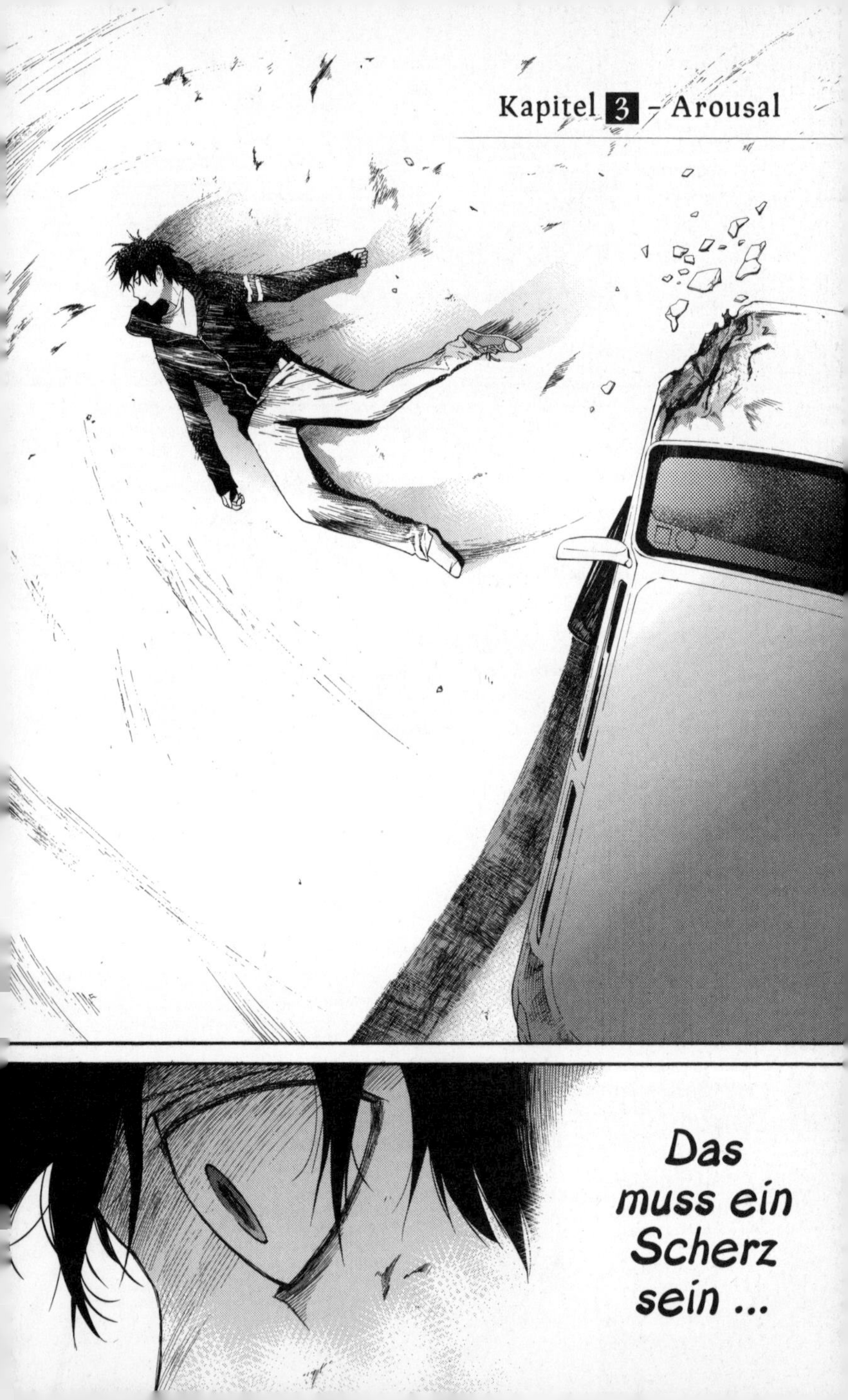

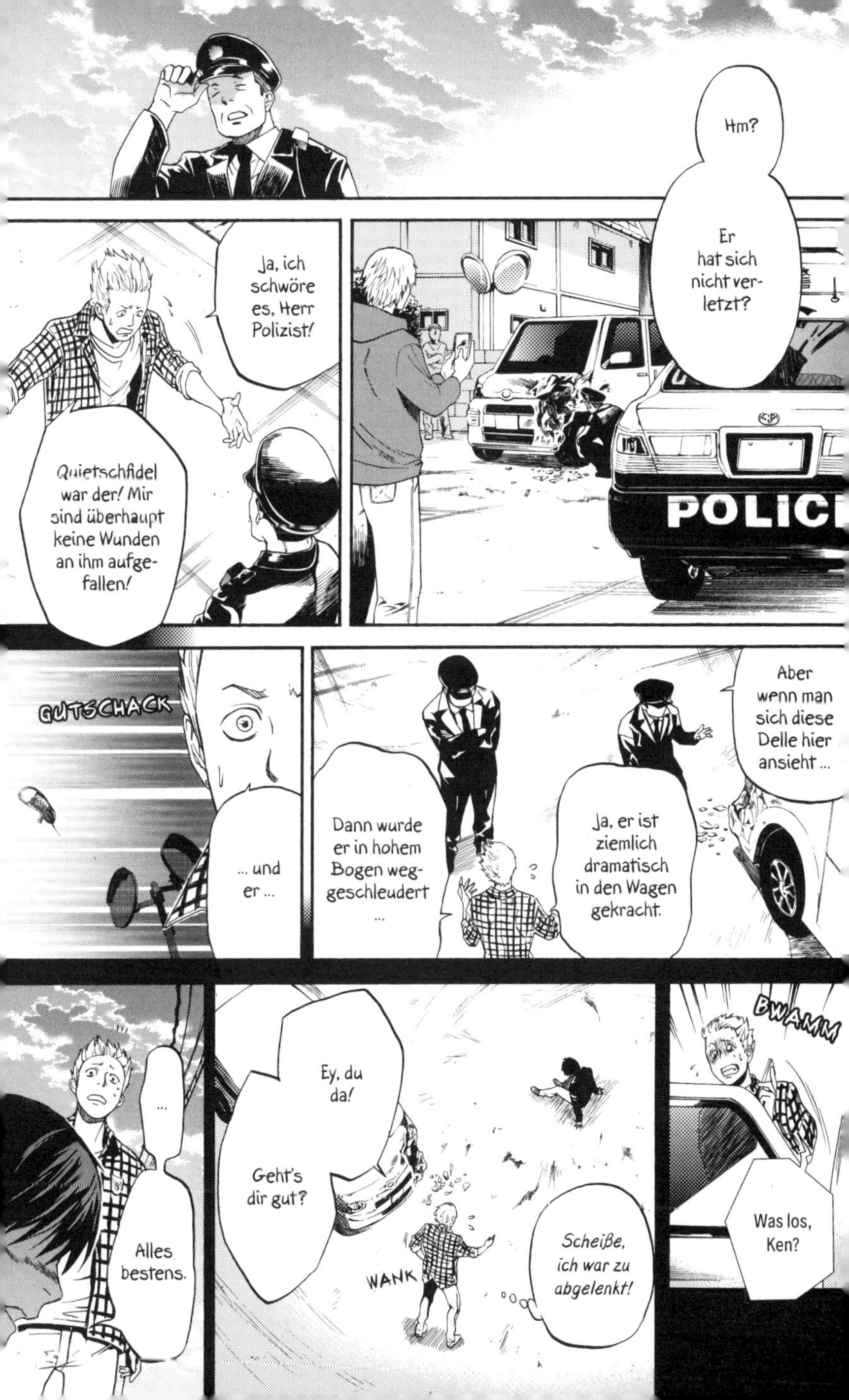
Hm?
Er hat sich nicht verletzt?
Ja, ich schwöre es, Herr Polizist!
Quietschfidel war der! Mir sind überhaupt keine Wunden an ihm aufgefallen!
POLICE
Aber wenn man sich diese Delle hier ansieht ...
Ja, er ist ziemlich dramatisch in den Wagen gekracht.
Dann wurde er in hohem Bogen weggeschleudert ...
GUTSCHACK
... und er ...
BWAMM
Was los, Ken?
Scheiße, ich war zu abgelenkt!
WANK
Ey, du da!
Geht's dir gut?
...
Alles bestens.

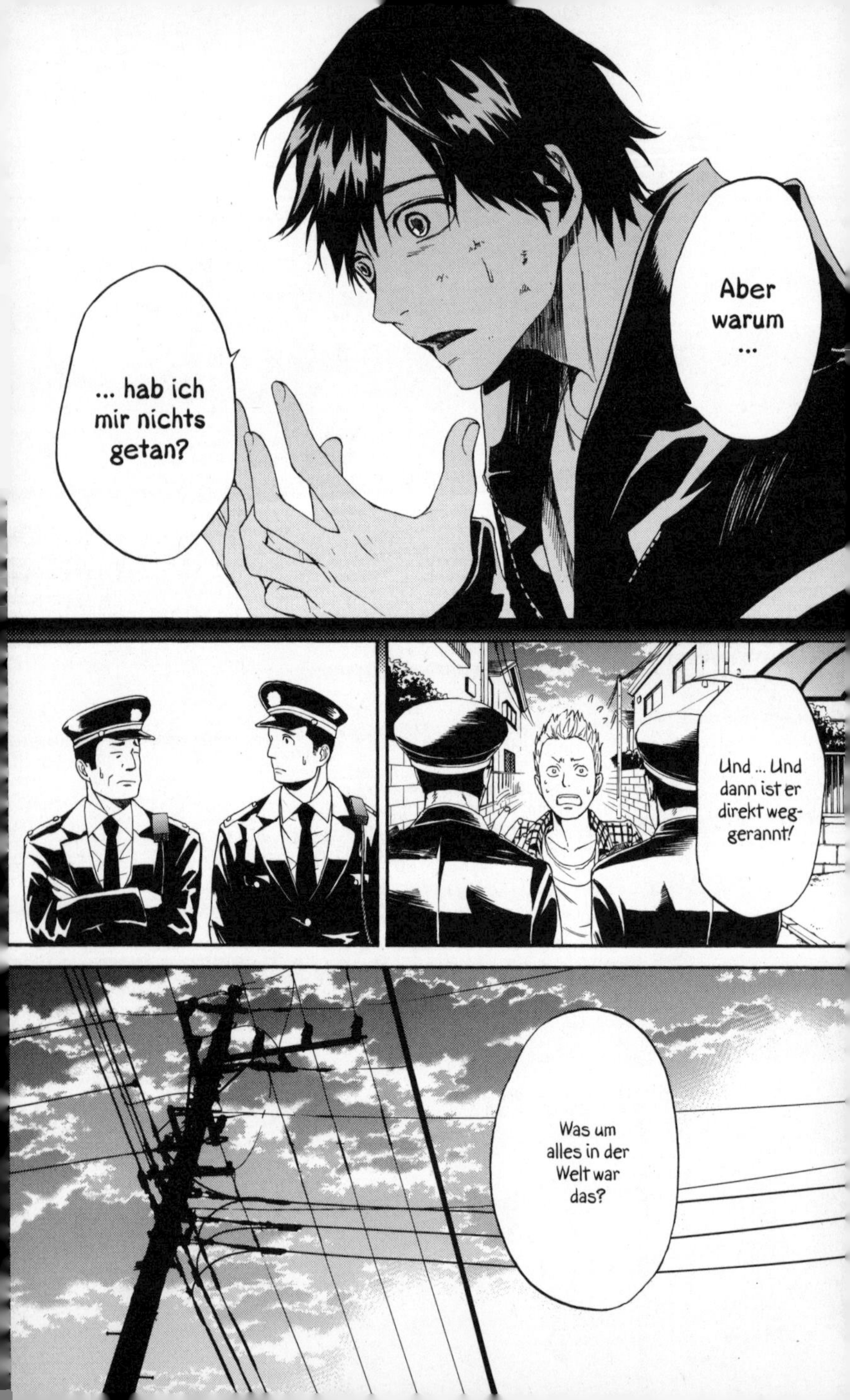
Aber warum ...
... hab ich mir nichts getan?
Und ... Und dann ist er direkt weg-gerannt!
Was um alles in der Welt war das?

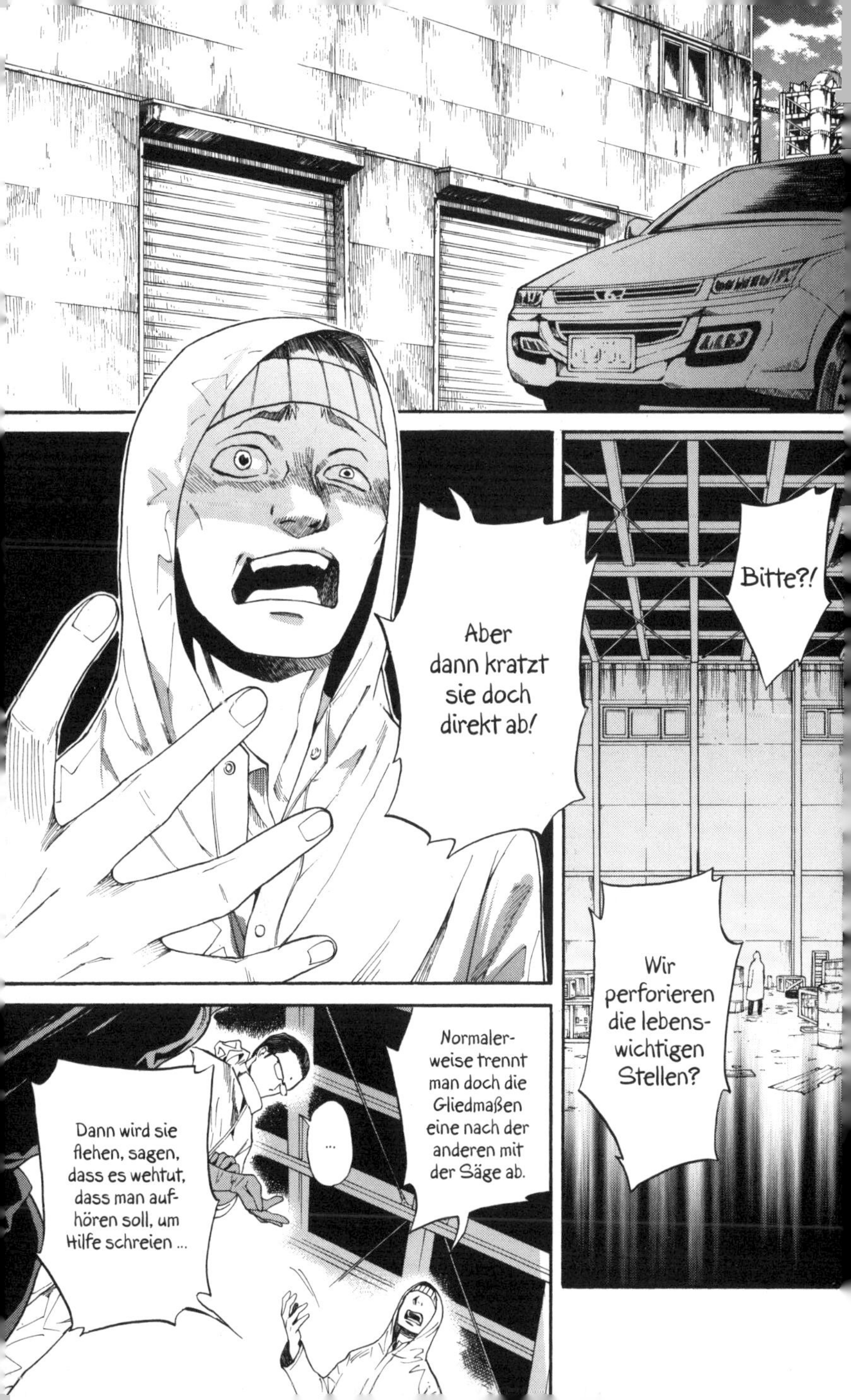
Bitte?!
Aber dann kratzt sie doch direkt ab!
Wir perforieren die lebenswichtigen Stellen?
Normalerweise trennt man doch die Gliedmaßen eine nach der anderen mit der Säge ab.
…
Dann wird sie flehen, sagen, dass es wehtut, dass man aufhören soll, um Hilfe schreien …

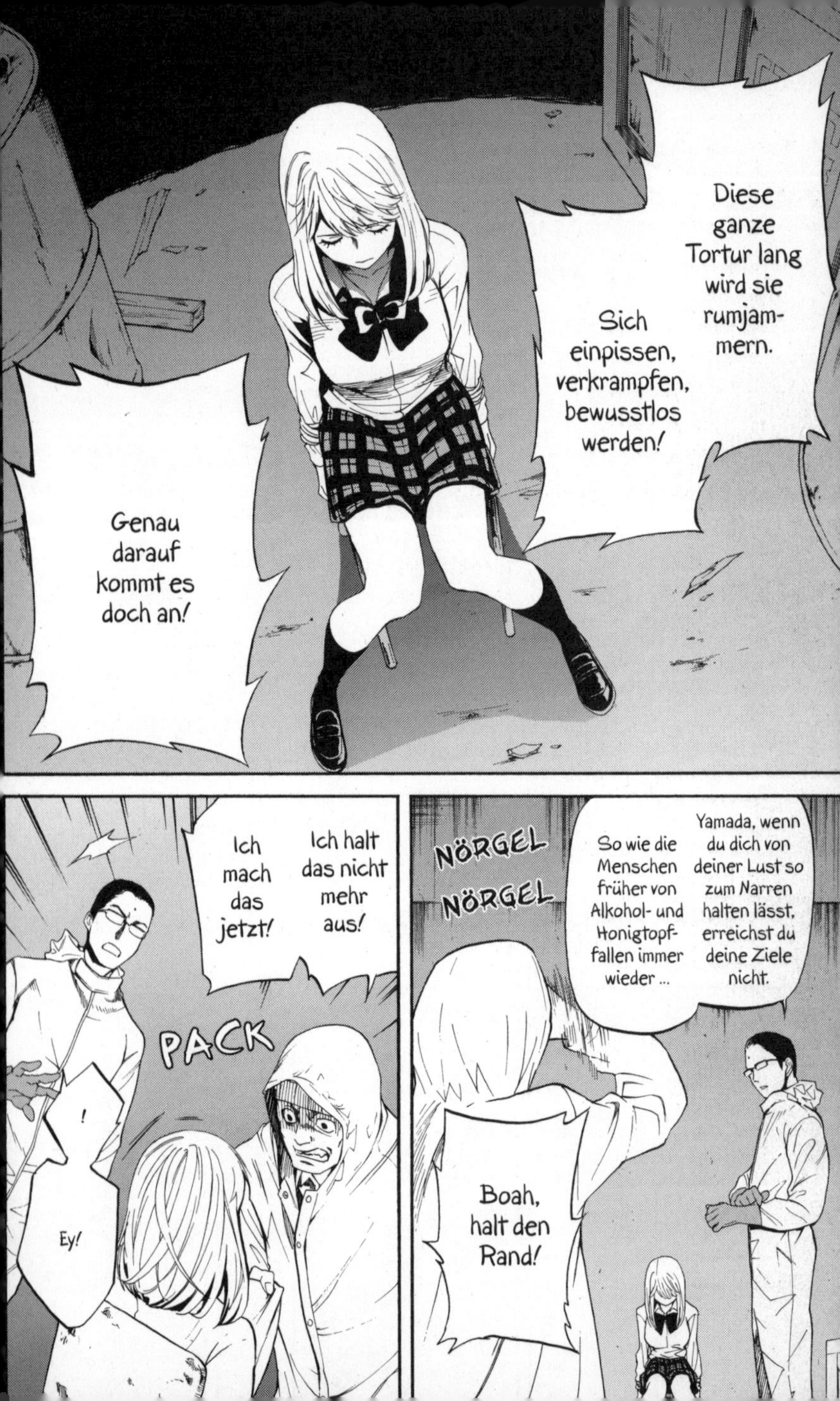
Diese ganze Tortur lang wird sie rumjammern.
Sich einpissen, verkrampfen, bewusstlos werden!
Genau darauf kommt es doch an!
Yamada, wenn du dich von deiner Lust so zum Narren halten lässt, erreichst du deine Ziele nicht.
So wie die Menschen früher von Alkohol- und Honigtopffallen immer wieder …
NÖRGEL
NÖRGEL
Boah, halt den Rand!
Ich halt das nicht mehr aus!
Ich mach das jetzt!
PACK
!
Ey!

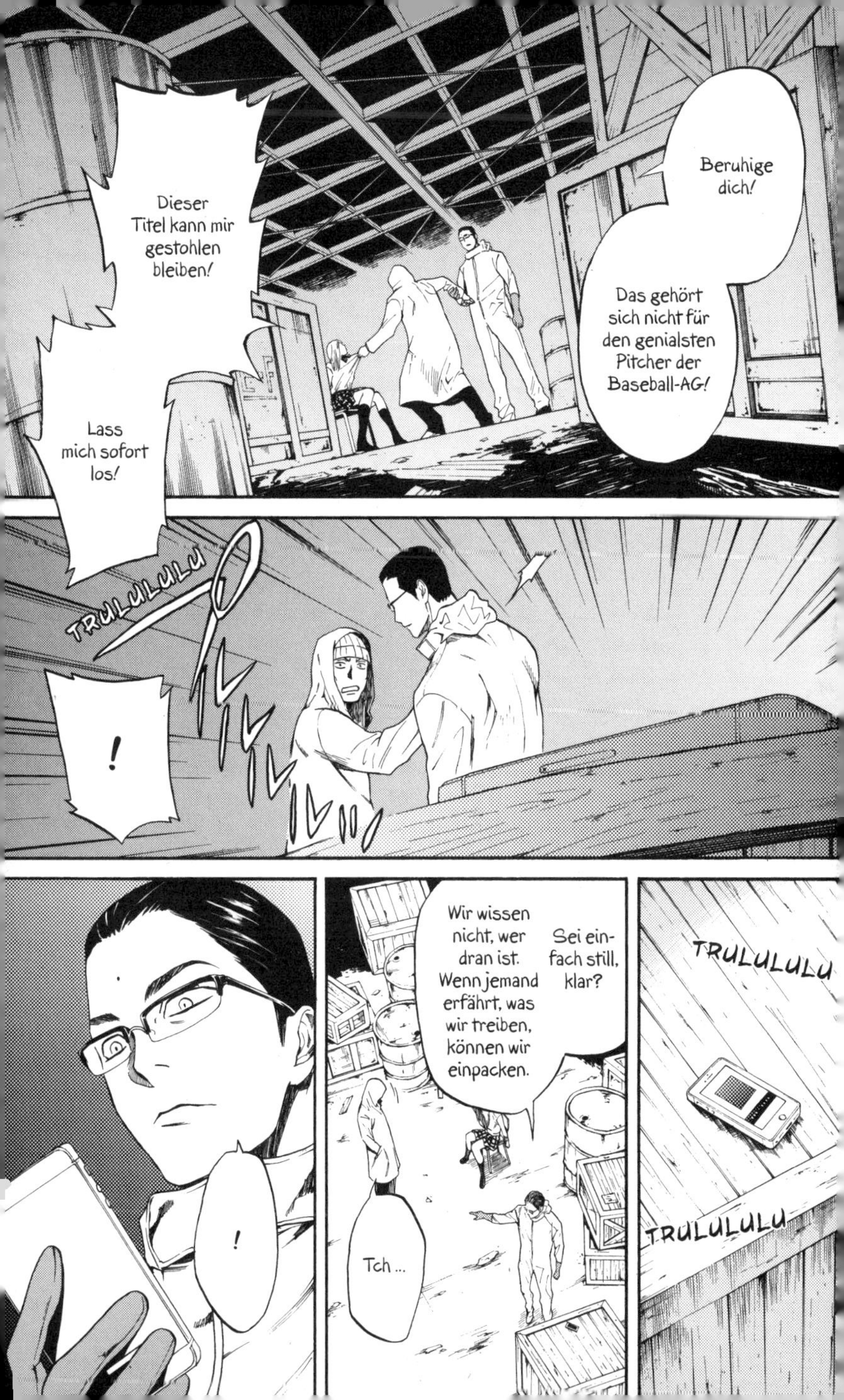

Beruhige dich!
Das gehört sich nicht für den genialsten Pitcher der Baseball-AG!
Dieser Titel kann mir gestohlen bleiben!
Lass mich sofort los!
TRULULULU
!
TRULULULU
TRULULULU
Sei ein-fach still, klar?
Wir wissen nicht, wer dran ist. Wenn jemand erfährt, was wir treiben, können wir einpacken.
Tch ...
!

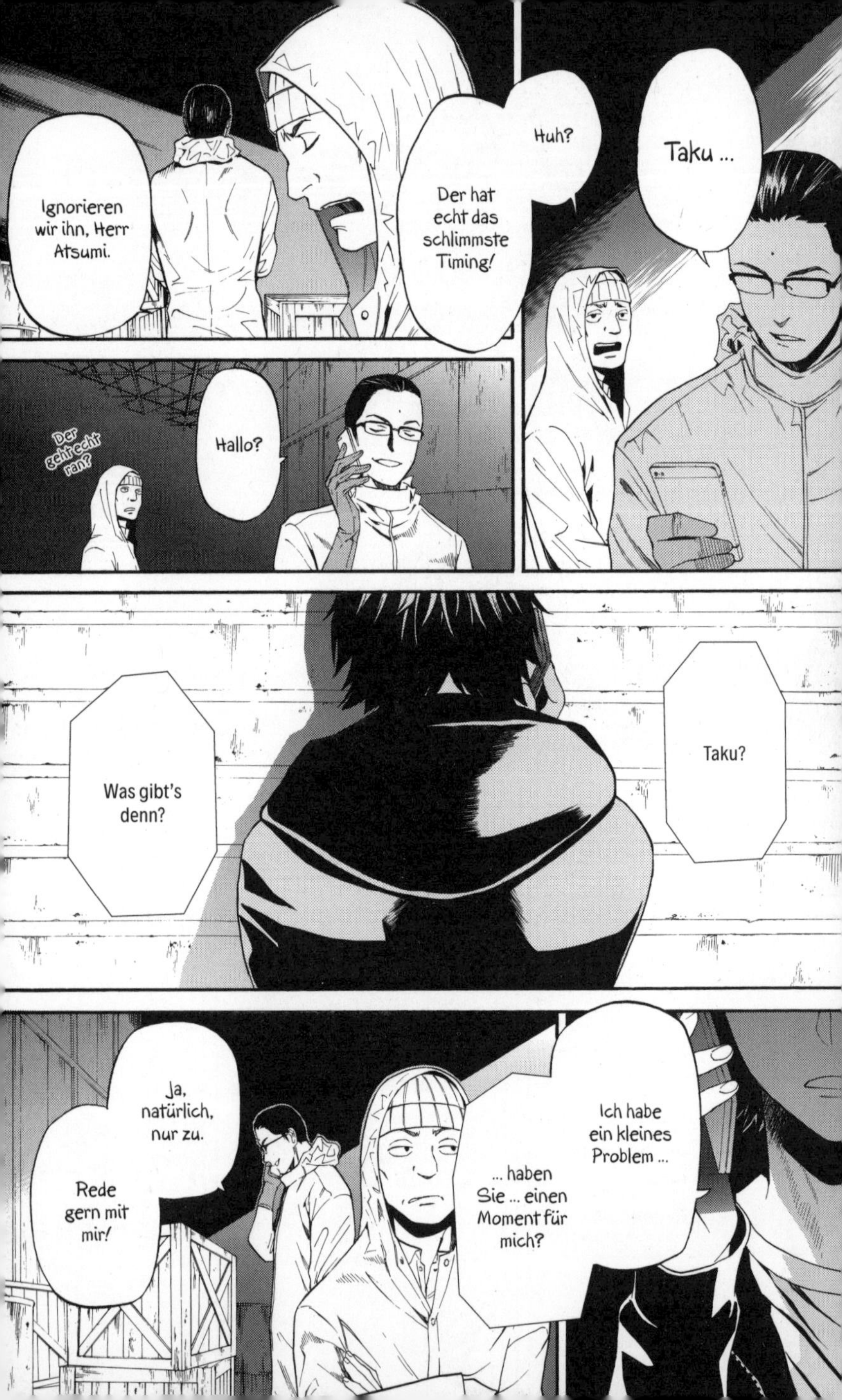
Taku ...
Huh?
Der hat echt das schlimmste Timing!
Ignorieren wir ihn, Herr Atsumi.
Hallo?
Der geht echt ran?
Taku?
Was gibt's denn?
Ich habe ein kleines Problem ...
... haben Sie ... einen Moment für mich?
Ja, natürlich, nur zu.
Rede gern mit mir!

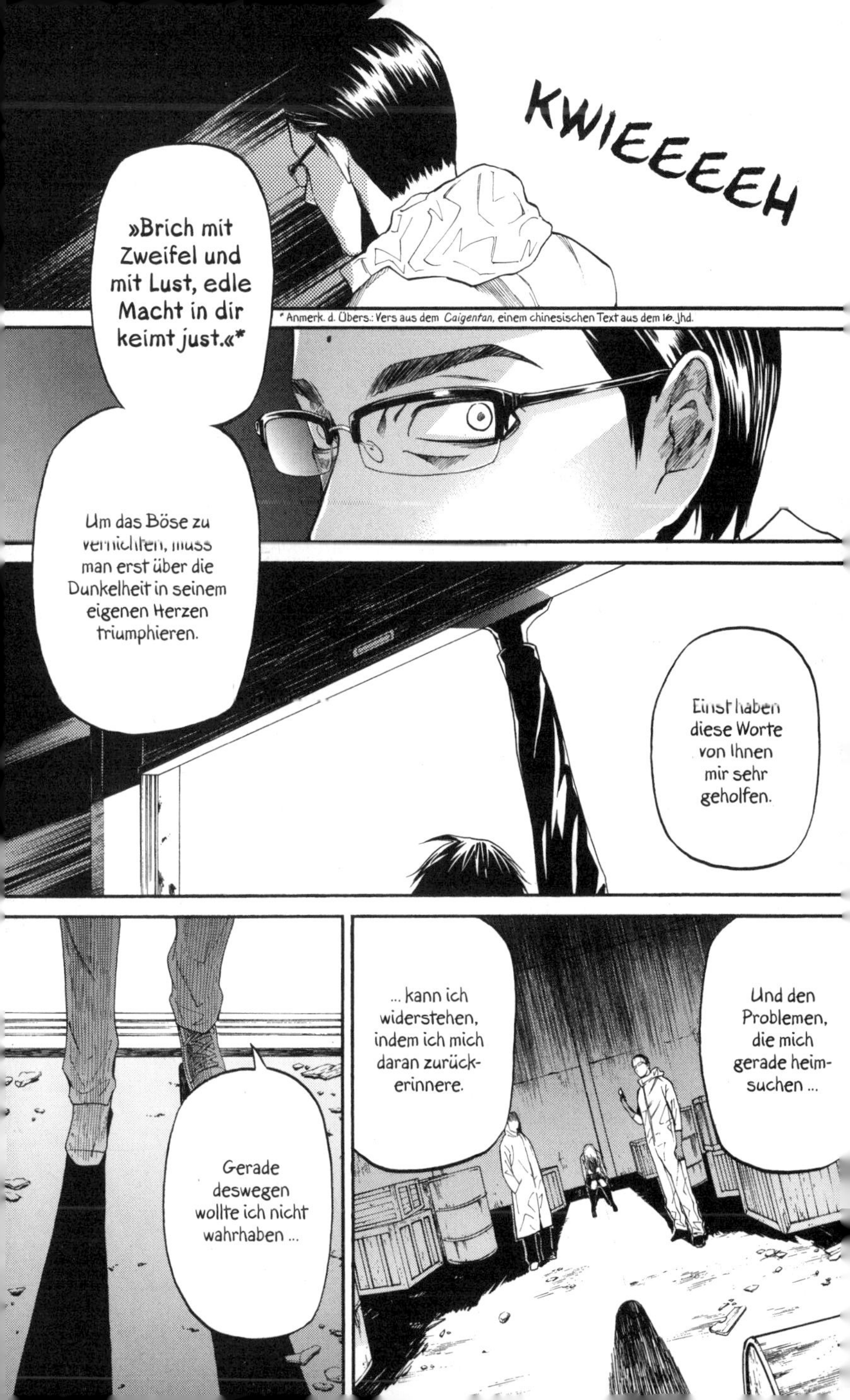
KWIEEEEEH
»Brich mit Zweifel und mit Lust, edle Macht in dir keimt just.«*
* Anmerk. d. Übers.: Vers aus dem *Caigentan*, einem chinesischen Text aus dem 16. Jhd.
Um das Böse zu vernichten, muss man erst über die Dunkelheit in seinem eigenen Herzen triumphieren.
Einst haben diese Worte von Ihnen mir sehr geholfen.
Und den Problemen, die mich gerade heimsuchen ...
... kann ich widerstehen, indem ich mich daran zurückerinnere.
Gerade deswegen wollte ich nicht wahrhaben ...

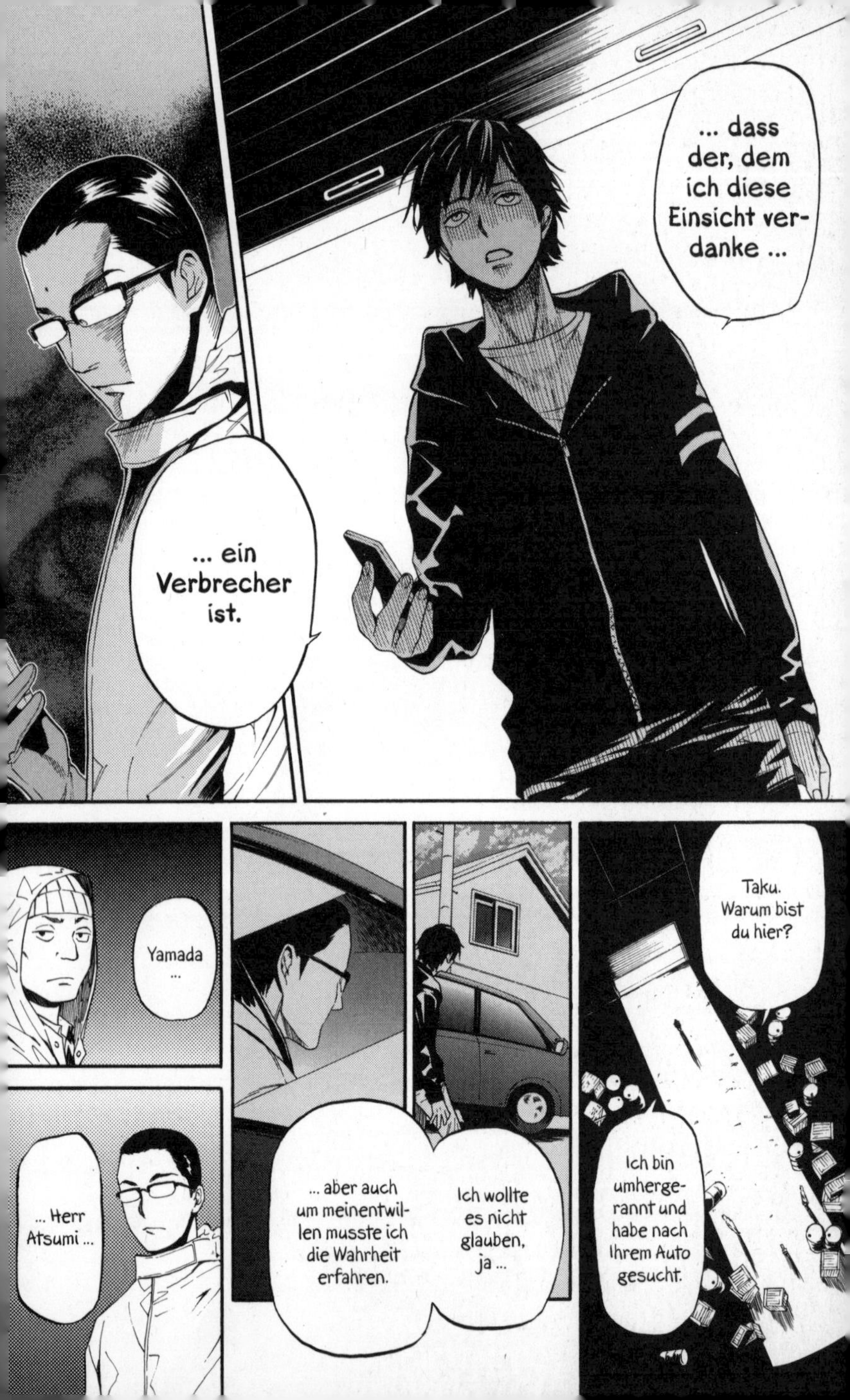
... dass der, dem ich diese Einsicht verdanke ...
... ein Verbrecher ist.
Taku. Warum bist du hier?
Ich bin umhergerannt und habe nach Ihrem Auto gesucht.
Ich wollte es nicht glauben, ja ...
... aber auch um meinentwillen musste ich die Wahrheit erfahren.
Yamada ...
... Herr Atsumi ...

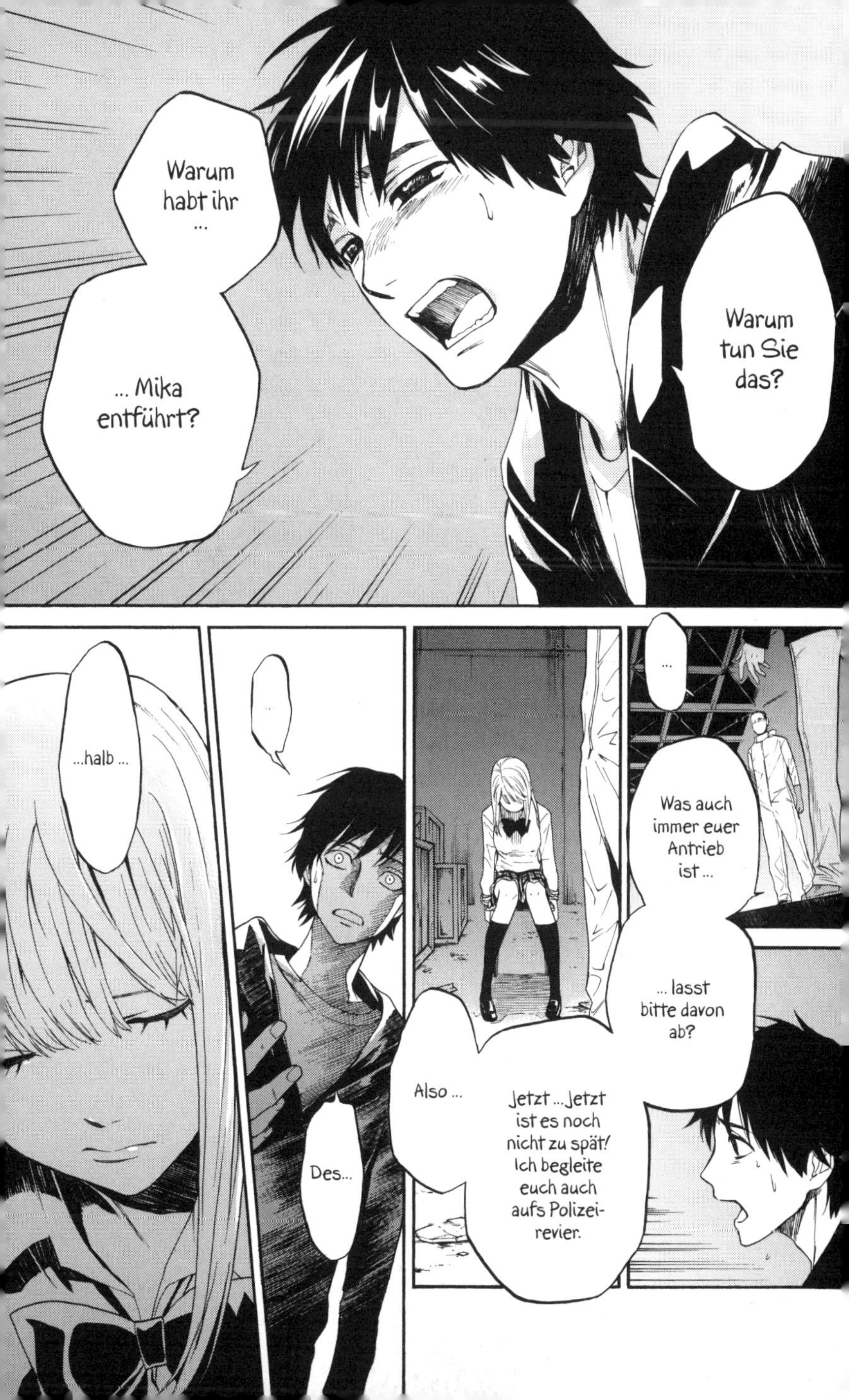
Warum tun Sie das?
Warum habt ihr ...
... Mika entführt?
...
Was auch immer euer Antrieb ist ...
... lasst bitte davon ab?
Jetzt ... Jetzt ist es noch nicht zu spät! Ich begleite euch auch aufs Polizeirevier.
Also ...
Des...
...
...halb ...

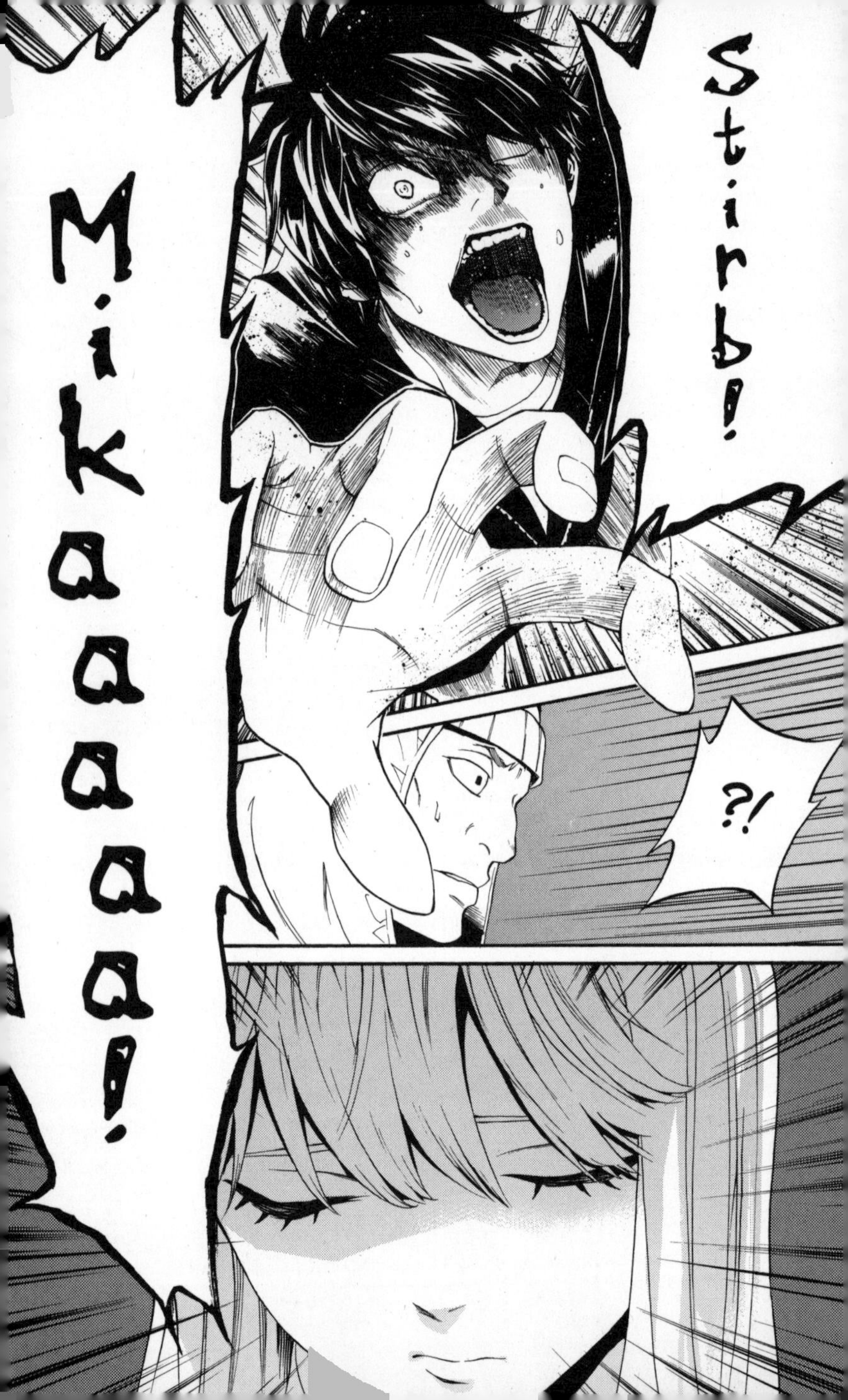
Stirb!
Mikaaaaaa!
?!

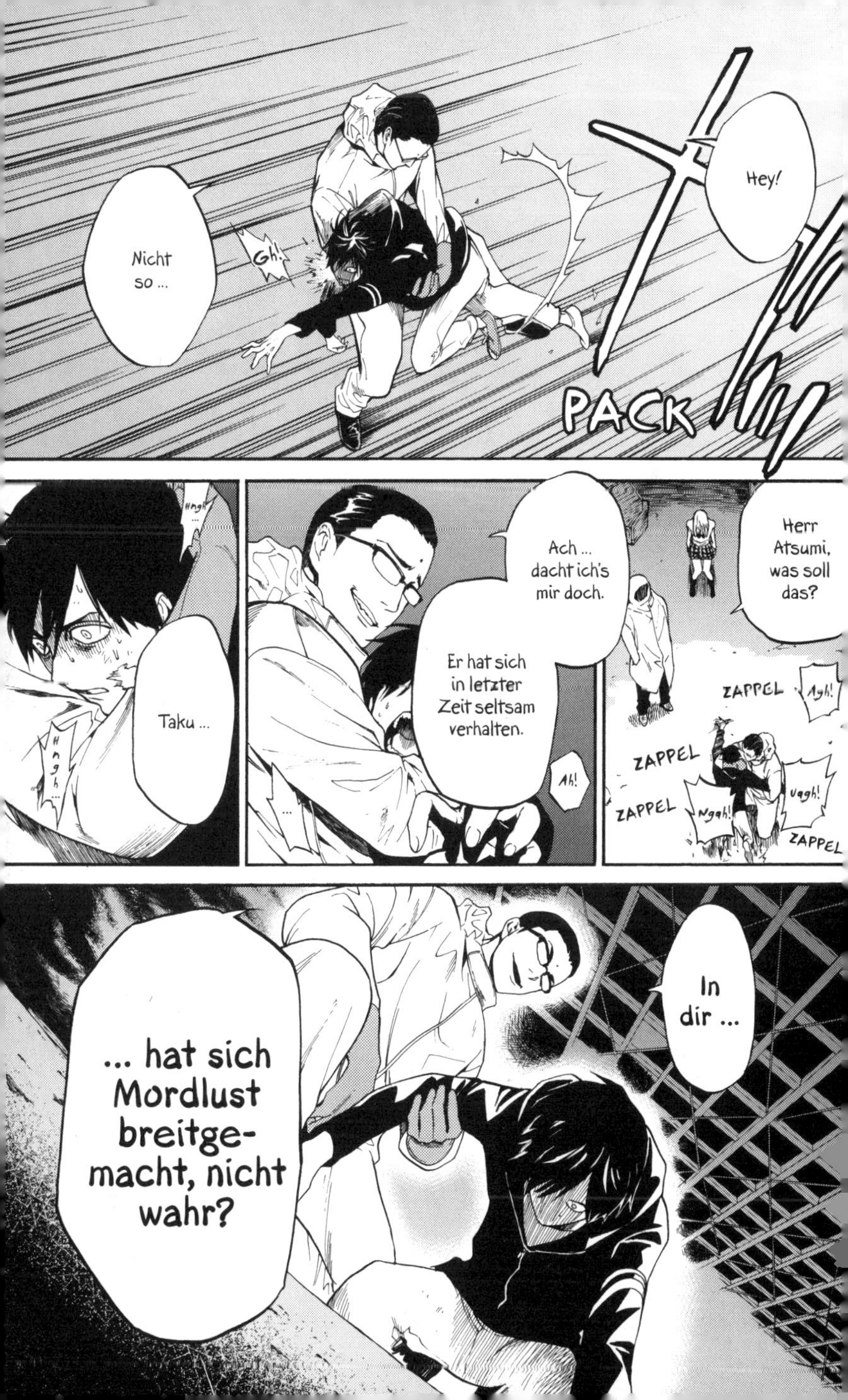

Hey!
PACK
Gh!
Nicht so ...
Herr Atsumi, was soll das?
Agh!
ZAPPEL
ZAPPEL
Uqgh!
Nggh!
ZAPPEL
ZAPPEL
Ach ... dacht ich's mir doch.
Er hat sich in letzter Zeit seltsam verhalten.
Ah!
...
Hngh ...
Taku ...
Hngh ...
In dir ...
... hat sich Mordlust breitgemacht, nicht wahr?

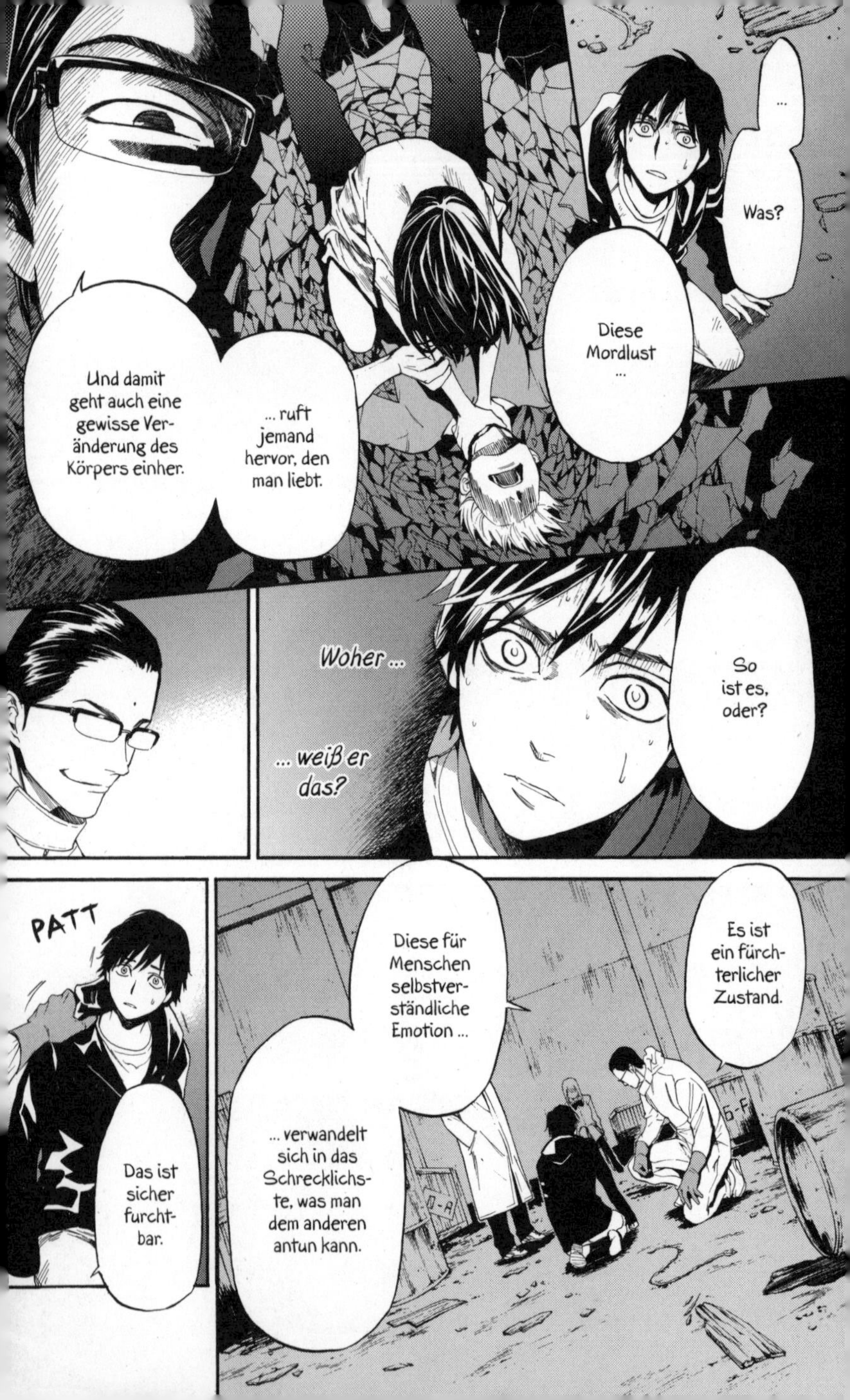
...
Was?
Diese Mordlust ...
... ruft jemand hervor, den man liebt.
Und damit geht auch eine gewisse Veränderung des Körpers einher.
So ist es, oder?
Woher ...
... weiß er das?
Es ist ein fürchterlicher Zustand.
Diese für Menschen selbstverständliche Emotion ...
... verwandelt sich in das Schrecklichste, was man dem anderen antun kann.
PATT
Das ist sicher furchtbar.

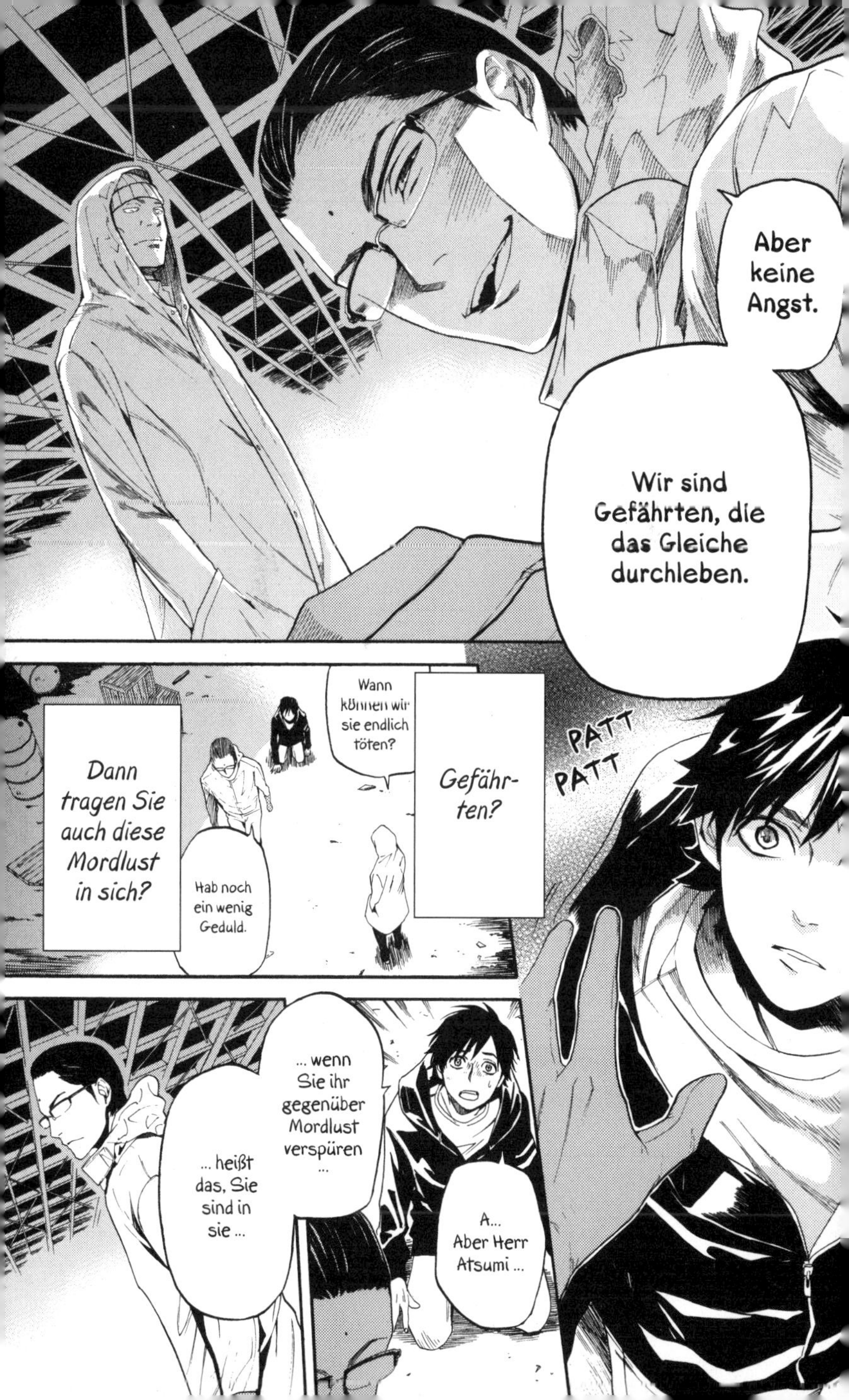
Aber keine Angst.
Wir sind Gefährten, die das Gleiche durchleben.
PATT PATT
Gefähr-ten?
Wann können wir sie endlich töten?
Hab noch ein wenig Geduld.
Dann tragen Sie auch diese Mordlust in sich?
A... Aber Herr Atsumi ...
... wenn Sie ihr gegenüber Mordlust verspüren ...
... heißt das, Sie sind in sie ...

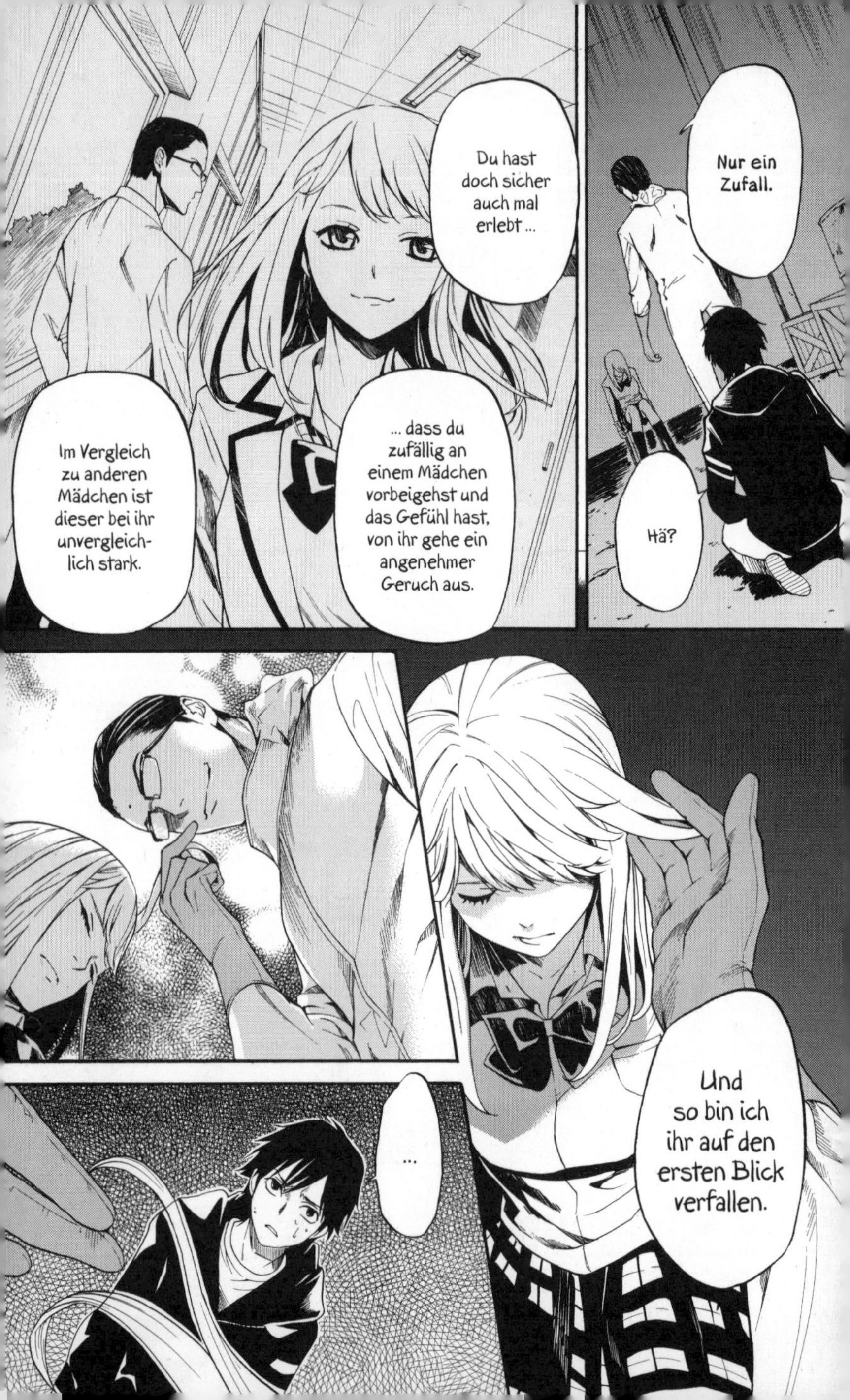
Nur ein Zufall.
Hä?
Du hast doch sicher auch mal erlebt ...
... dass du zufällig an einem Mädchen vorbeigehst und das Gefühl hast, von ihr gehe ein angenehmer Geruch aus.
Im Vergleich zu anderen Mädchen ist dieser bei ihr unvergleichlich stark.
Und so bin ich ihr auf den ersten Blick verfallen.
...

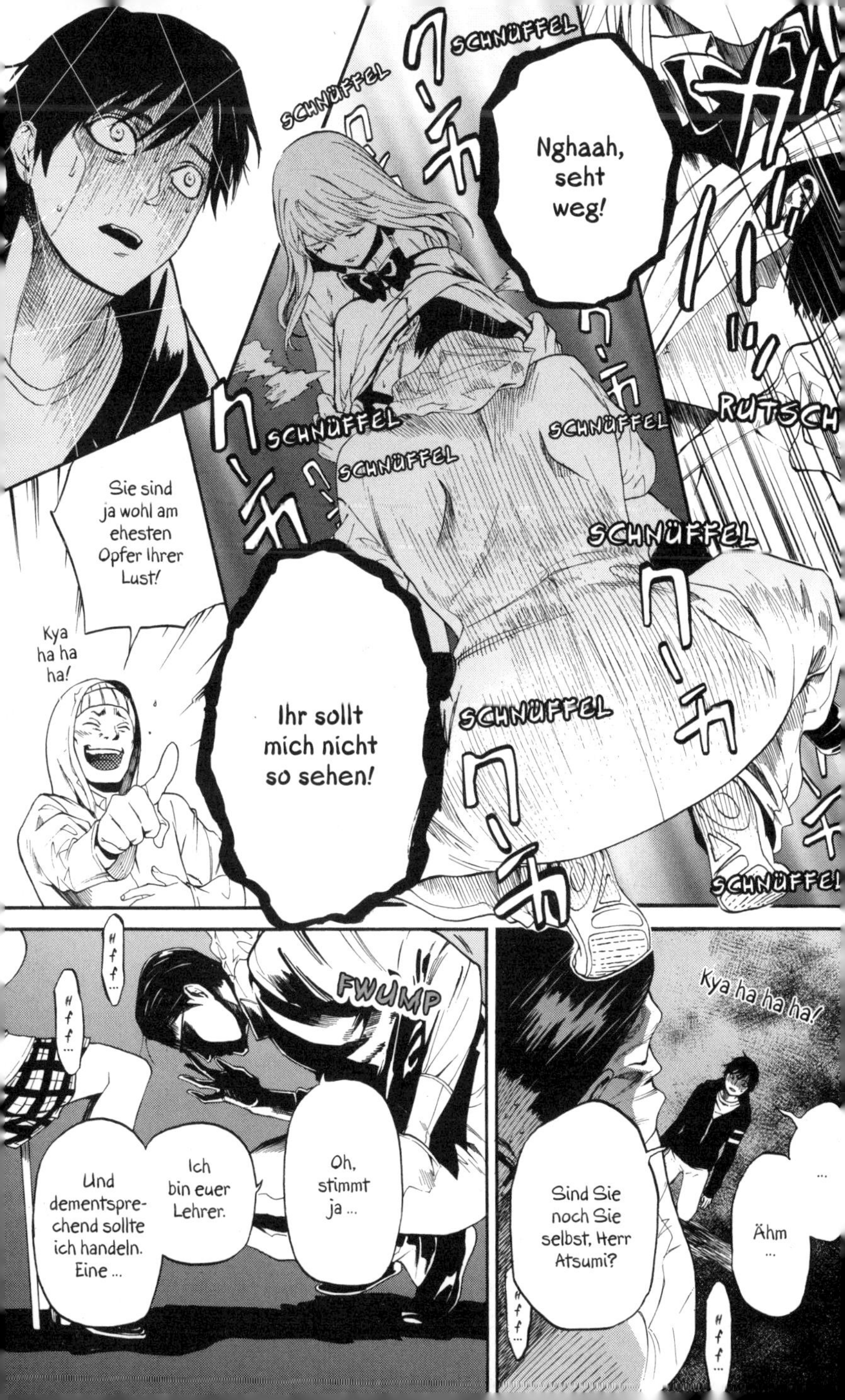
SCHNÜFFEL
SCHNÜFFEL
Nghaah, seht weg!
RUTSCH
SCHNÜFFEL
SCHNÜFFEL
SCHNÜFFEL
SCHNÜFFEL
SCHNÜFFEL
Ihr sollt mich nicht so sehen!
SCHNÜFFEL
SCHNÜFFEL
Sie sind ja wohl am ehesten Opfer Ihrer Lust!
Kya ha ha ha!
Kya ha ha ha!
...
Ähm ...
Sind Sie noch Sie selbst, Herr Atsumi?
Hff ...
Hff ...
FWUMP
Oh, stimmt ja ...
Ich bin euer Lehrer.
Und dementsprechend sollte ich handeln. Eine ...
Hff ...
Hff ...

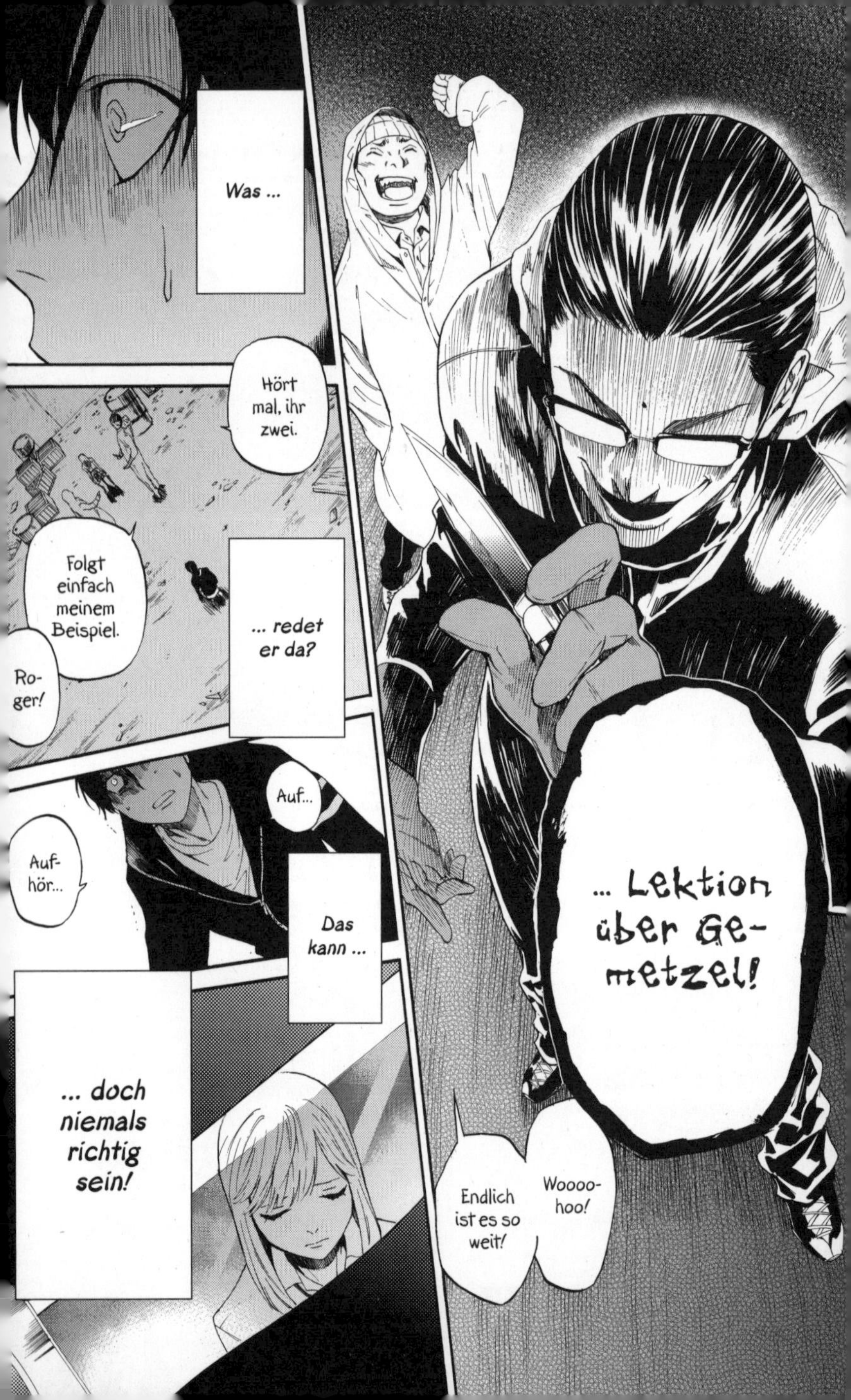

... Lektion über Gemetzel!
Woooo-hoo!
Endlich ist es so weit!
Was ...
Hört mal, ihr zwei.
Folgt einfach meinem Beispiel.
Roger!
... redet er da?
Auf...
Auf-hör...
Das kann ...
... doch niemals richtig sein!

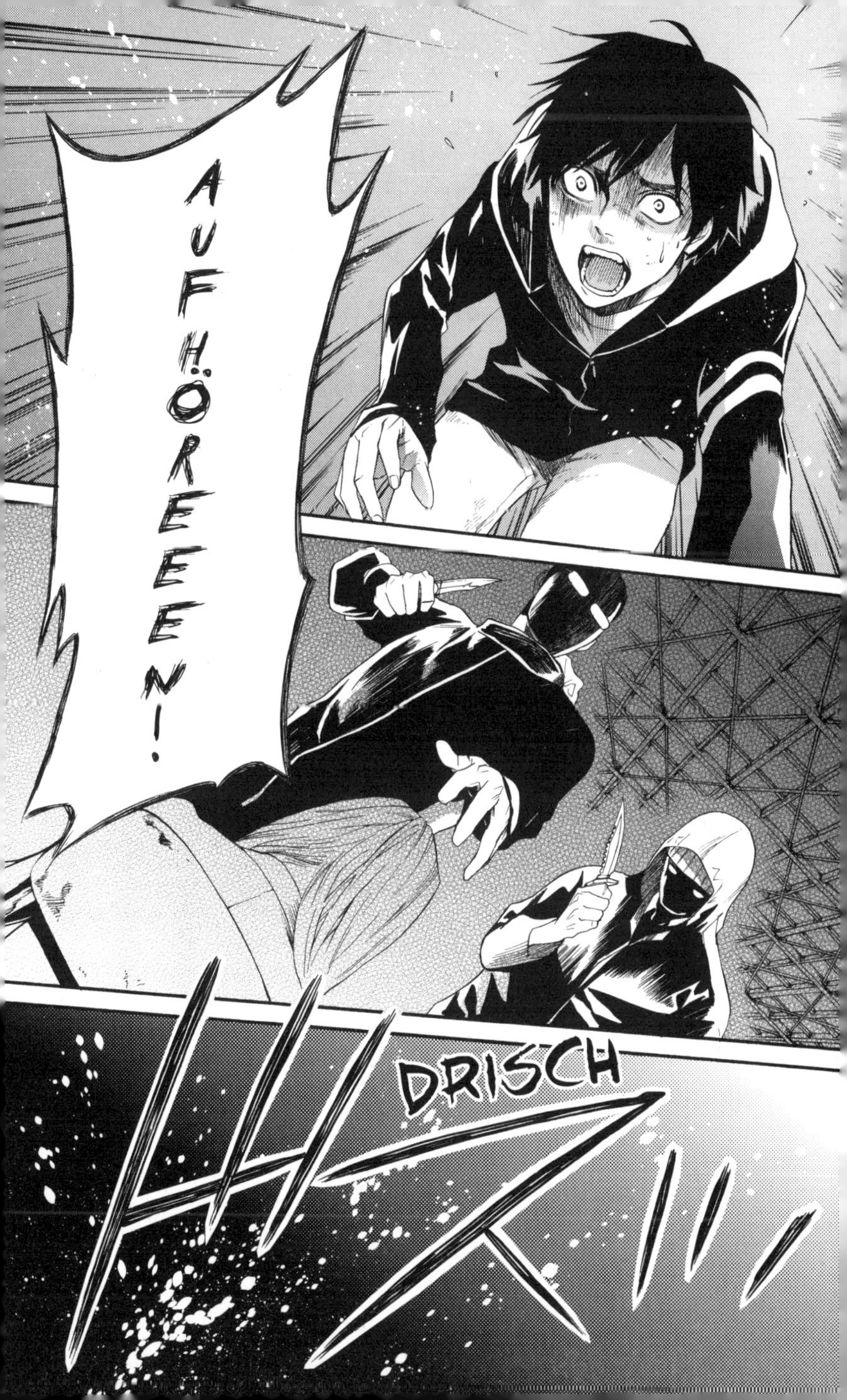
AUFHÖREEEEN!
DRISCH

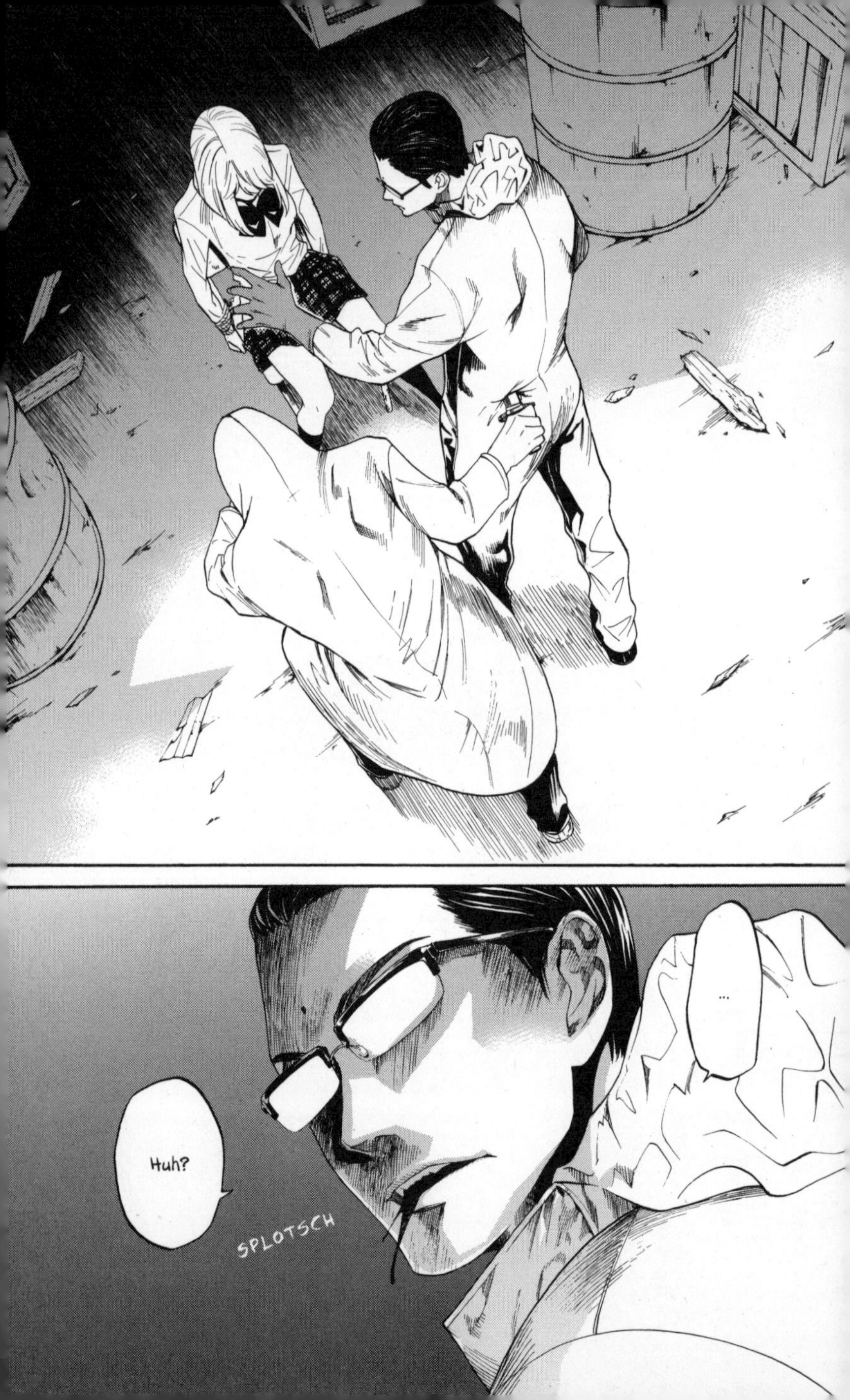
...
Huh?
SPLOTSCH

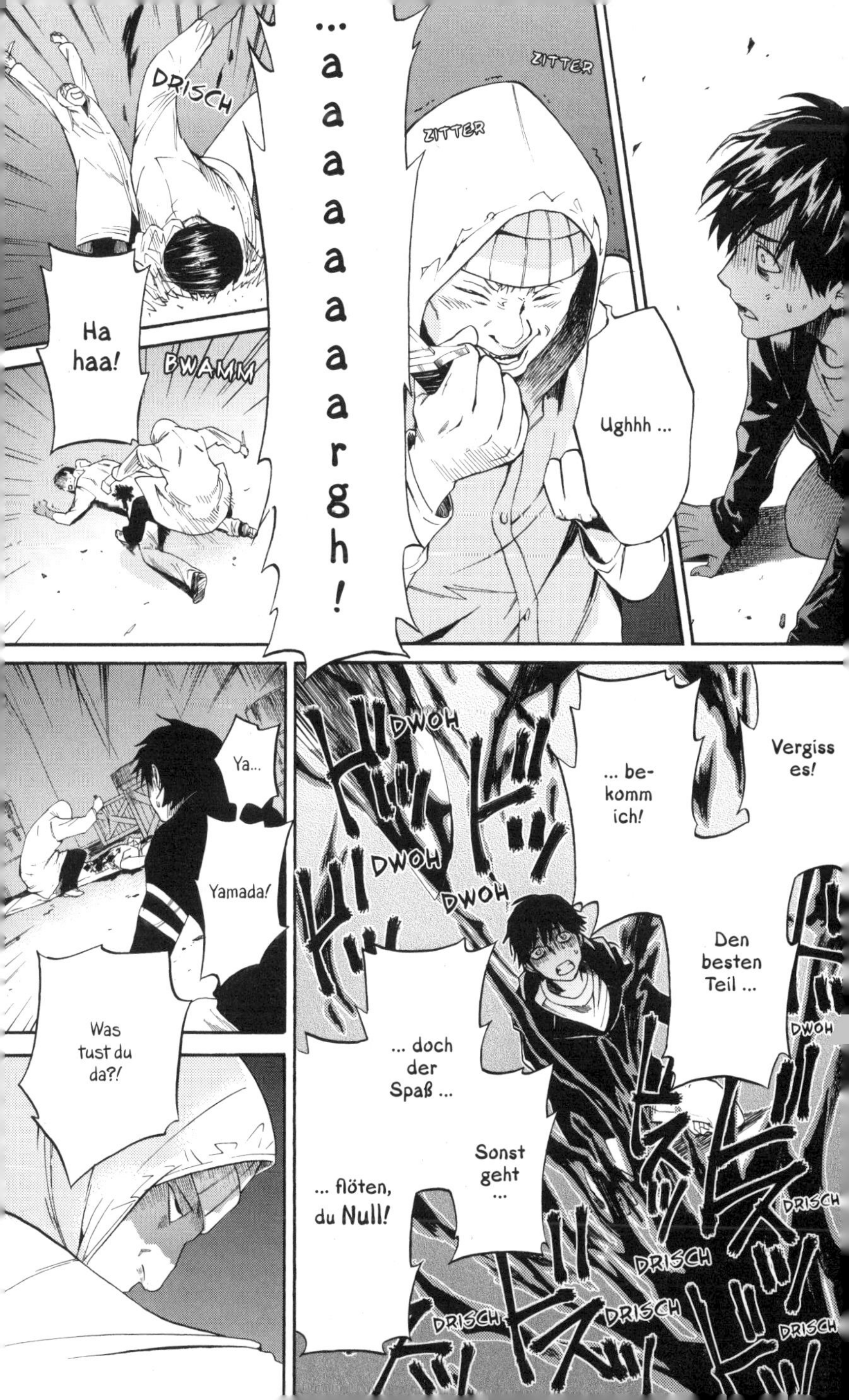
ZITTER
ZITTER
Ughhh ...
... aaaaaaaaargh!
DRISCH
Ha haa!
BWAMM
Vergiss es!
... be- komm ich!
Den besten Teil ...
DWOH
DWOH
DWOH
DWOH
... doch der Spaß ...
Sonst geht ...
... flöten, du Null!
DRISCH
DRISCH
DRISCH
DRISCH
DRISCH
Ya...
Yamada!
Was tust du da?!

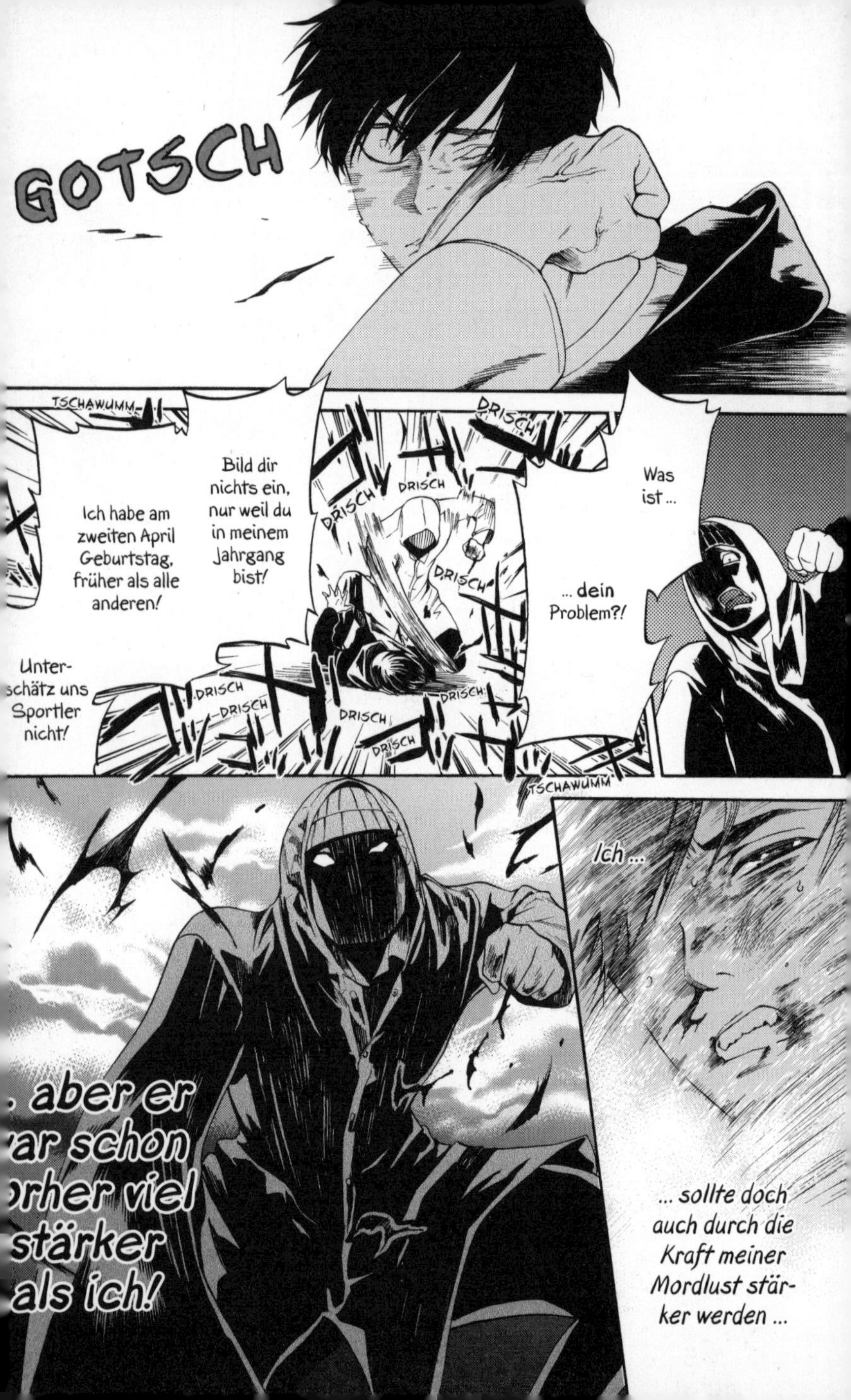

GOTSCH
TSCHAWUMM
Ich habe am zweiten April Geburtstag, früher als alle anderen!
Bild dir nichts ein, nur weil du in meinem Jahrgang bist!
Unter-schätz uns Sportler nicht!
DRISCH
DRISCH
DRISCH
DRISCH
DRISCH
DRISCH
DRISCH
DRISCH
DRISCH
Was ist ...
... dein Problem?!
TSCHAWUMM
Ich ...
... sollte doch auch durch die Kraft meiner Mordlust stär-ker werden ...
... aber er war schon vorher viel stärker als ich!

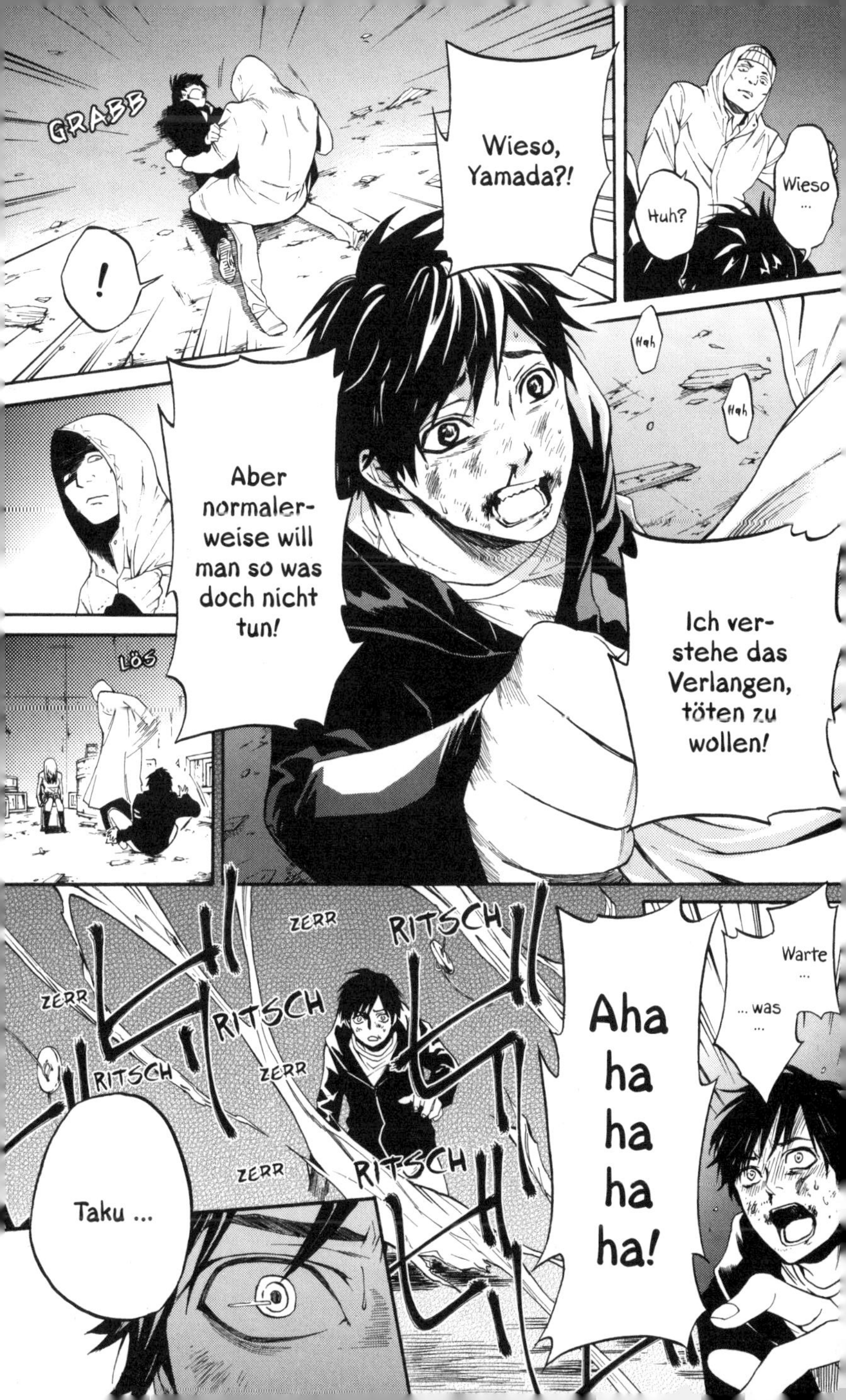

Wieso ...
Huh?
Wieso, Yamada?!
GRABB
!
Hah
Hah
Ich verstehe das Verlangen, töten zu wollen!
Aber normalerweise will man so was doch nicht tun!
LÖS
Warte ...
... was ...
Aha ha ha ha ha!
RITSCH
ZERR
RITSCH
ZERR
RITSCH
ZERR
ZERR
RITSCH
Taku ...

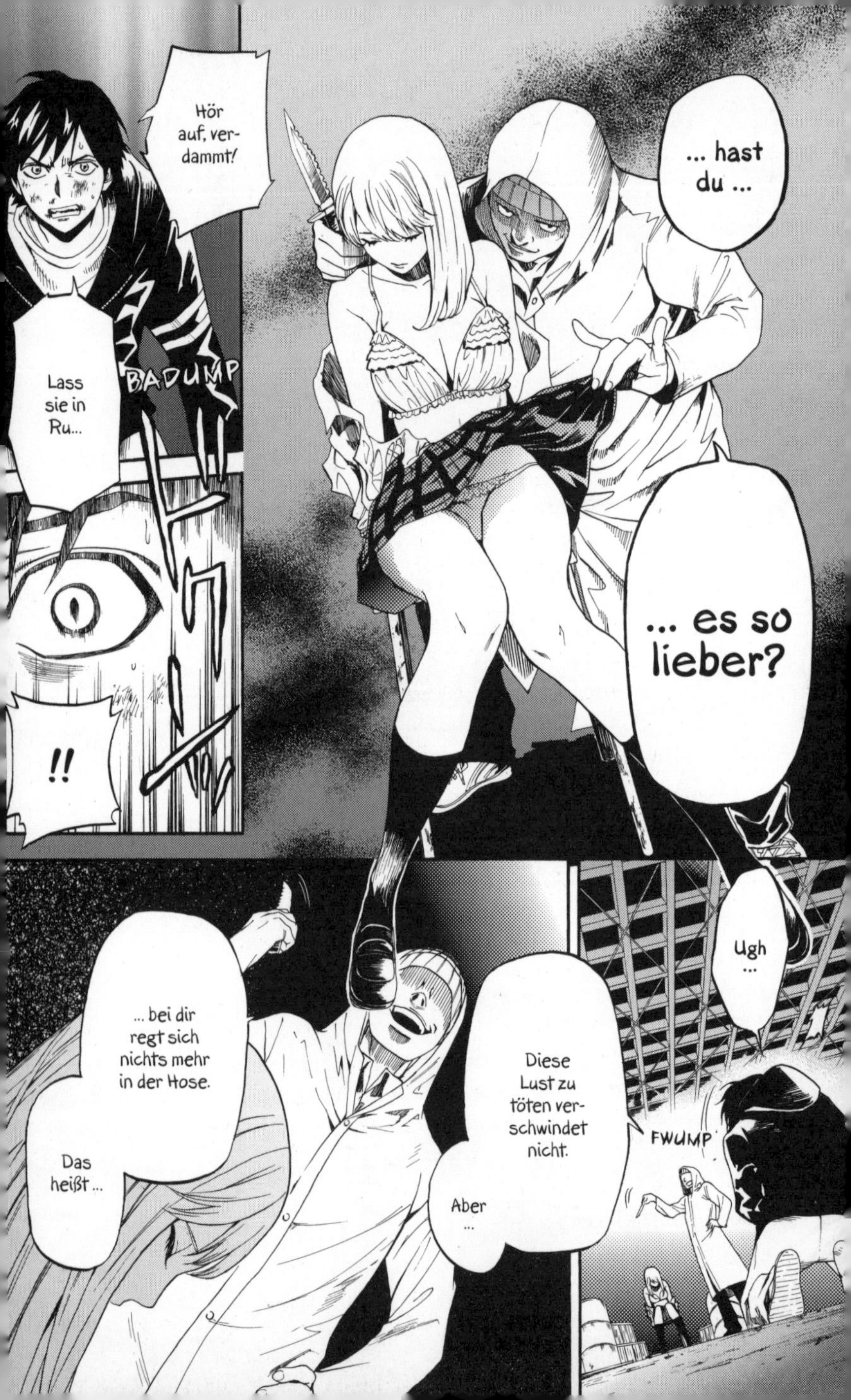
... hast du ...
... es so lieber?
Hör auf, verdammt!
Lass sie in Ru...
BADUMP
!!
Ugh ...
FWUMP
Diese Lust zu töten verschwindet nicht.
Aber ...
... bei dir regt sich nichts mehr in der Hose.
Das heißt ...

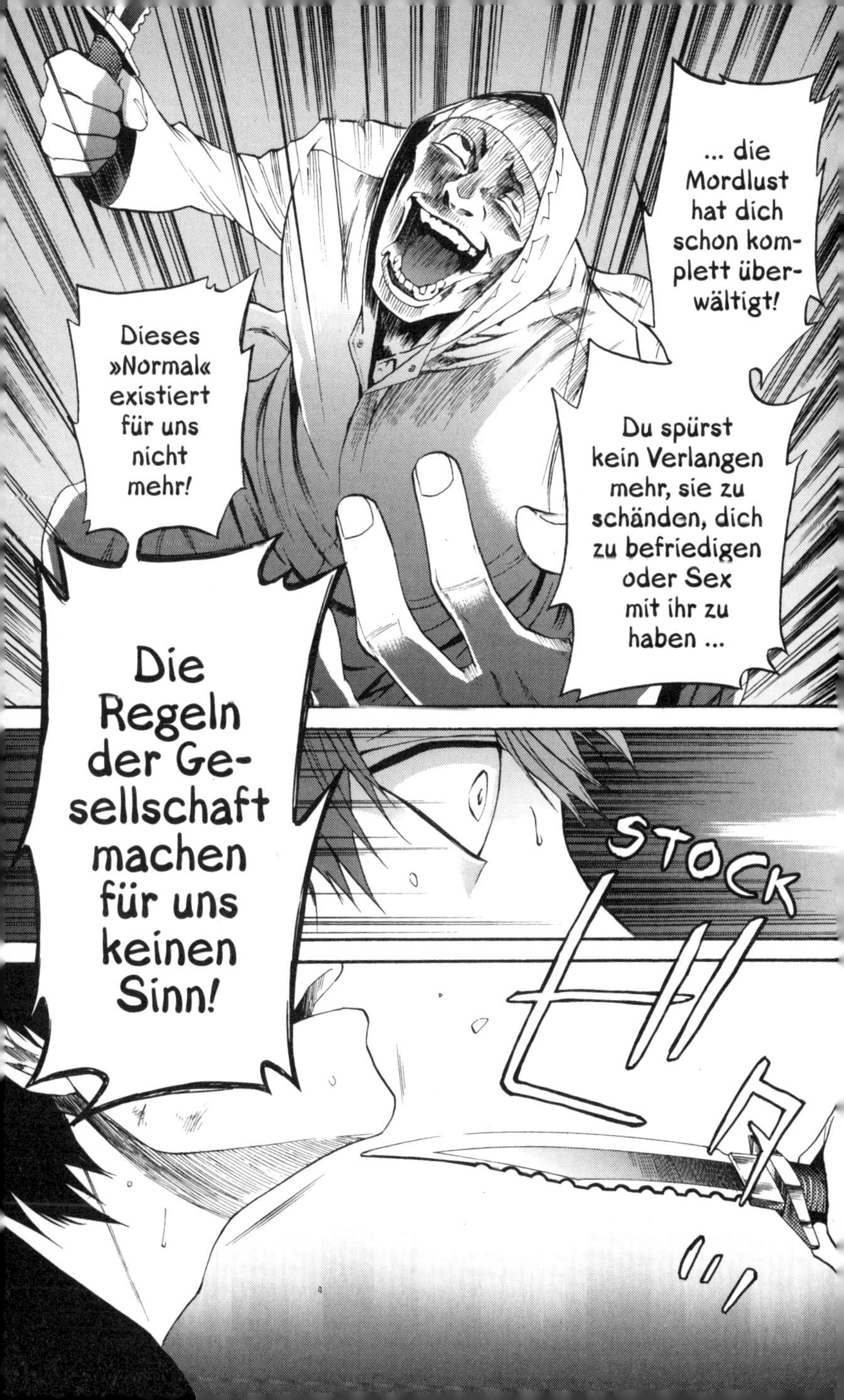

... die Mordlust hat dich schon komplett überwältigt!
Dieses »Normal« existiert für uns nicht mehr!
Du spürst kein Verlangen mehr, sie zu schänden, dich zu befriedigen oder Sex mit ihr zu haben ...
Die Regeln der Gesellschaft machen für uns keinen Sinn!
STOCK

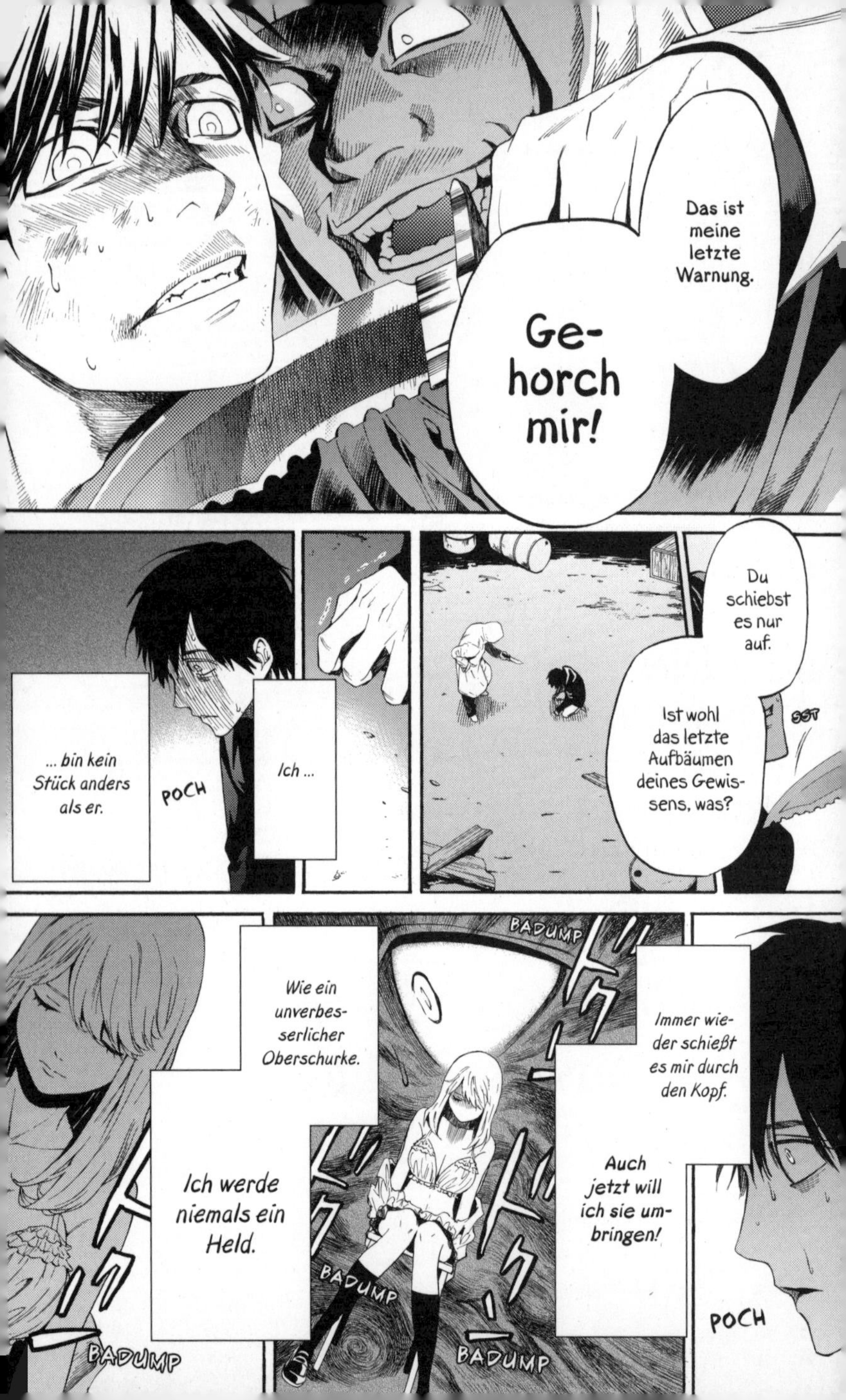
Das ist meine letzte Warnung.
Ge-horch mir!
Du schiebst es nur auf.
Ist wohl das letzte Aufbäumen deines Gewis-sens, was?
SST
Ich ...
... bin kein Stück anders als er.
POCH
POCH
Immer wie-der schießt es mir durch den Kopf.
Auch jetzt will ich sie um-bringen!
BADUMP
BADUMP
BADUMP
Wie ein unverbes-serlicher Oberschurke.
Ich werde niemals ein Held.
BADUMP

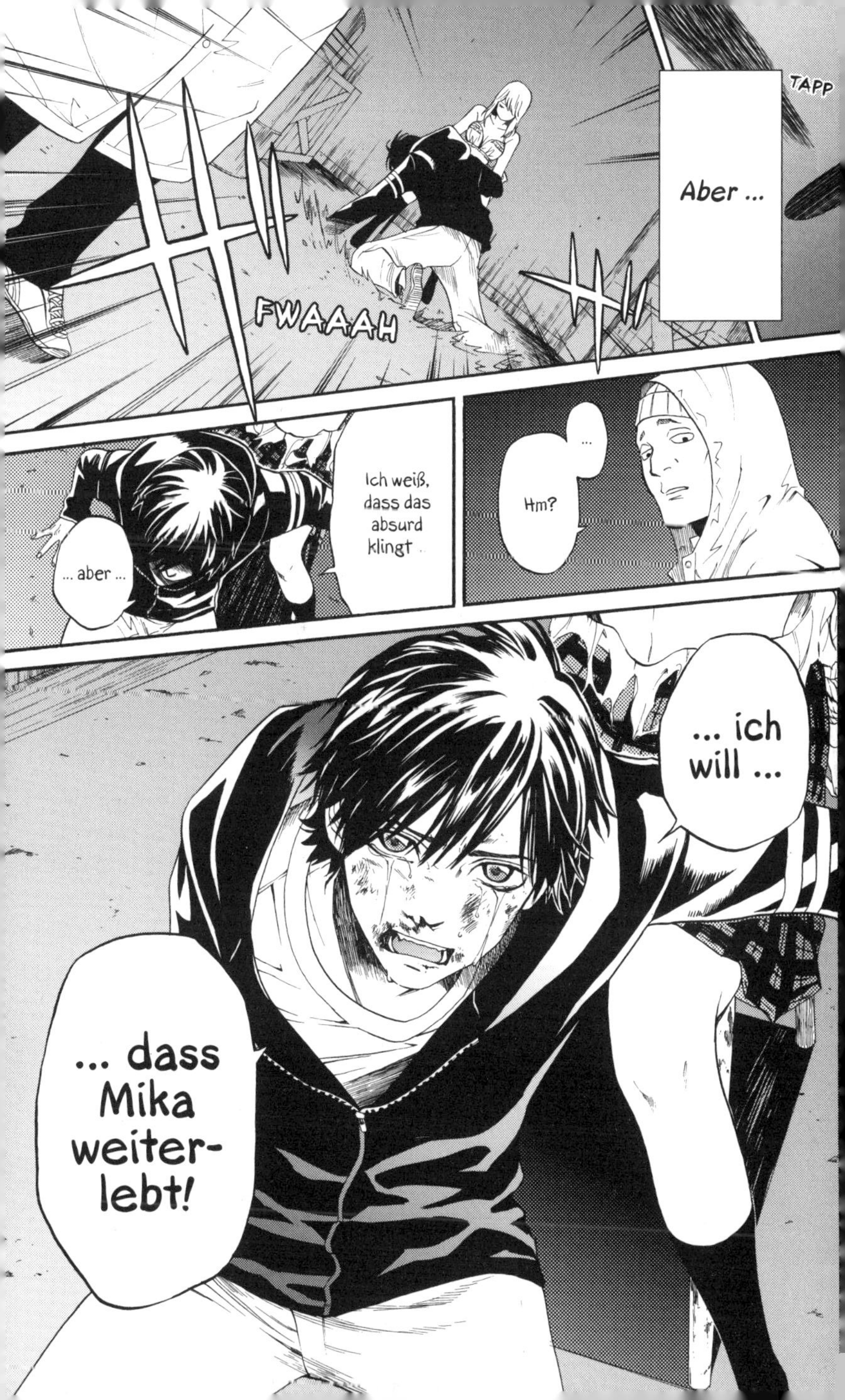
TAPP
Aber ...
FWAAAH
...
Hm?
Ich weiß, dass das absurd klingt ...
... aber ...
... ich will ...
... dass Mika weiter-lebt!

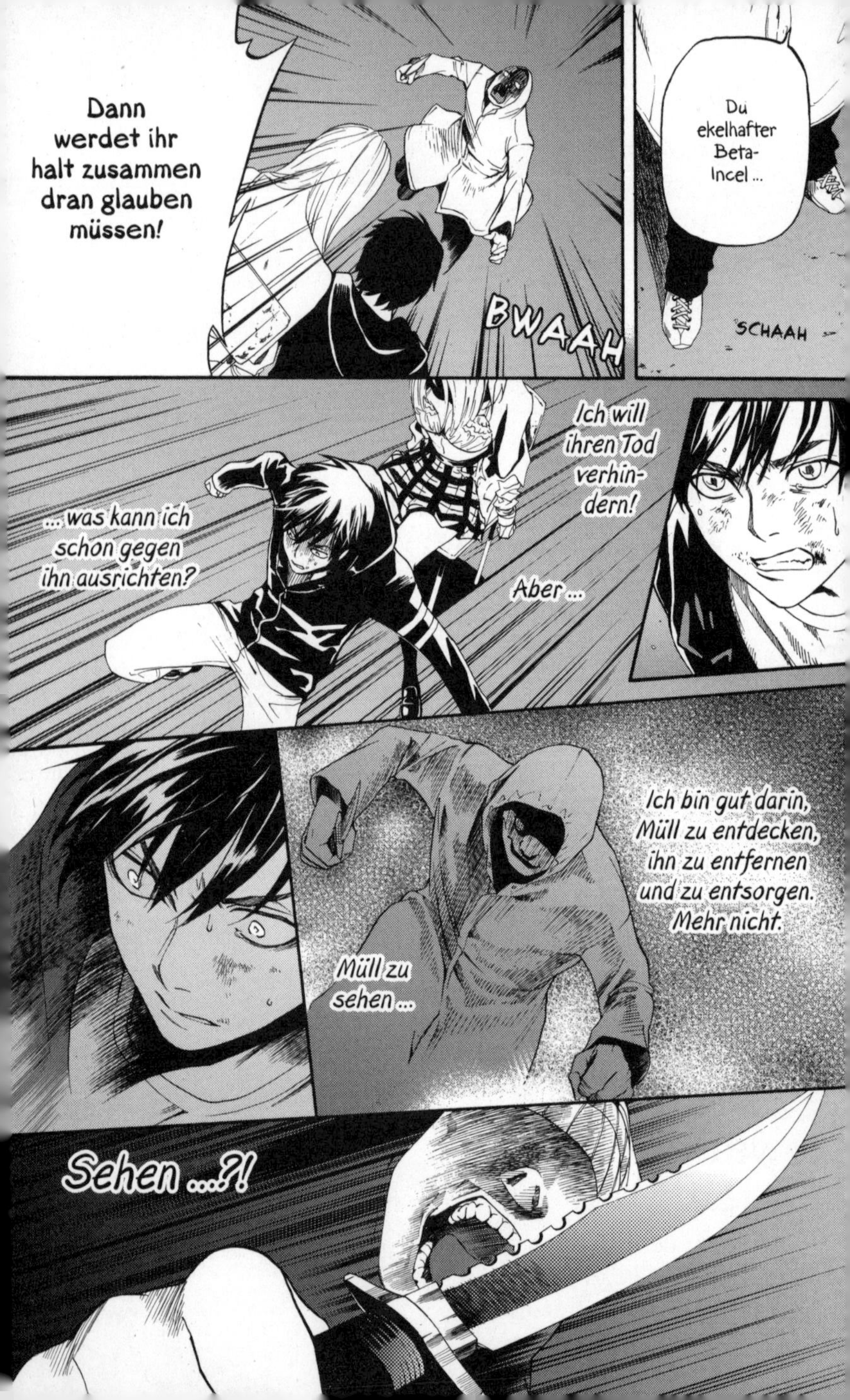

Du ekelhafter Beta-Incel ...
SCHAAH
Dann werdet ihr halt zusammen dran glauben müssen!
BWAAH
Ich will ihren Tod verhindern!
Aber ...
... was kann ich schon gegen ihn ausrichten?
Ich bin gut darin, Müll zu entdecken, ihn zu entfernen und zu entsorgen. Mehr nicht.
Müll zu sehen ...
Sehen ...?!

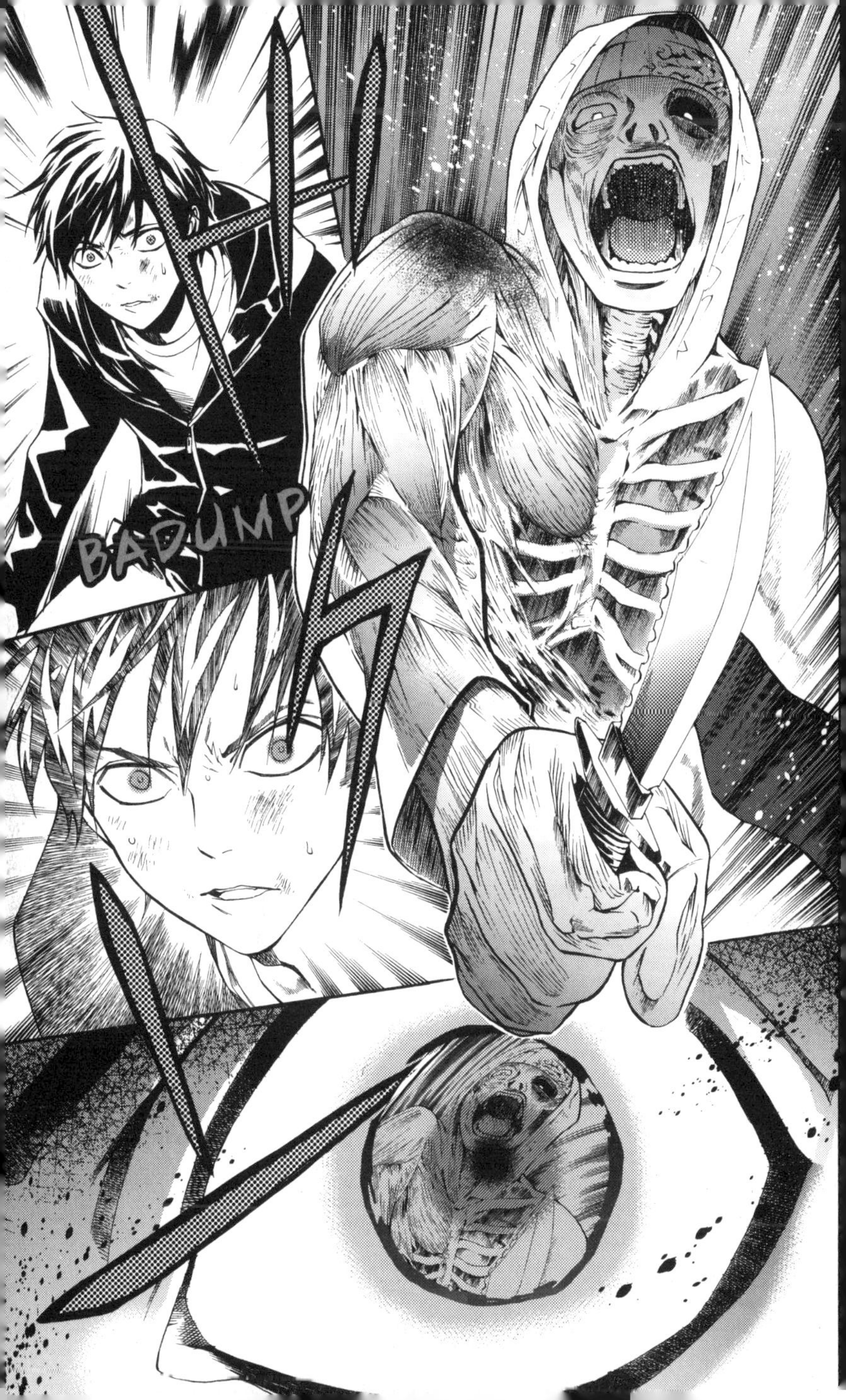
BADUMP

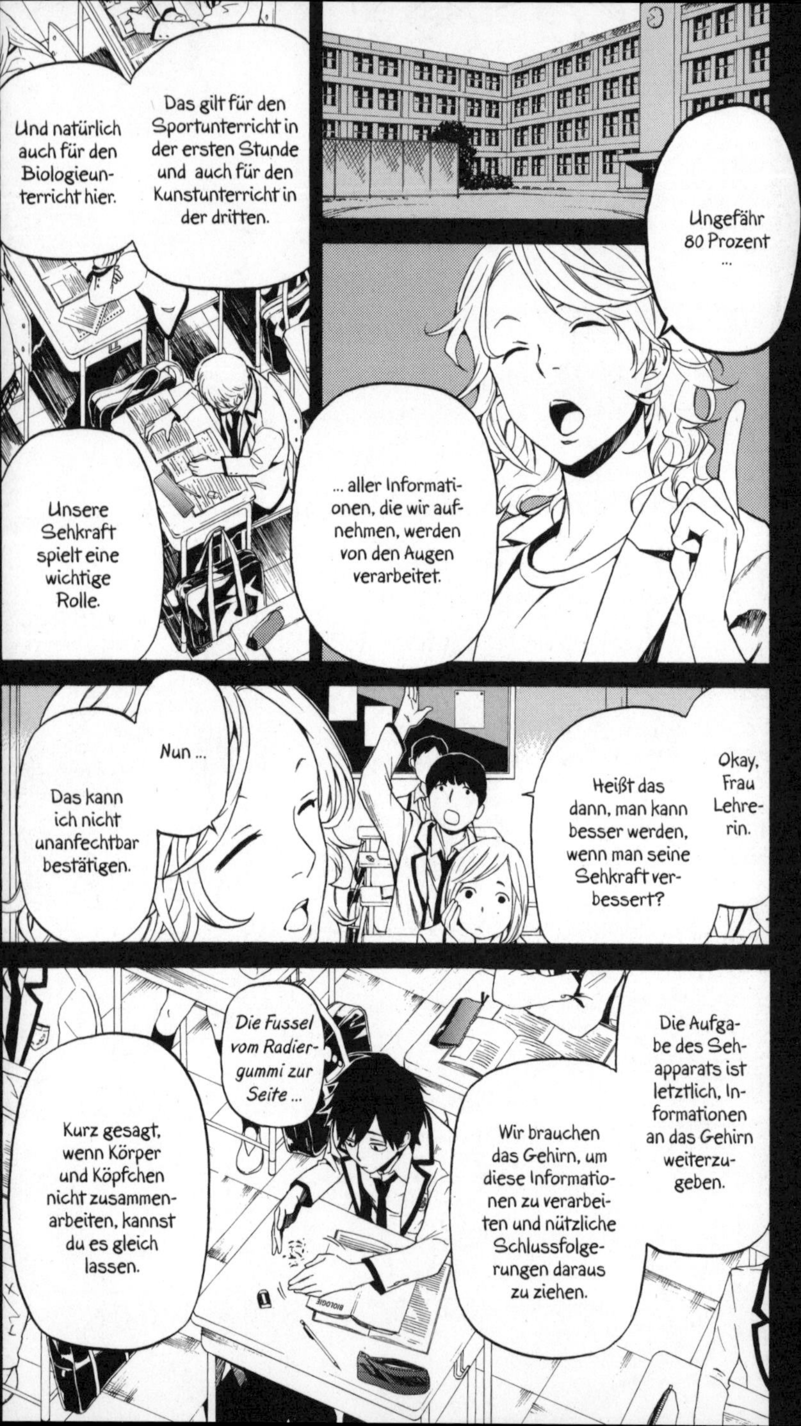
Ungefähr 80 Prozent ...
... aller Informationen, die wir aufnehmen, werden von den Augen verarbeitet.
Das gilt für den Sportunterricht in der ersten Stunde und auch für den Kunstunterricht in der dritten.
Und natürlich auch für den Biologieunterricht hier.
Unsere Sehkraft spielt eine wichtige Rolle.
Okay, Frau Lehrerin.
Heißt das dann, man kann besser werden, wenn man seine Sehkraft verbessert?
Nun ...
Das kann ich nicht unanfechtbar bestätigen.
Die Aufgabe des Sehapparats ist letztlich, Informationen an das Gehirn weiterzugeben.
Wir brauchen das Gehirn, um diese Informationen zu verarbeiten und nützliche Schlussfolgerungen daraus zu ziehen.
Die Fussel vom Radiergummi zur Seite ...
Kurz gesagt, wenn Körper und Köpfchen nicht zusammenarbeiten, kannst du es gleich lassen.
BIOLOGIE

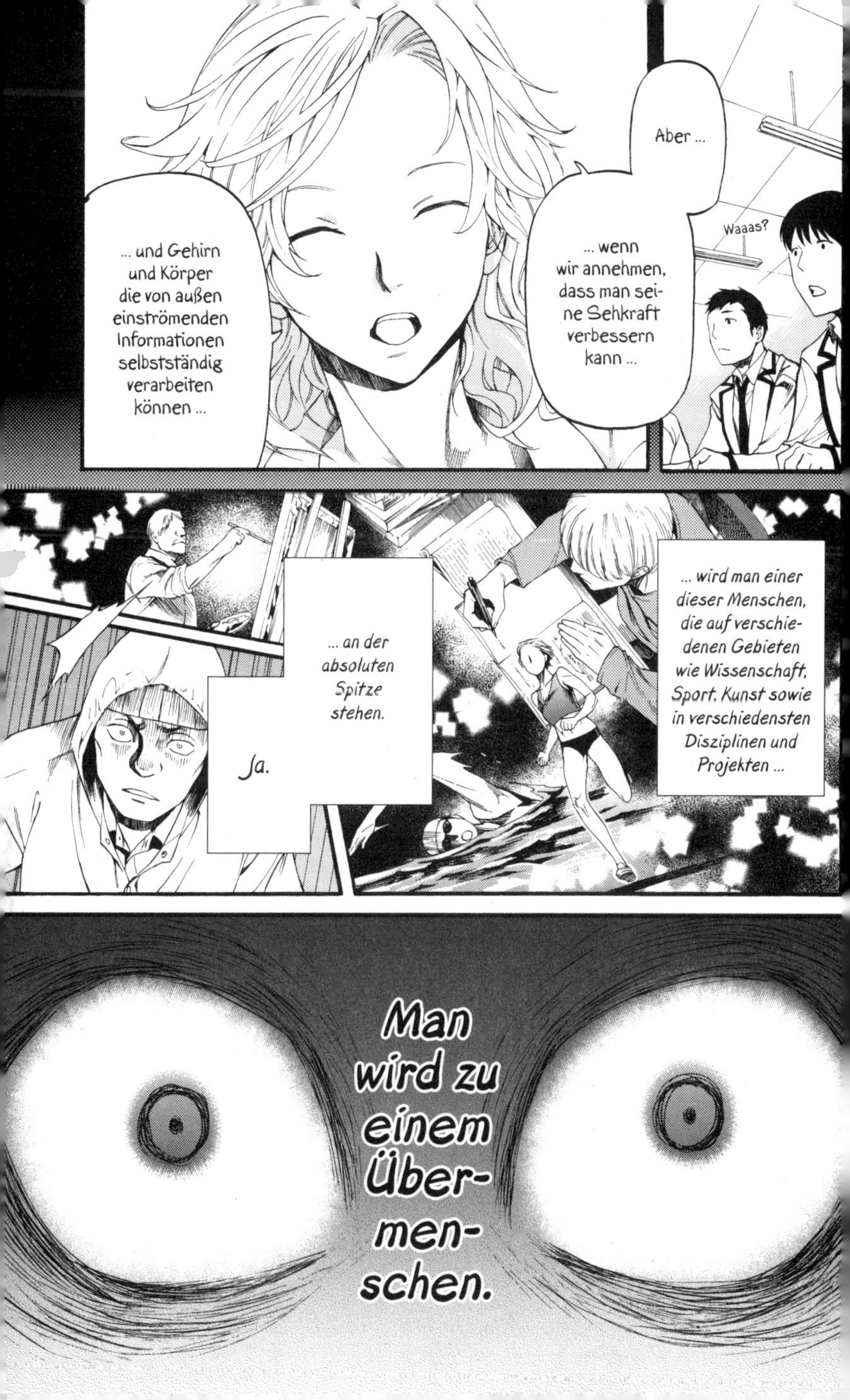
Aber ...
... wenn wir annehmen, dass man seine Sehkraft verbessern kann ...
... und Gehirn und Körper die von außen einströmenden Informationen selbstständig verarbeiten können ...
Waaas?
... wird man einer dieser Menschen, die auf verschiedenen Gebieten wie Wissenschaft, Sport, Kunst sowie in verschiedensten Disziplinen und Projekten ...
... an der absoluten Spitze stehen.
Ja.
Man wird zu einem Übermenschen.

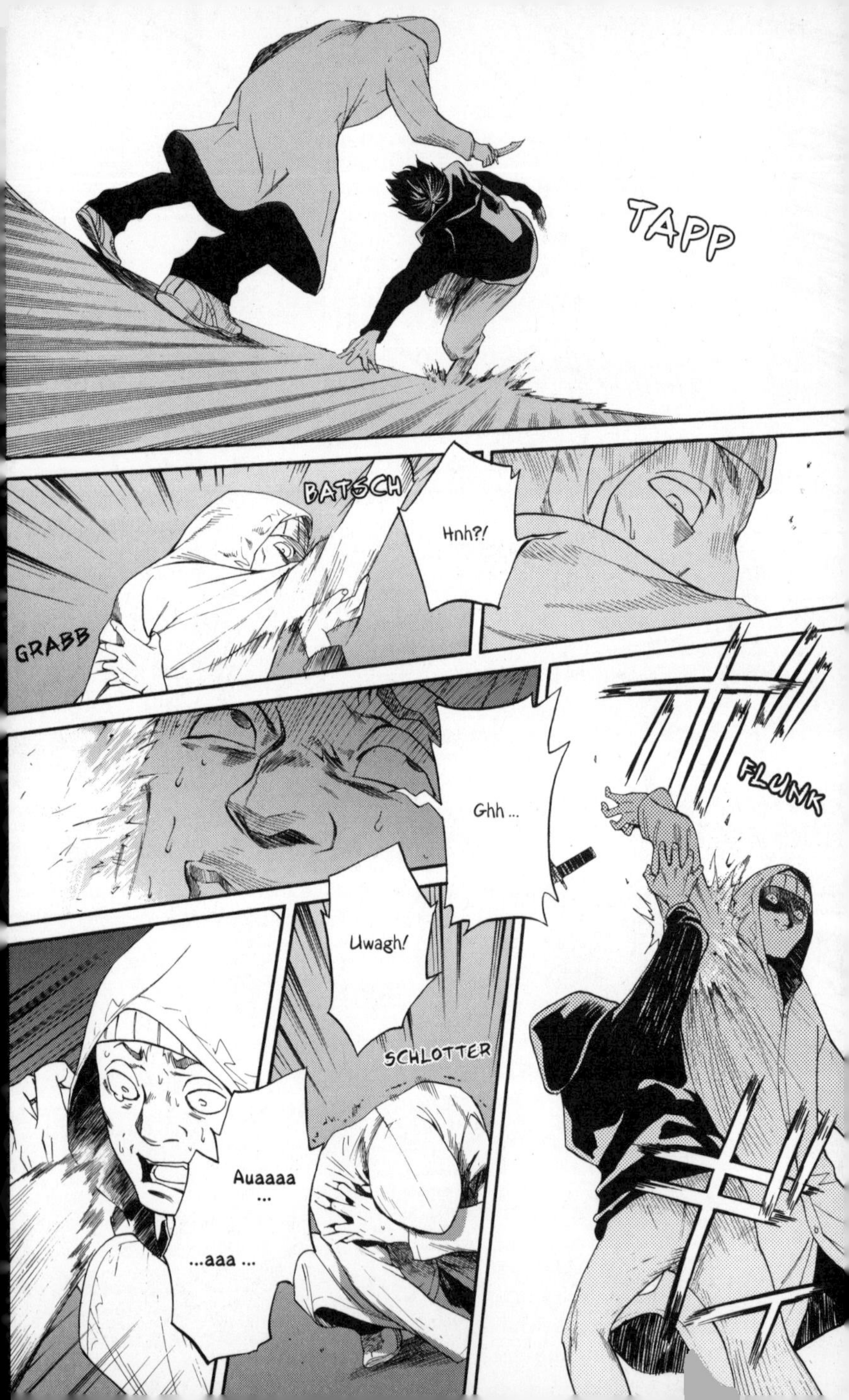
TAPP
Hnh?!
BATSCH
GRABB
FLUNK
Ghh ...
Uwagh!
SCHLOTTER
Auaaaa
...
...aaa ...

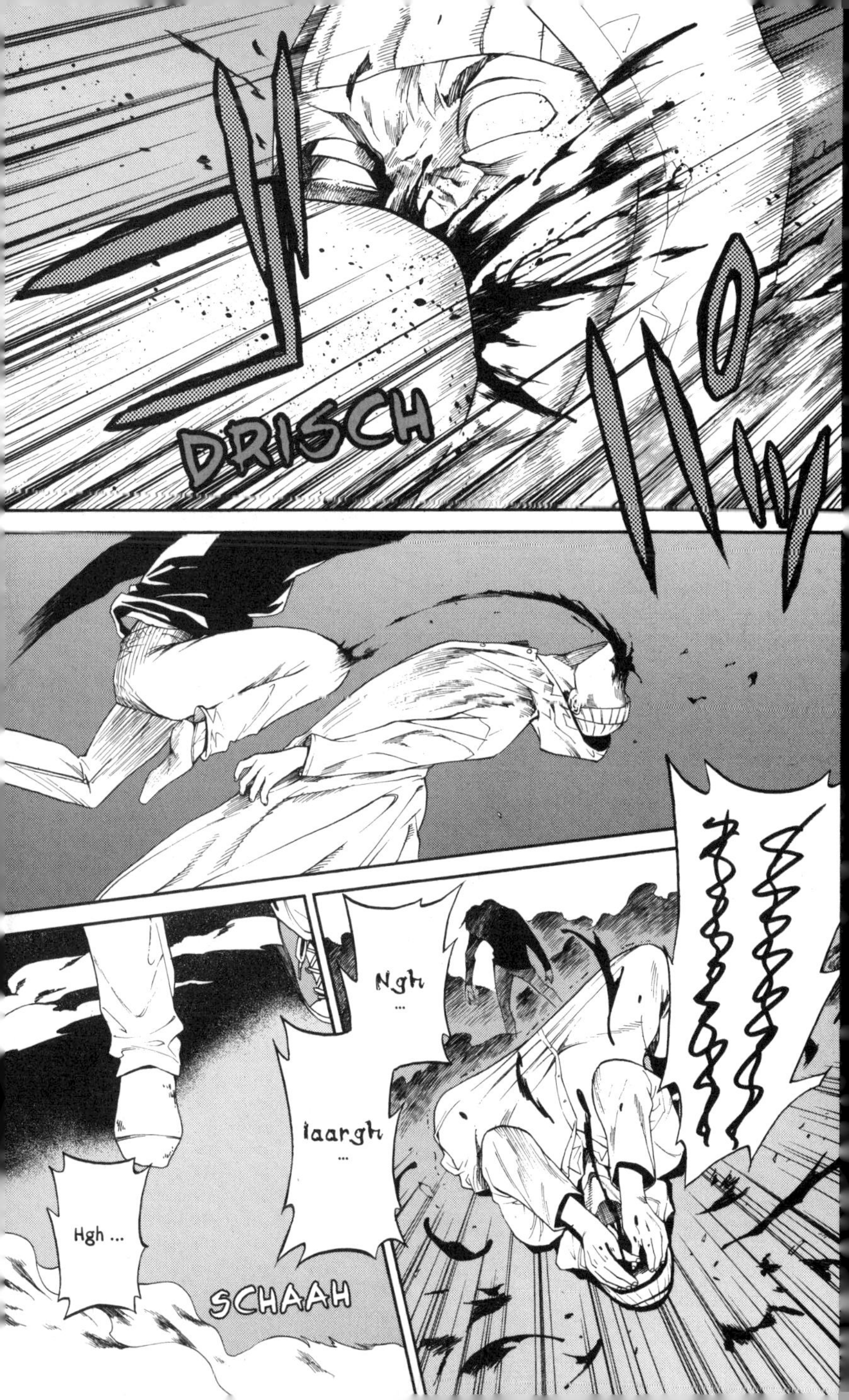
DRISCH
Ngh ...
Iaargh ...
Hgh ...
SCHAAH

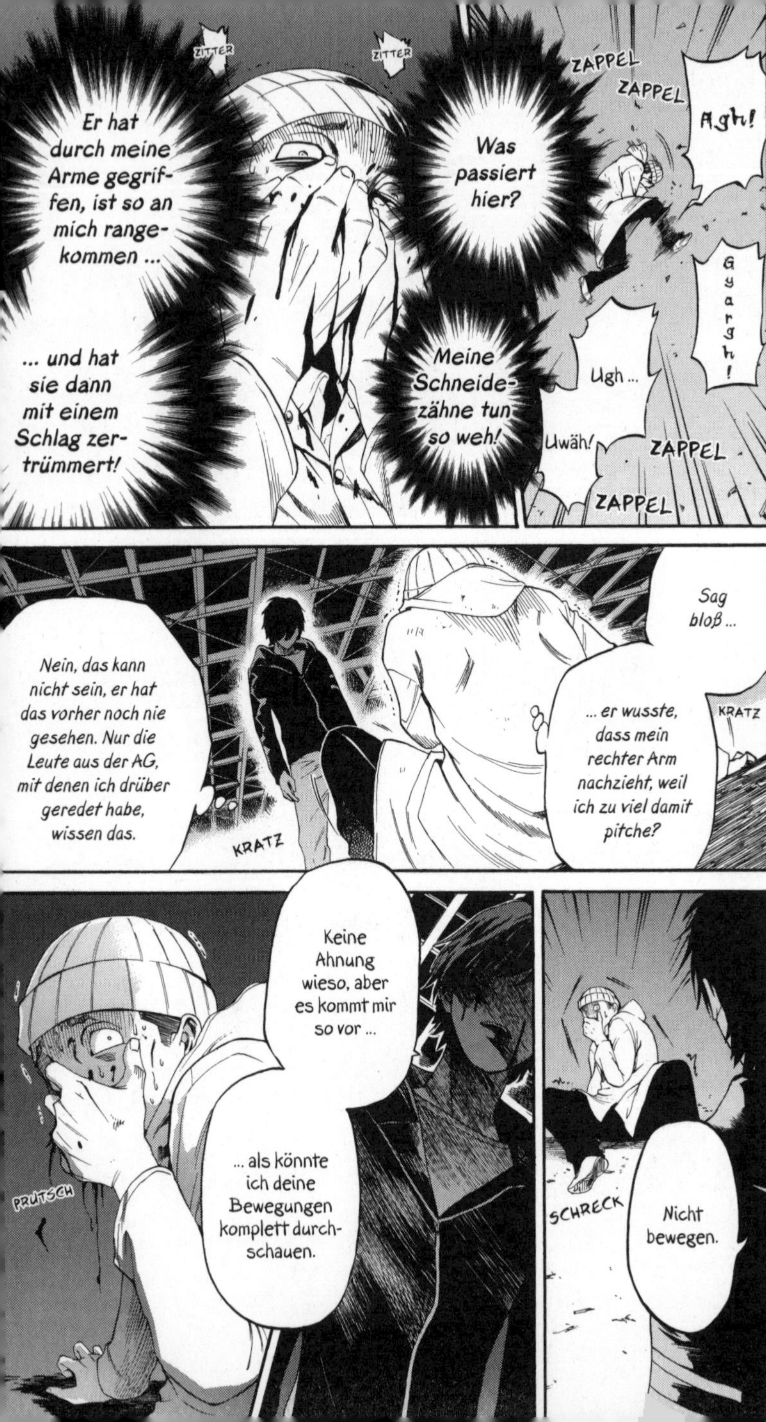
ZAPPEL
ZAPPEL
Agh!
Gyargh!
Ugh ...
Uwäh!
ZAPPEL
ZAPPEL
ZITTER
ZITTER
Was passiert hier?
Meine Schneidezähne tun so weh!
Er hat durch meine Arme gegriffen, ist so an mich rangekommen ...
... und hat sie dann mit einem Schlag zertrümmert!
Sag bloß ...
... er wusste, dass mein rechter Arm nachzieht, weil ich zu viel damit pitche?
KRATZ
Nein, das kann nicht sein, er hat das vorher noch nie gesehen. Nur die Leute aus der AG, mit denen ich drüber geredet habe, wissen das.
KRATZ
SCHRECK
Nicht bewegen.
Keine Ahnung wieso, aber es kommt mir so vor ...
... als könnte ich deine Bewegungen komplett durchschauen.
PRUTSCH

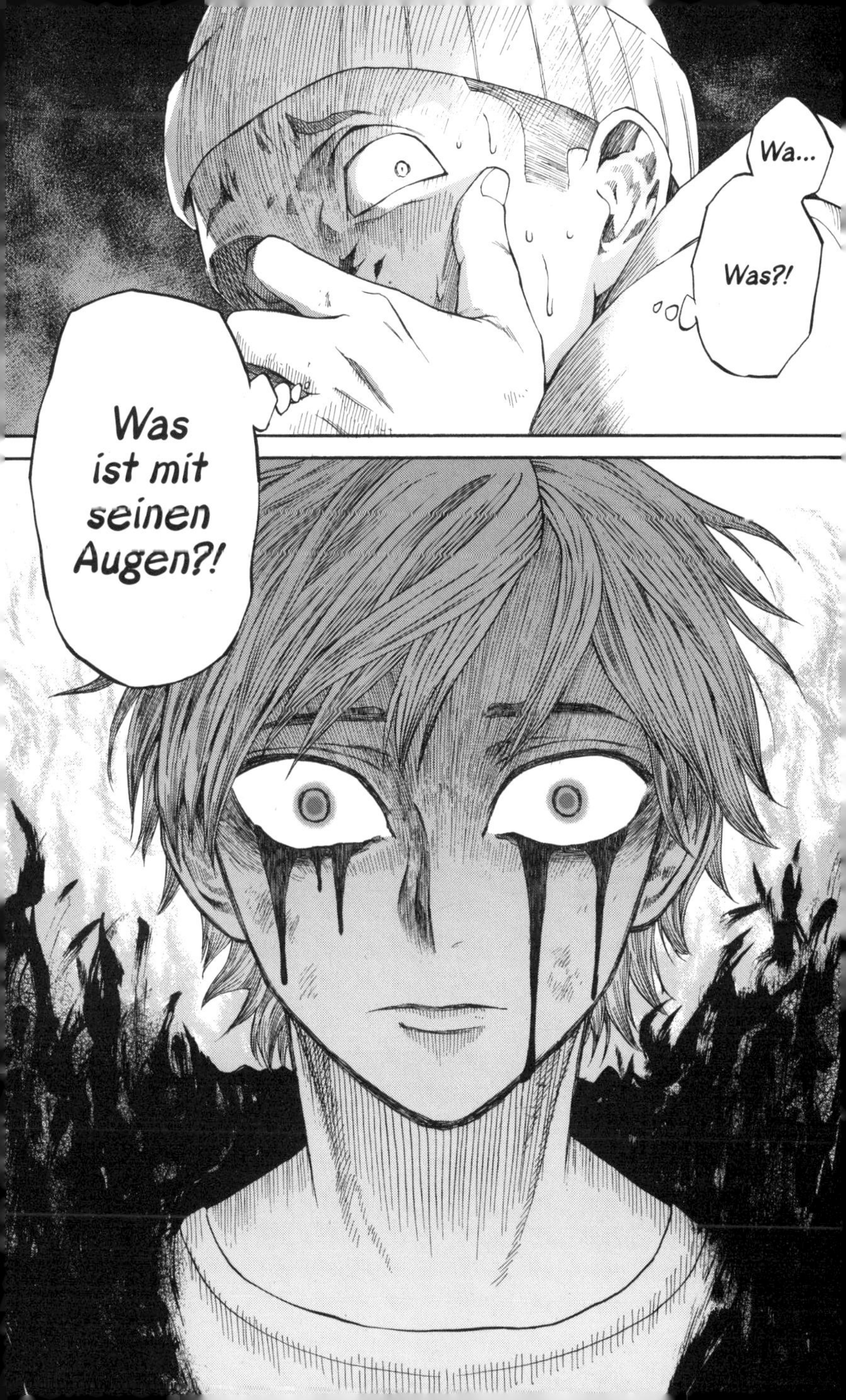
Wa...
Was?!
Was ist mit seinen Augen?!

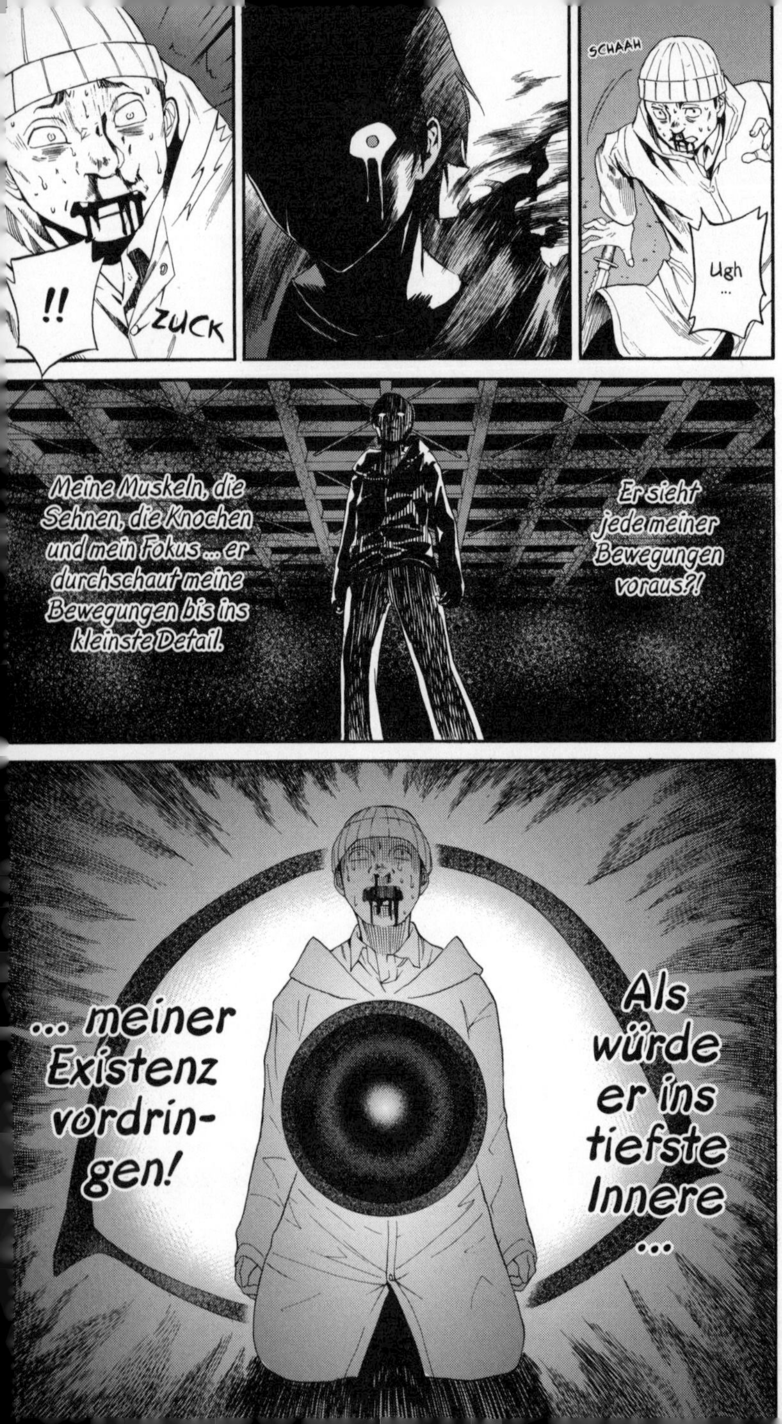
SCHAAH
Ugh …
ZUCK
!!
Er sieht jede meiner Bewegungen voraus?!
Meine Muskeln, die Sehnen, die Knochen und mein Fokus … er durchschaut meine Bewegungen bis ins kleinste Detail.
Als würde er ins tiefste Innere …
… meiner Existenz vordrin-gen!

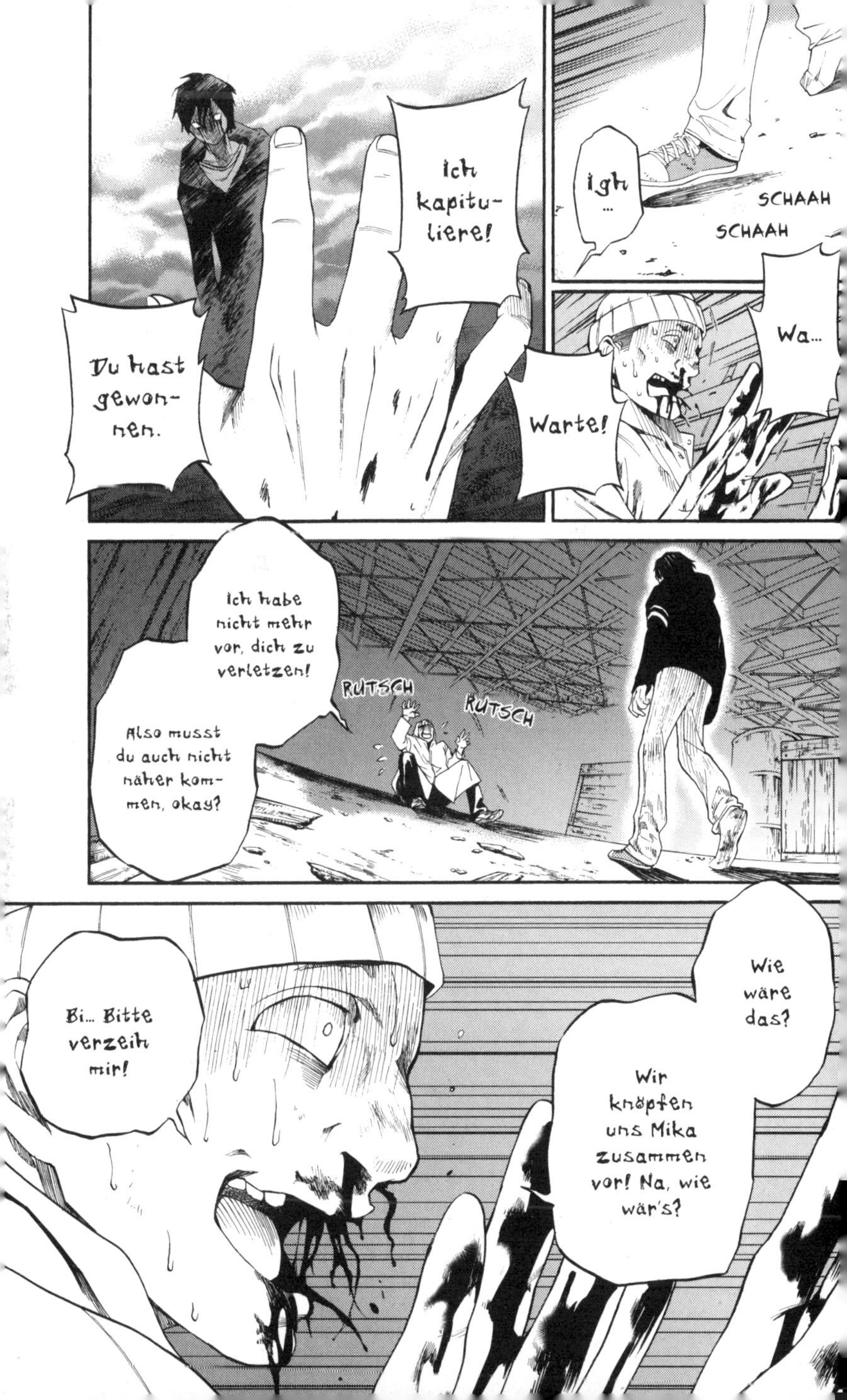
Igh …
SCHAAH
SCHAAH
Ich kapituliere!
Du hast gewonnen.
Wa…
Warte!
Ich habe nicht mehr vor, dich zu verletzen!
Also musst du auch nicht näher kommen, okay?
RUTSCH
RUTSCH
Wie wäre das?
Wir knöpfen uns Mika zusammen vor! Na, wie wär's?
Bi… Bitte verzeih mir!

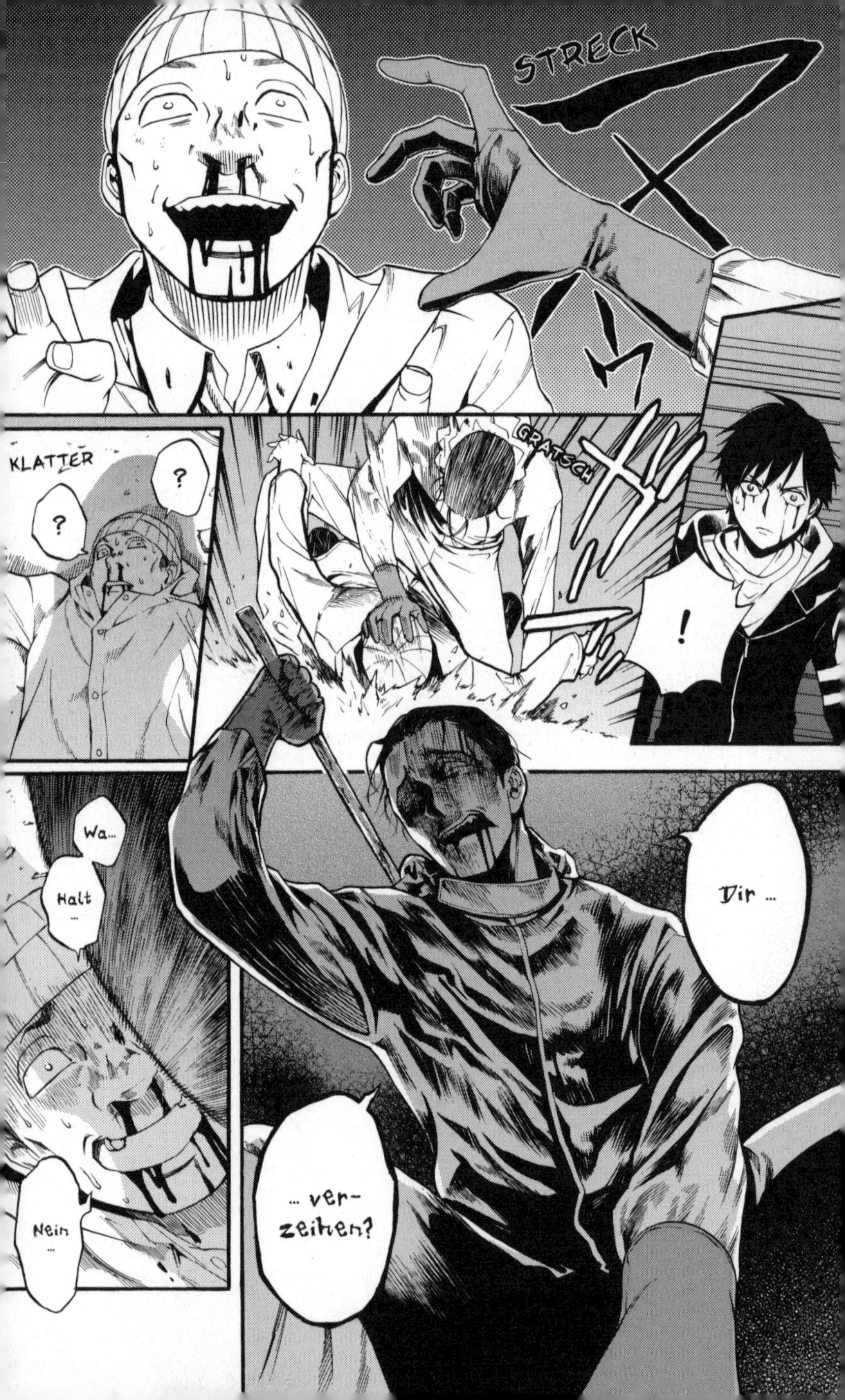
STRECK
GRATSCH
!
KLATTER
?
?
Wa...
Halt ...
Nein ...
Dir ...
... ver-zeihen?

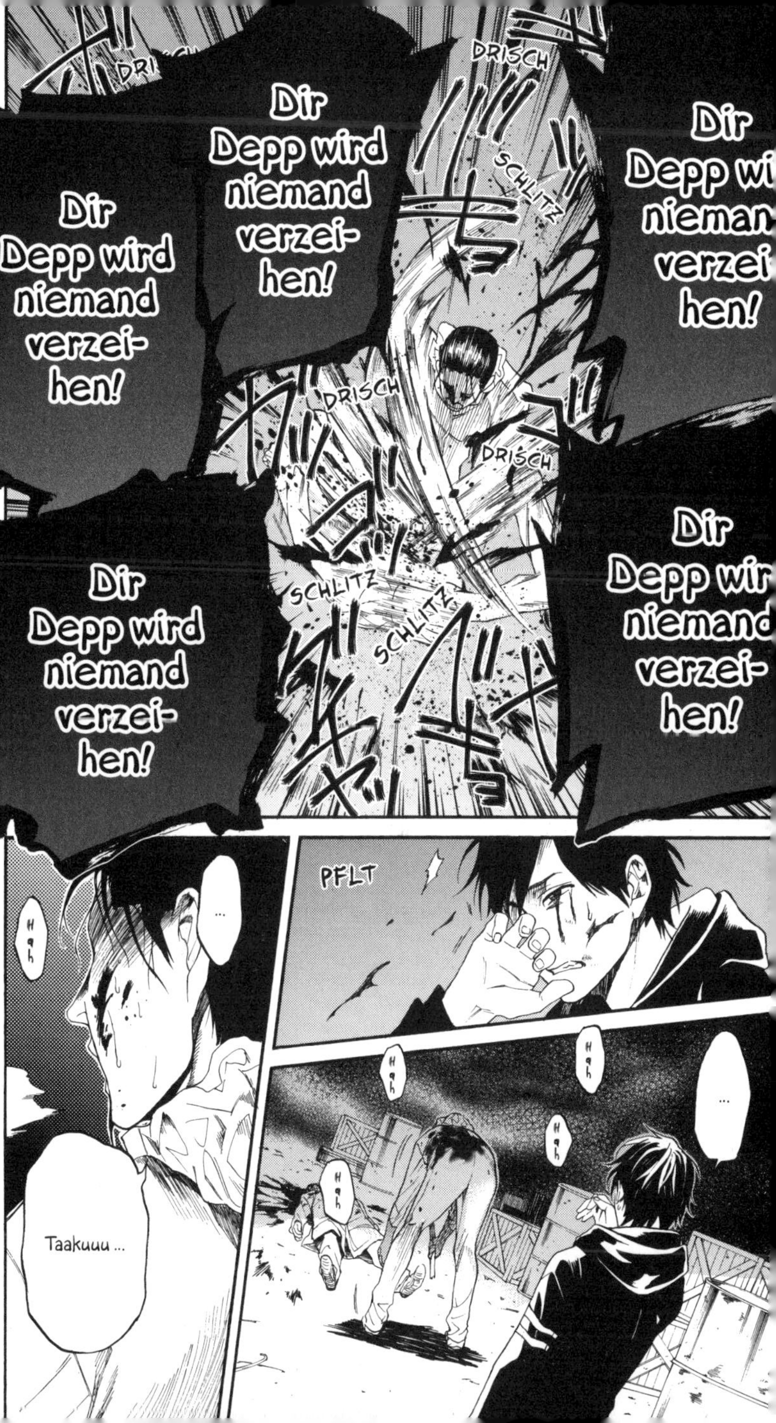
DRISCH
Dir Depp wi niemand verzei hen!
Dir Depp wird niemand verzei-hen!
DRI
Dir Depp wird niemand verzei-hen!
SCHLITZ
DRISCH
DRISCH
Dir Depp wir niemand verzei-hen!
SCHLITZ
SCHLITZ
Dir Depp wird niemand verzei-hen!
PFLT
...
Hah
Taakuuu ...
Hah
Hah
...
Hah
Hah

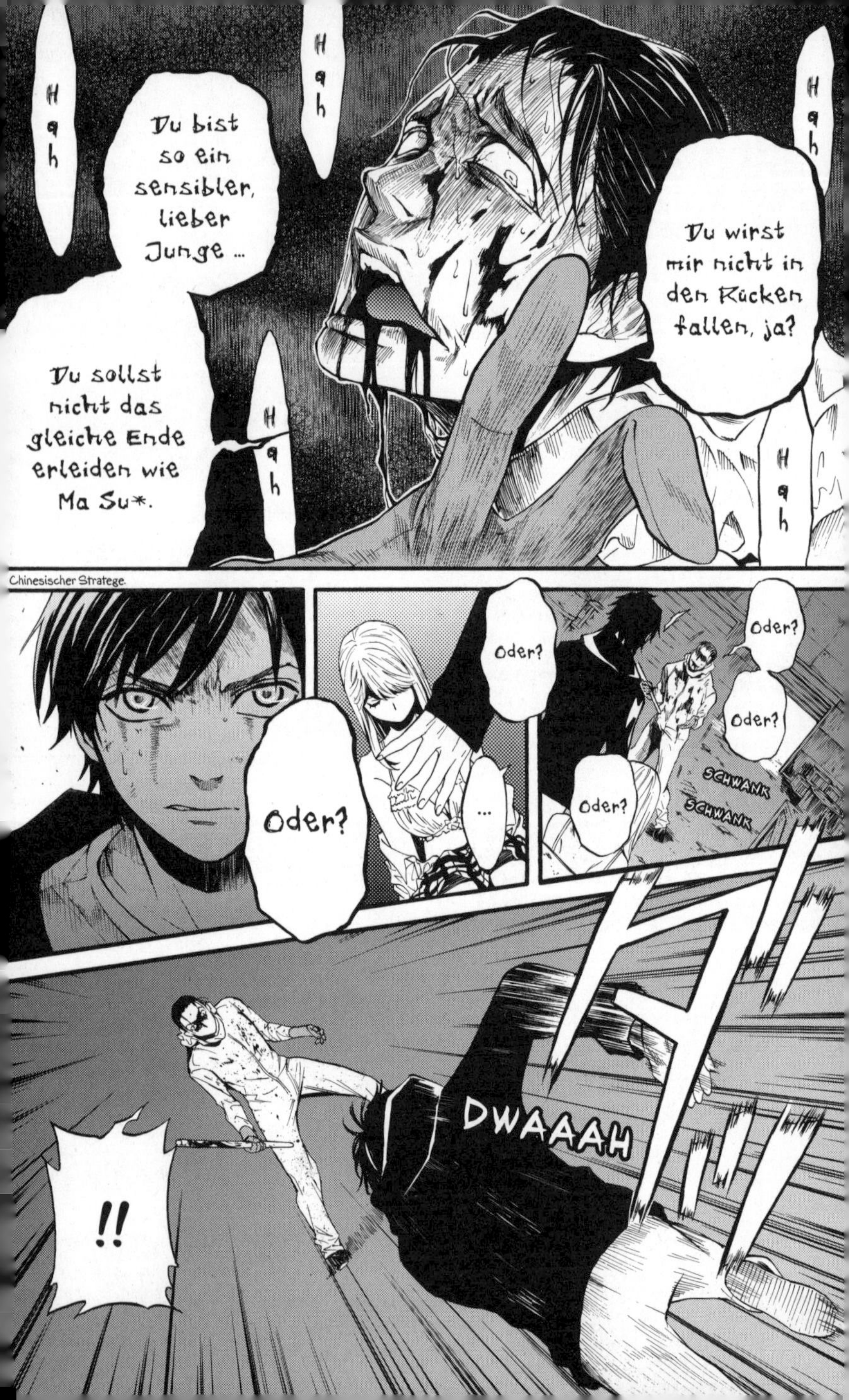

Chinesischer Stratege.

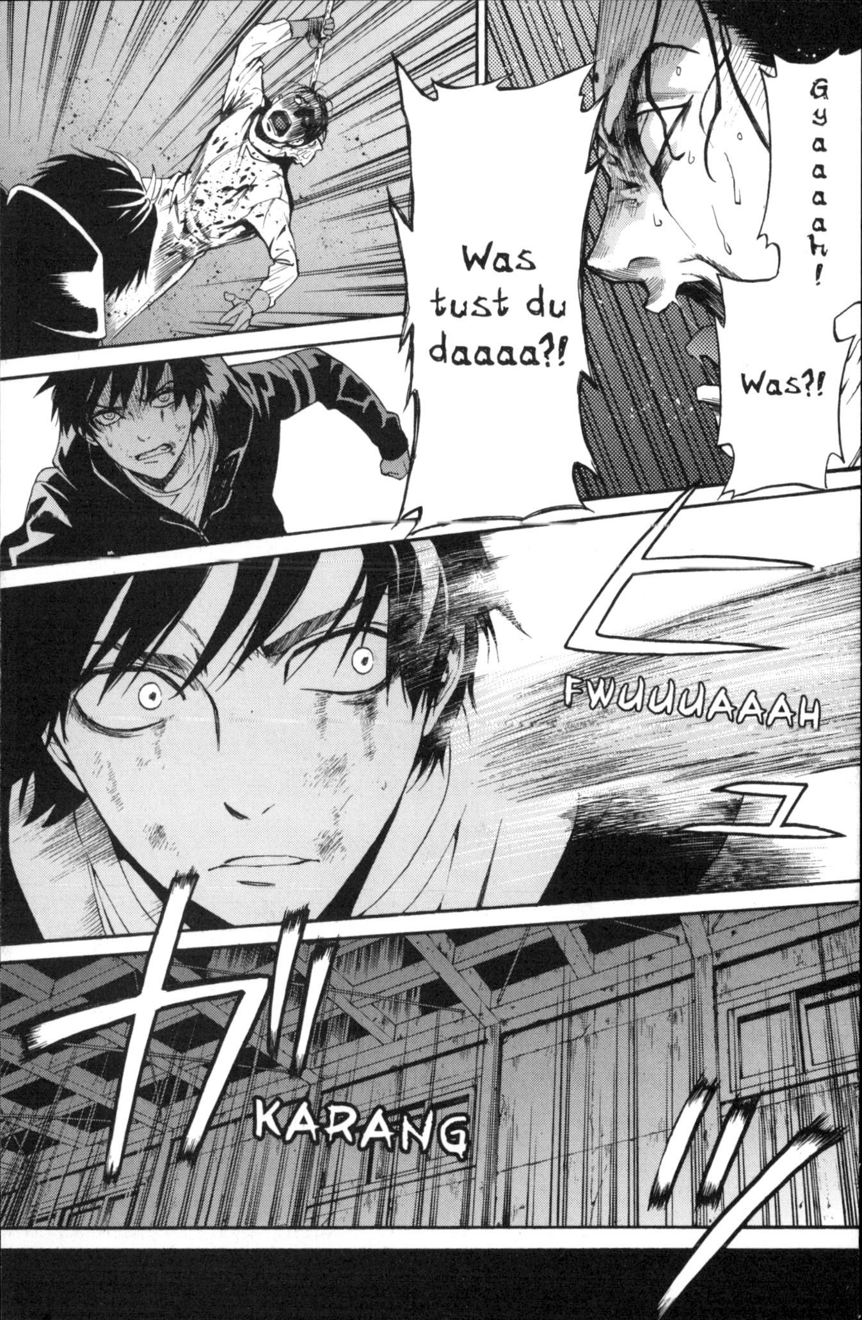
Gyaaaaah!
Was tust du daaaa?!
Was?!
FWUUUUAAAH
KARANG

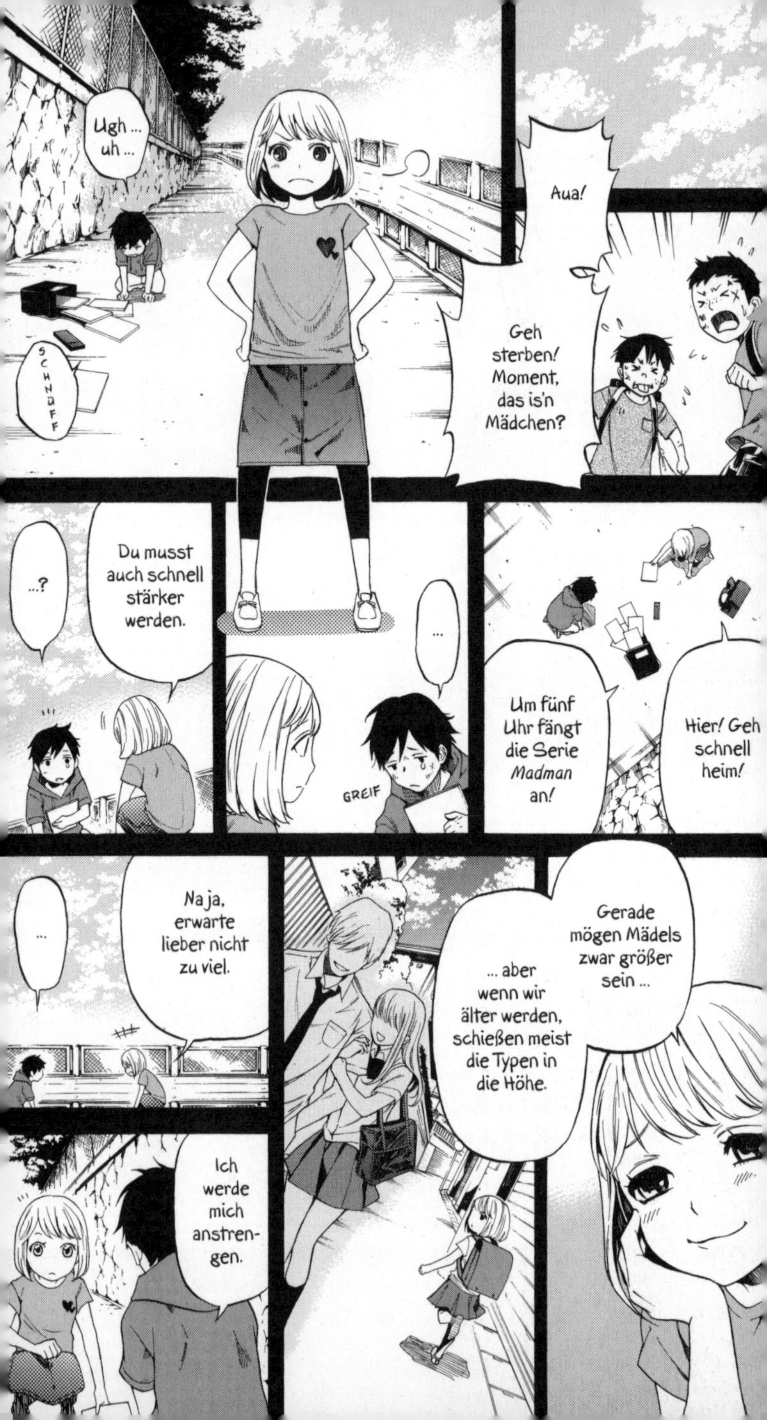
Aua!
Geh sterben! Moment, das is'n Mädchen?
Ugh ... uh ...
SCHNÜFF
Hier! Geh schnell heim!
Um fünf Uhr fängt die Serie *Madman* an!
...
GREIF
Du musst auch schnell stärker werden.
...?
Gerade mögen Mädels zwar größer sein ...
... aber wenn wir älter werden, schießen meist die Typen in die Höhe.
Na ja, erwarte lieber nicht zu viel.
...
Ich werde mich anstrengen.

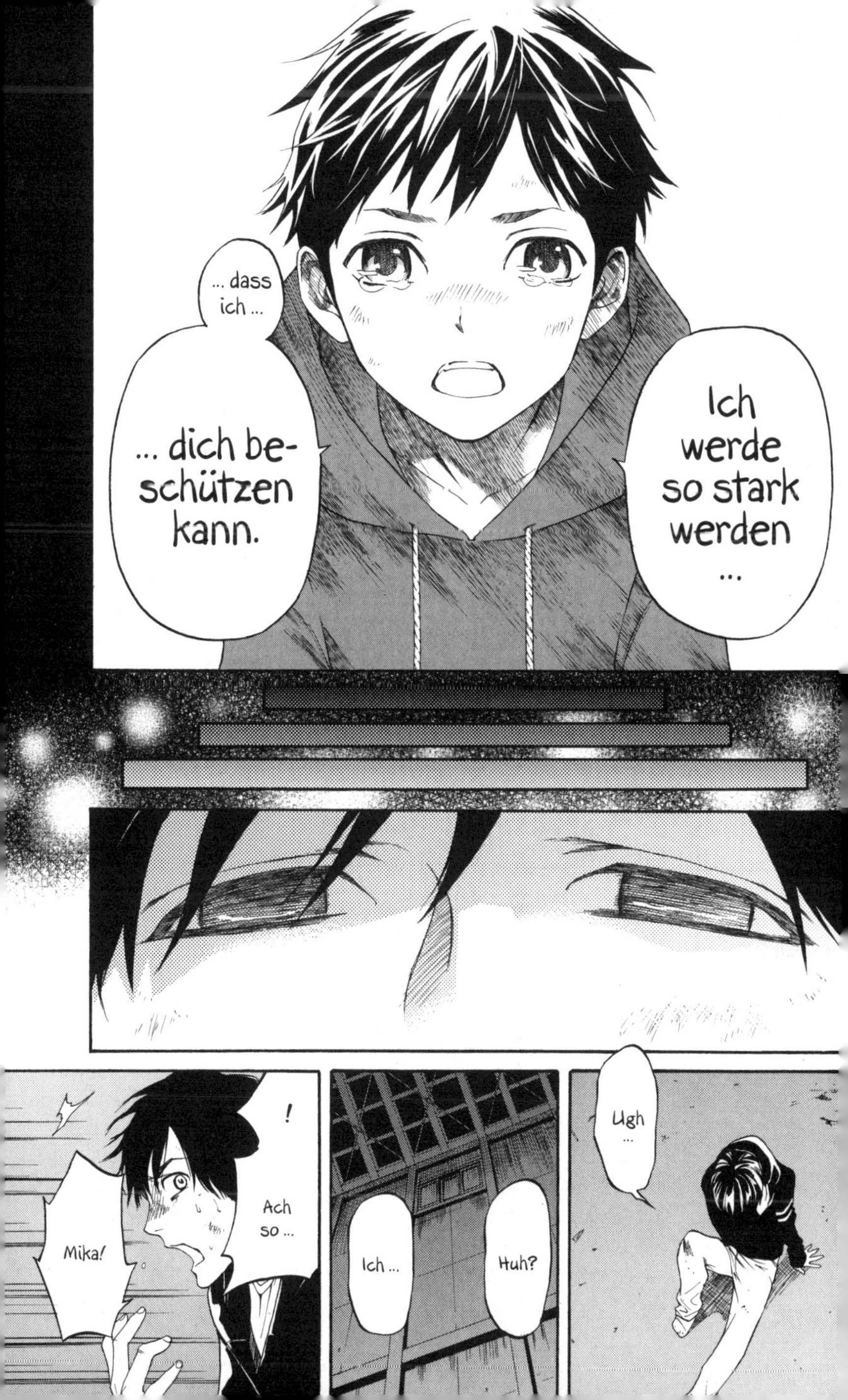
Ich werde so stark werden …
… dass ich …
… dich beschützen kann.
Ugh …
Huh?
Ich …
!
Ach so …
Mika!

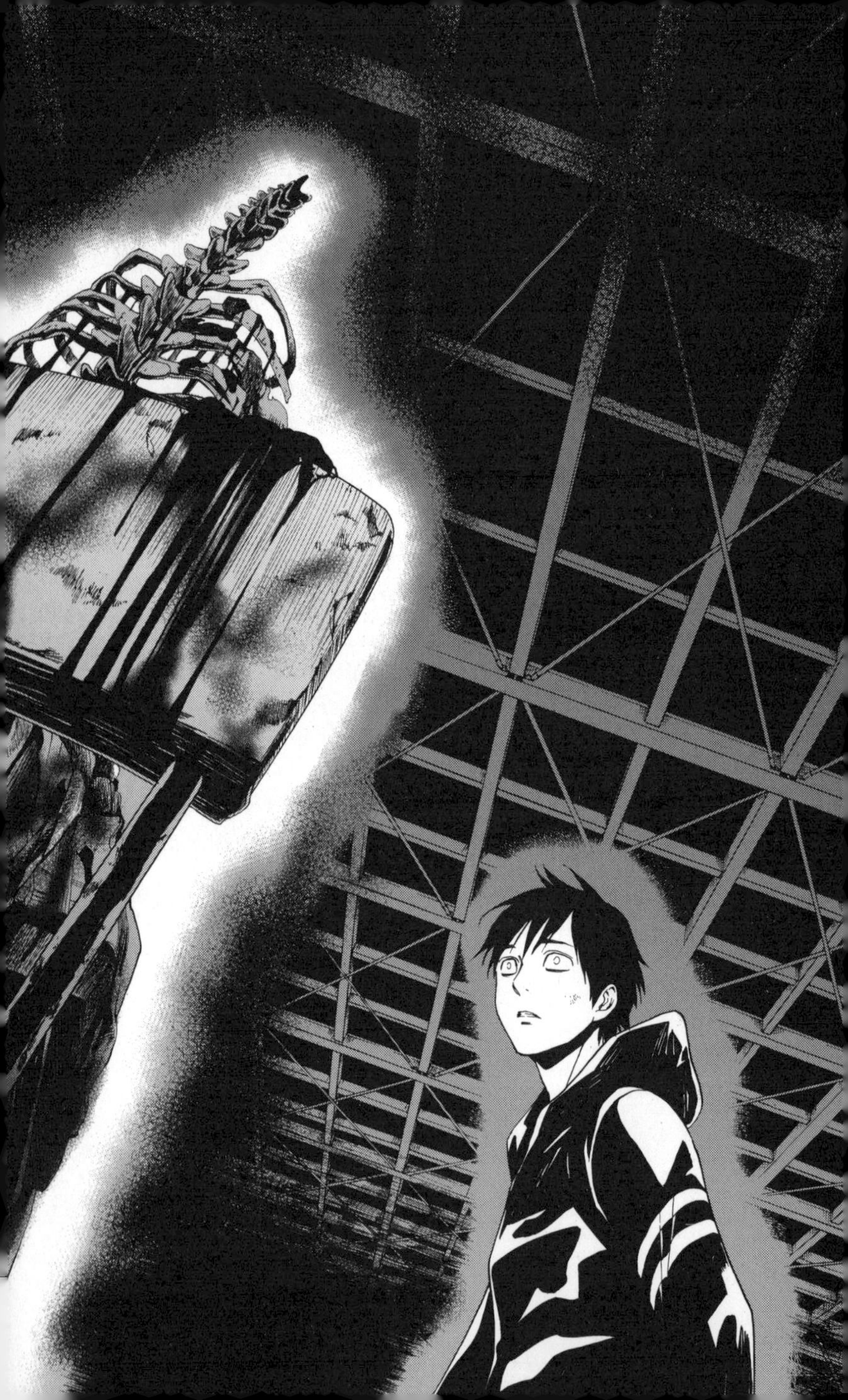

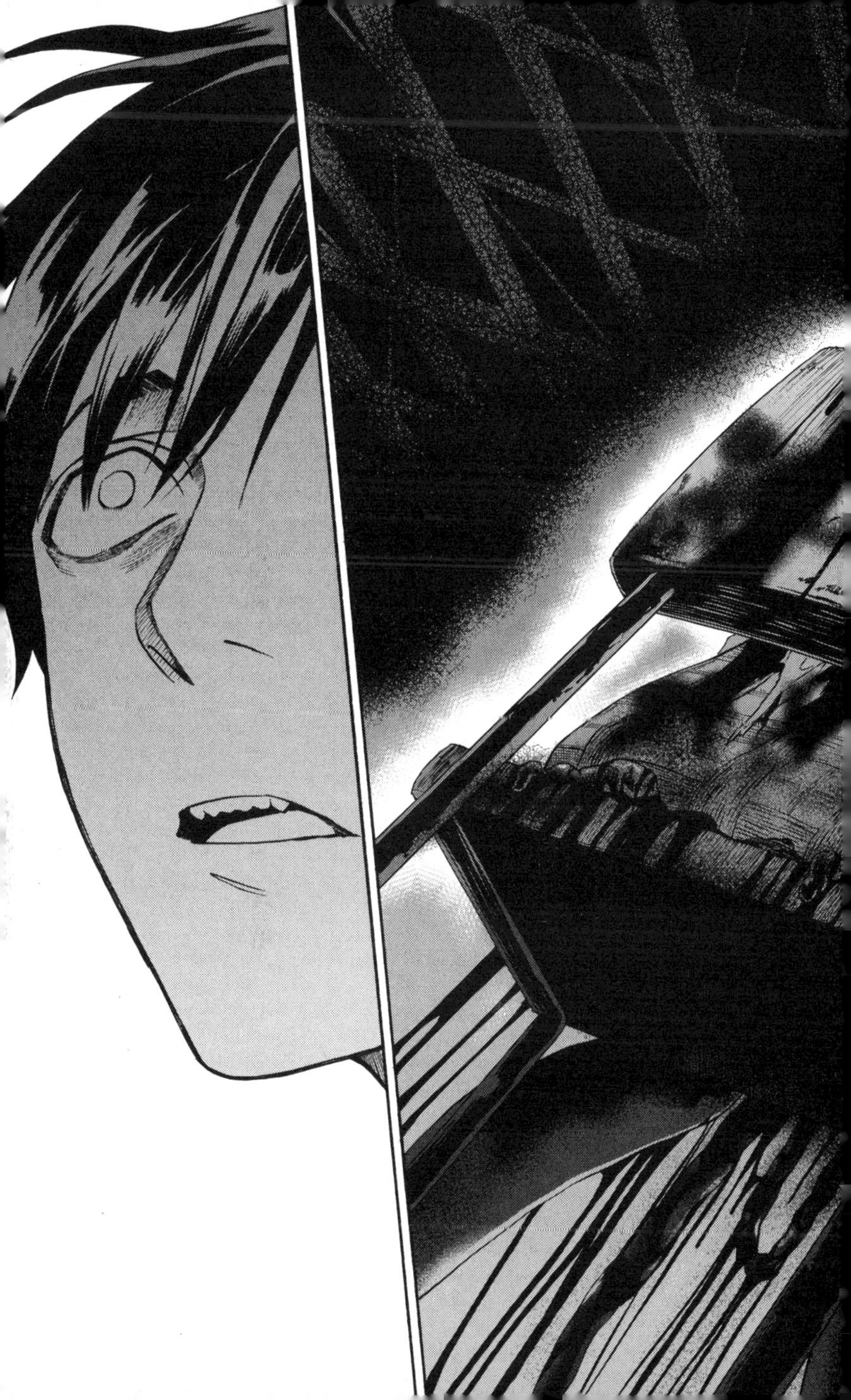

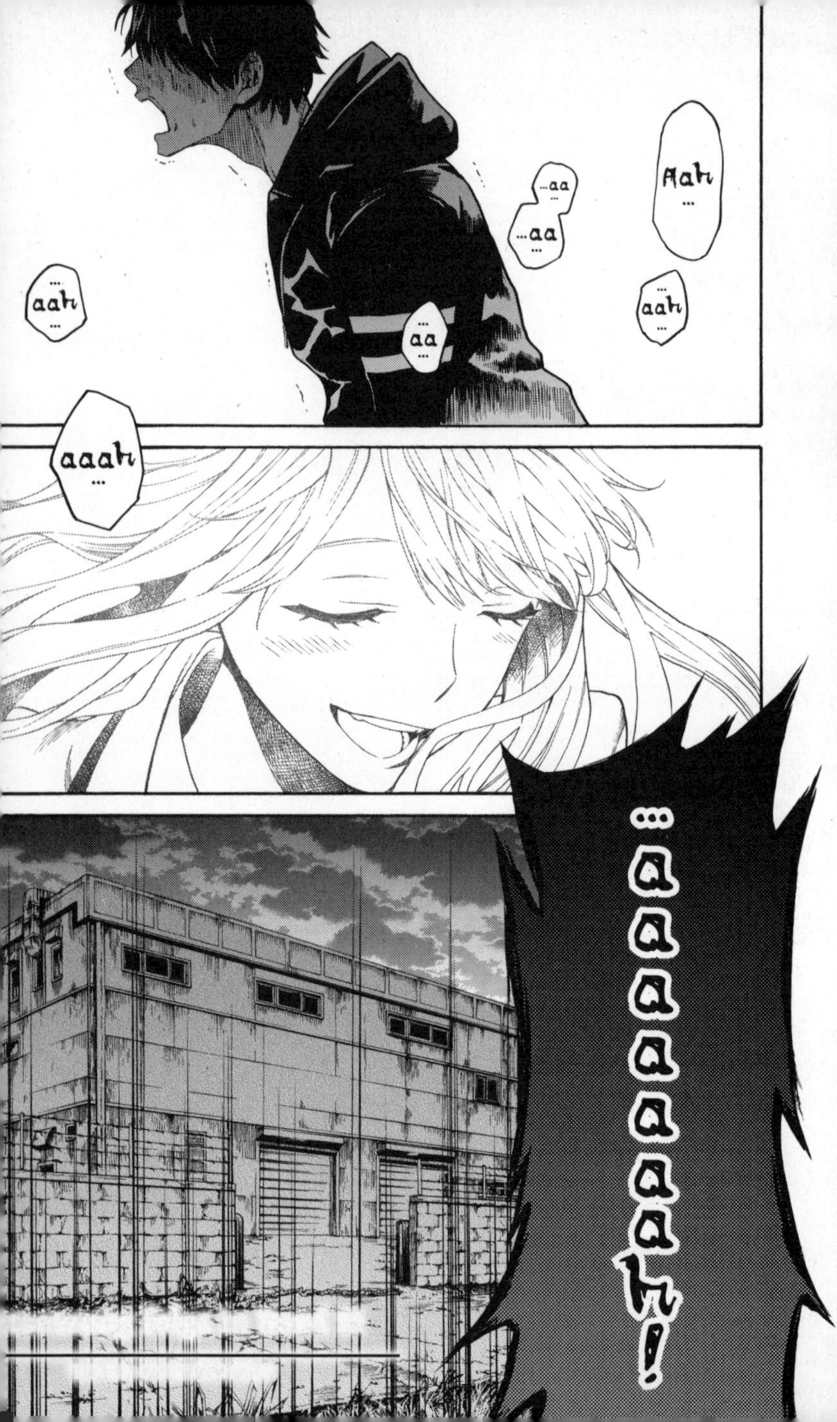
Aah
...
...
aah
...
...aa
...
...aa
...
...
aa
...
...
aah
...
aaah
...
...aaaaaaaaaah!

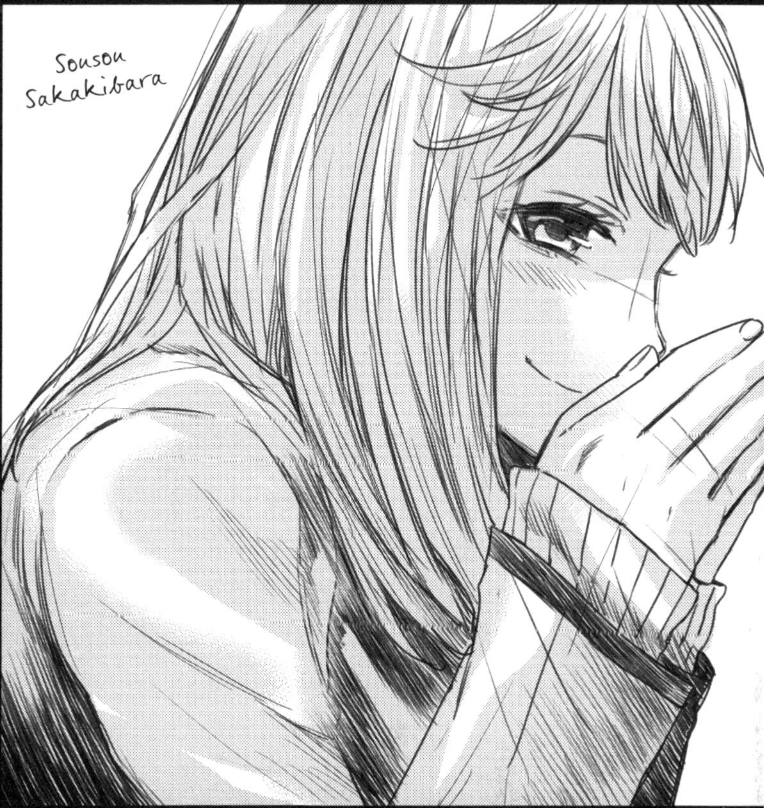

Die for me, my Darling

Special Thanks

Story: Kaname-sensei
Redaktion: Yamano-san
Ogawa-san
Coverdesign: AFTERGLOW-sama
Assistenz: Sana-san, Oozeki-kun
Kie-san, Honda-kun

Auch allen anderen, die mit dem Manga zu tun hatten, und meiner Leser*innenschaft spreche ich meinen innigsten Dank aus.

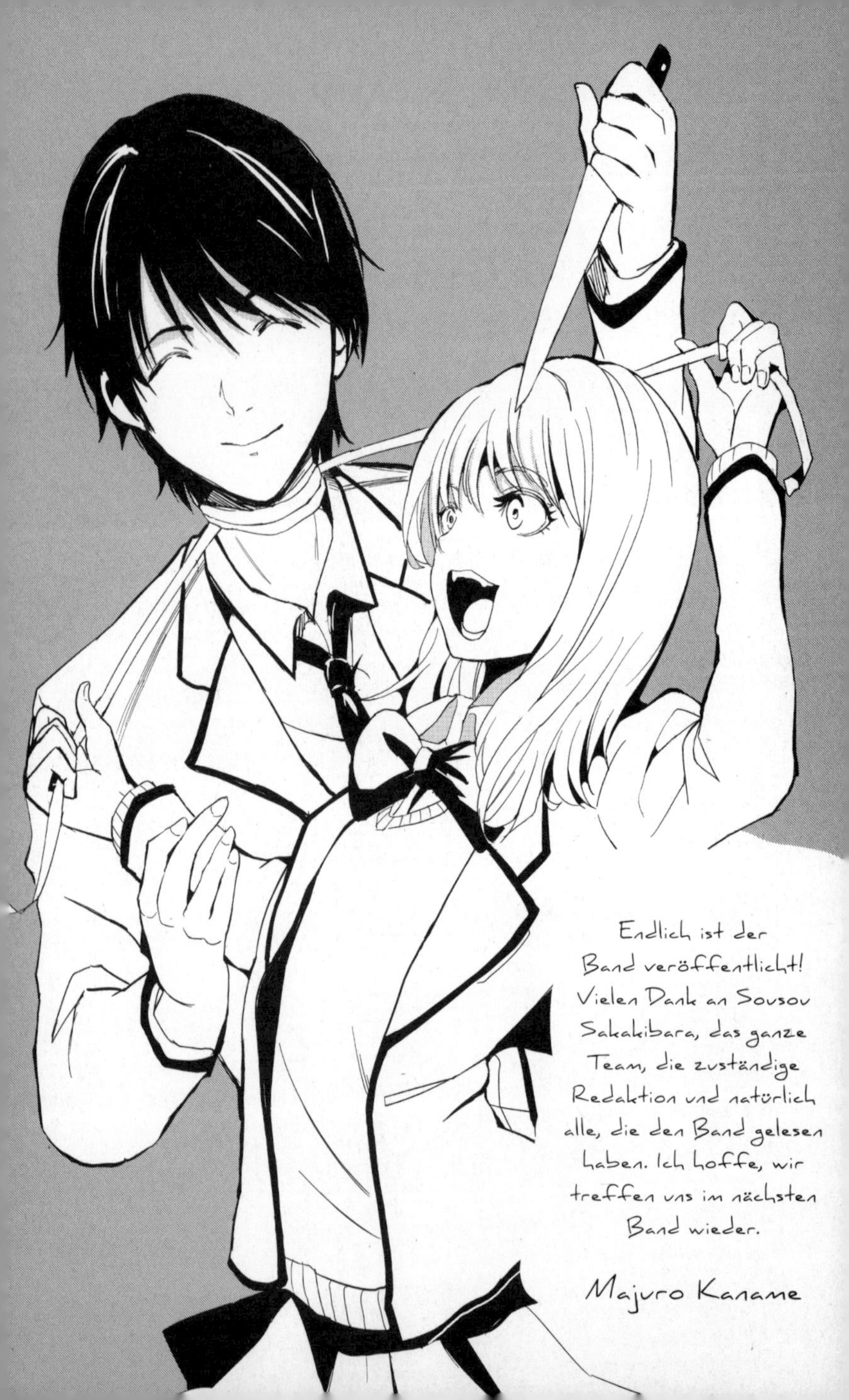
Endlich ist der
Band veröffentlicht!
Vielen Dank an Sousou
Sakakibara, das ganze
Team, die zuständige
Redaktion und natürlich
alle, die den Band gelesen
haben. Ich hoffe, wir
treffen uns im nächsten
Band wieder.
Majuro Kaname

Die for me, my Darling

TOKYOPOP GmbH
Hamburg

TOKYOPOP
1. Auflage, 2023
Deutsche Ausgabe/German Edition

Aus dem Japanischen von Doreaux Zwetkow

First published in Japan in 2015 by KODANSHA LTD., Tokyo.
Publication rights for this German edition arranged through KODANSHA LTD., Tokyo.

KODANSHA

Redaktion: Sabine Scholz
Lettering: Vibrant Publishing Studio
Herstellung: Alina Kronenberg
Druck und buchbinderische Verarbeitung:
CPI – Clausen & Bosse GmbH, Leck
Printed in Germany

MIX Papier FSC® C083411

Wir achten auf die Umwelt.
Dieses Produkt besteht aus FSC®-zertifizierten und anderen kontrollierten Materialien.

ISBN 978-3-8420-9065-1

www.tokyopop.de

Die for me, my Darling

ANGELS OF DEATH

Kudan Naduka / Makoto Sanada

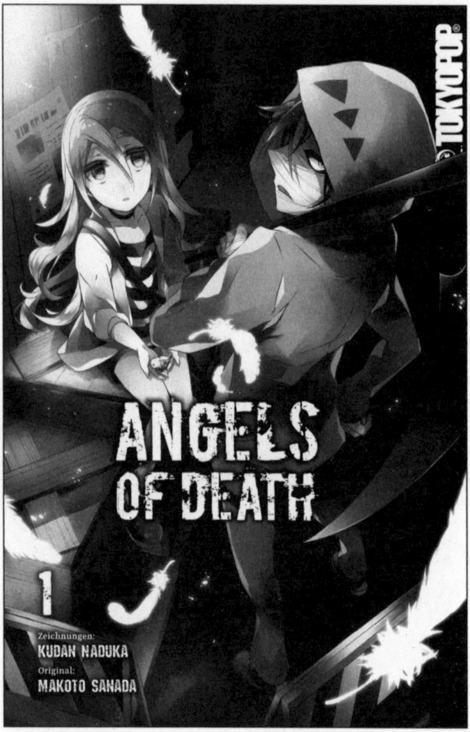

»Kannst du mich töten, bitte?«

Als die 13-jährige Rachel eines Tages ihre Augen öffnet, findet sie sich in einem angsteinflößenden Gebäude wieder, ohne jegliche Erinnerung daran, wer oder wo sie ist. Auf der Suche nach einem Ausgang wandelt sie durch unheimliche Korridore und läuft einem jungen Mann namens Isaac in die Arme – mit Bandagen vermummt und eine riesige Sichel schwingend. Obwohl dieser Rachel am liebsten aufschlitzen würde, lässt er sie leben und schließt sich ihr sogar an. Allerhand obskure Gestalten und knifflige Rätsel hindern das ungleiche Duo daran, einen Weg nach draußen zu finden ...

DOG END

Yurikawa

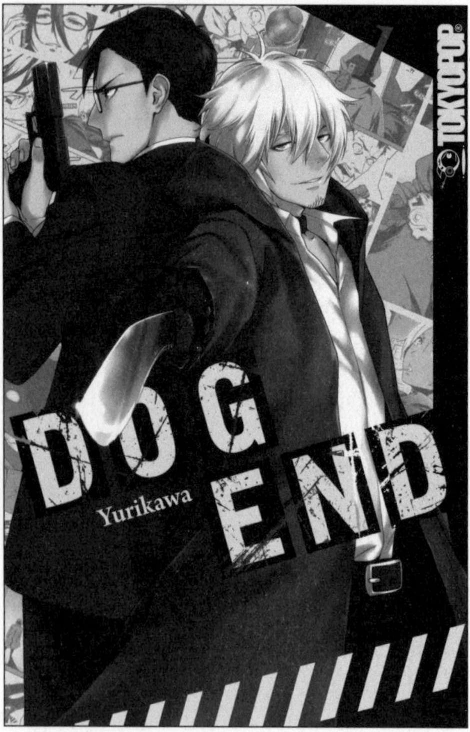

Who let the Dog out?!

Um das Mädchen Mana vor der Mafia zu beschützen, muss der vorbildliche Polizeiinspektor Hatori zu ungewöhnlichen Mitteln greifen: Er verbündet sich mit dem legendären Auftragskiller Wakatsuki, auch bekannt – und vor allem gefürchtet – unter dem Namen »Black Dog«. Da dieser aber genauso verrückt wie unberechenbar ist, gestaltet sich das ganze Unterfangen nicht gerade einfach ...

VERSAILLES OF THE DEAD

Kumiko Suekane

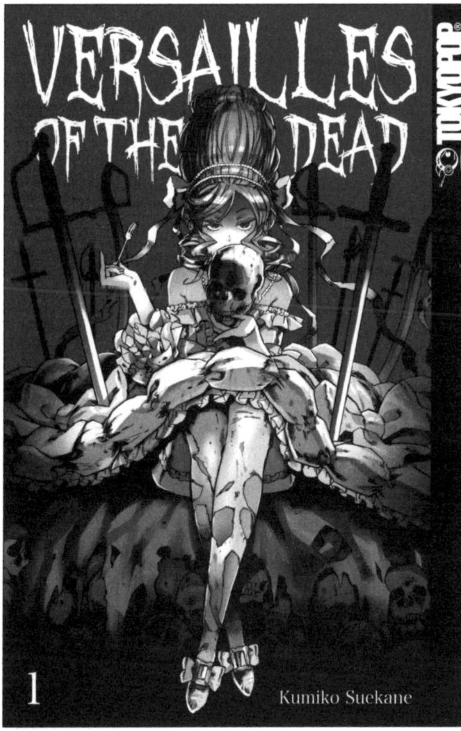

Zombie-Killer im Rüschenkleid

Frankreich, 18. Jahrhundert: Marie-Antoinette befindet sich auf dem Weg zu ihrer Hochzeit, doch auf der Fahrt werden sie und ihr Zwillingsbruder Albert von Untoten überfallen. Nur Albert kann entkommen und gibt sich in Versailles als seine Schwester aus. Am Königshof kämpft er in Frauenkleidern nicht nur gegen die Intrigen der Adeligen, sondern auch gegen mordlüsterne Zombies. Denn seit der Nacht des Massakers verfügt er über übernatürliche Kräfte finsteren Ursprungs ...

DESPERATE ZOMBIE

Welzard / Renji Kuriyama

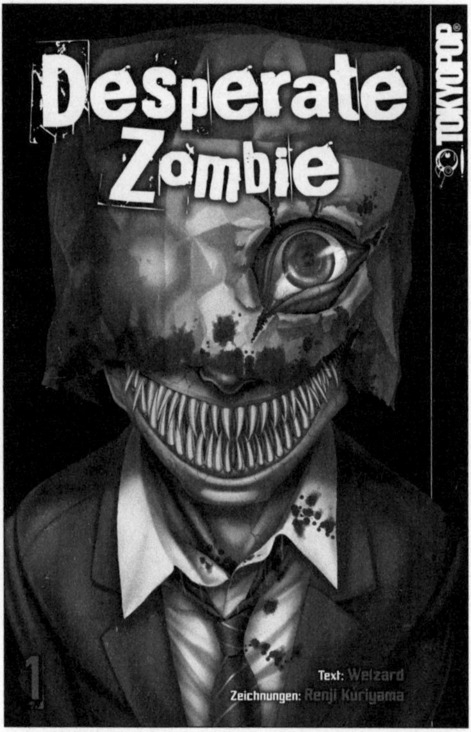

Creepy Classmate

Als Sho eines Abends beobachtet, wie eine dunkle Gestalt eine andere frisst, glaubt er zunächst an einen Albtraum. Das Grauen wird Realität, als am nächsten Tag ein Zettel an der Tafel verkündet, dass sich ein Menschenfresser unter die Schüler gemischt hat. Ein Klassenkamerad nach dem anderen wird Opfer grauenvoller Hinrichtungen. Findet Sho den Täter, bevor dieser ihn findet?

BTOOOM!

Junya Inoue

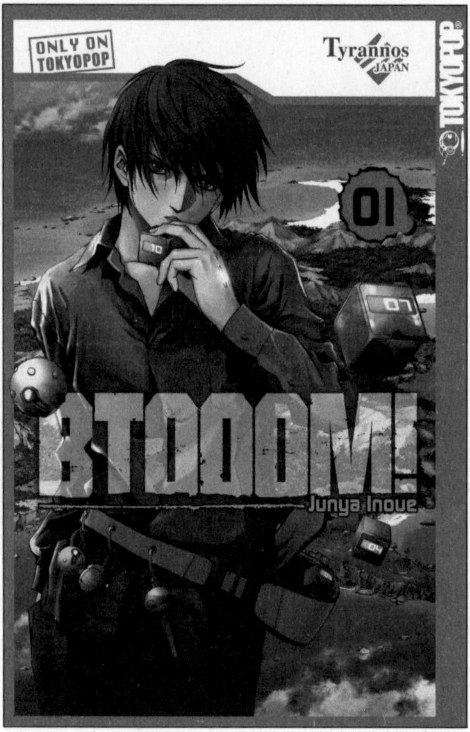

Spiel um dein Leben!

Ryota ist einer der erfolgreichsten Spieler des Online-Battle-Games *BTOOOM!*. Doch privat ist er ein arbeitsloser Loser, der noch bei seiner Mutter wohnt. Eines Tages erwacht er auf einer tropischen Insel und findet sich mitten in seinem eigenen Spiel wieder. Er muss sich gegen tödliche Bombenangriffe seiner Mitspieler wehren und versuchen, zu überleben. Doch bei dieser mörderischen Live-Variante gibt es leider keinen Exit-Button!

STOPP!

Dies ist die letzte Seite des Buches!
Du willst dir doch nicht den Spaß verderben
und das Ende zuerst lesen, oder?

Um die Geschichte unverfälscht und originalgetreu mitverfolgen zu können, musst du es wie die Japaner machen und von rechts nach links lesen. Deshalb schnell das Buch umdrehen und loslegen!

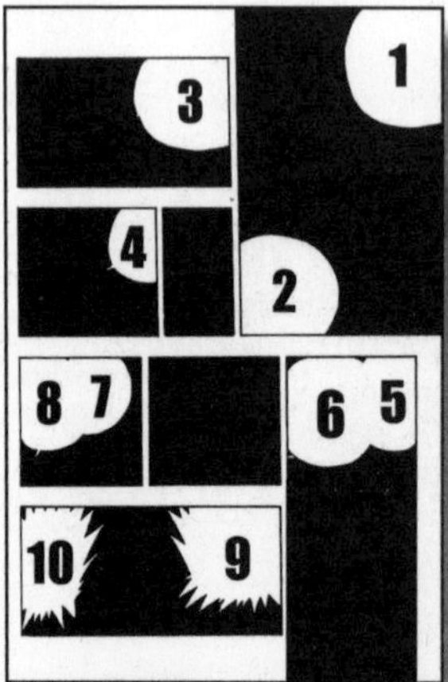

So geht's:

Wenn dies das erste Mal sein sollte, dass du einen Manga in den Händen hältst, kann dir die Grafik helfen, dich zurechtzufinden: Fang einfach oben rechts an zu lesen und arbeite dich nach unten links vor. Viel Spaß dabei wünscht dir TOKYOPOP®!